科技创新与智能制造系列

兴趣创新

隐形冠军与专精特新的融合

Interest innovation:
Integration of Invisible Champion, specialization,
refinement,differentiation and innovation

陈龙　洪波　张立群　赵浩凯 ◎著

企业管理出版社
EMPH
ENTERPRISE MANAGEMENT PUBLISHING HOUSE

图书在版编目（CIP）数据

兴趣创新：隐形冠军与专精特新的融合 / 陈龙等著．—北京：企业管理出版社，2022.9

ISBN 978-7-5164-2635-7

Ⅰ．①兴…　Ⅱ．①陈…　Ⅲ．①中小企业—企业发展—研究—中国　Ⅳ．① F279.243

中国版本图书馆 CIP 数据核字（2022）第 092980 号

书　　名： 兴趣创新：隐形冠军与专精特新的融合
书　　号： ISBN 978-7-5164-2635-7
作　　者： 陈龙　洪波　张立群　赵浩凯
责任编辑： 尤颖　黄爽
出版发行： 企业管理出版社
经　　销： 新华书店
地　　址： 北京市海淀区紫竹院南路 17 号　　**邮　　编：** 100048
网　　址： http://www.emph.cn　　**电子信箱：** emph001 @163.com
电　　话： 编辑部（010）68701638　　发行部（010）68701816
印　　刷： 河北宝昌佳彩印刷有限公司
版　　次： 2022 年 9 月第 1 版
印　　次： 2022 年 9 月第 1 次印刷
开　　本： 710mm × 1000mm　1/16
印　　张： 16.75 印张
字　　数： 232 千字
定　　价： 68.00 元

前言
PREFACE

随着全民创业的浪潮翻涌，创新创业已经走入千家万户。具有以技术为核心、引领细分领域、高利润、高市场占比、抗风险能力强等特点的一类企业逐渐成为这个全民创业时代的主流。这类企业的特点可以精炼地浓缩为四个字——专精特新。

根据上面所描述的几个特点，此前不为人所熟知的一类企业逐渐步入人们的视野——隐形冠军。隐形冠军就是指那些不为公众所熟知，却在某个细分行业或市场占据领先地位，拥有核心竞争力和明确战略，其产品、服务难以被超越和模仿的中小型企业。

从隐形冠军的基本定义来看，不难发现隐形冠军的主要特征与当今全民创业的方向不谋而合。那么，回到根源，如何创业？企业在专精特新四个方面能够做出哪些突破，企业又能从隐形冠军的故事中汲取哪些经验，这些都是本书想要讨论的问题。

在这样一个全民创业的时代，如果仅仅是为了成功或者获得财富而创业，这样的创业是很容易失败的。因此，对于创业者来说，只有通过兴趣创新，根据兴趣创业，才是最可能获得成功的创业之道。

在兴趣创新的基础上，专精特新则是决定企业未来发展潜力的四个方面。企业要想获得成功，要集中全部的注意力在一个领域上，不能三心二意；要在管理、业务、技术和发展战略上精益求精，才能不被时间淘汰；

要做到“人无我有，人有我优”，企业才能获得长远发展；要坚持创新，时刻追新，才能长久保持竞争优势。

探讨兴趣创新的发展路径，解读专精特新的本质内涵，揭秘隐形冠军的诞生历程。我们希望能够通过本书内容，让大家深度了解隐形冠军的成长路径。希望通过本书的阅读与实践，让更多有志于在细分领域发展成为隐形冠军的中国企业走得更好、更远、更顺。

在写作过程中，感谢舒敏琦、张瑜、管榕飞等同学参与本书相关章节的资料整理工作。特别需要说明的是，本书学习、借鉴、吸收和参考了国内外众多专家学者的研究成果及大量相关文献资料，并引用了一些书籍、报刊、网站的部分数据和资料内容，已尽可能地在参考文献中列出；也有部分由于时间紧迫，未能与有关作者一一联系，敬请见谅。在此，对这些成果的作者深表谢意。

2022 年 3 月 28 日

目录 CONTENTS

第一章

全民创业时代的兴趣创新发展

学习要点

- 理性看待创业
- 掌握正确的企业经营思维
- 学习运用互联网思维

如今我国创业风潮兴起，“大众创业，万众创新”的时代已然来临，国家出台了许多政策鼓励、推动创业。然而，中国商业环境波谲云诡，市场竞争犹如大浪淘沙，只有极小部分的创业者能够独善其身，从商业市场中分一杯羹。随着时代大环境的发展，创业者们越来越注重创业的选择性与严谨性。汲取了前人的经验和教训之后，创业者不再盲目地追随浪潮，跟风创业，而是开始学会将自身的兴趣融入商业选择，萌生出全新的想法，催生新产业、引领新行业的发展。

创业就是干别人没有干过的事情，干别人干过了但没有干成的事情。

——全国工商联副主席，小米科技创始人　雷军

开篇案例

小米：雷军团队打造的商业帝国

一、公司简介

小米，全称北京小米科技有限责任公司，2010年成立于北京，是一家专注于智能家居生态链建设、互联网电视、高端智能手机的创新型科技企业。小米产品的概念是“为发烧而生”，而且是第一个发布了基于安卓MIUI第三方操作系统的企业。

2011年小米使用在线销售的方式发布了第一款手机；2013年发布了小米电视、小米盒子等产品；2014年小米入股美的，将业务拓展到印度尼西亚和印度市场，并且在国内智能手机的销售量中排名第一；2017年在美国发布新品，逐渐成为全球最大的消费级平台之一，和长江基金进行合作；2018年向港交所提交上市申请在香港上市，同时推出了互联网空调，与宜家达成合作，将服务部和销售部改为中国区，并且将业务拓展到了英国等地；2019年实施了Redmi和小米的双品牌经营战略，开始进军日本市场；2020年小米进入全球品牌百强名单，在西欧的同行业市场总排名进入前三；2021年小米手机在欧洲市场的销售量排名第二，超过了苹果。

二、米粉文化的崛起

“因为米粉，所以小米”是小米创始人雷军经常说的一句话。可以说小米公司成功的精髓就在于创造了独具特色的“米粉文化”，形成了庞大的忠实粉丝社群，持续实现粉丝流量的变现。

小米搭建了企业和用户紧密联系的虚拟社区，构建起了企业与用户之间相互依存、相互促进的生态关系。走进用户的需求链，契合用户的生活方式，这就是小米与传统品牌最大的不同。小米的粉丝是小米最忠实的代言人，不断地为小米品牌做宣传，并且成为小米品牌的推广者。无论是线上还是线下，小米都会积极开展活动来维持粉丝的活性，增强用户的参与感，把用户转变成粉丝。除此之外，小米还注重给粉丝们营造归属感：1元一袋的“小米礼品袋”、官网上各种“MI”主题的T恤等，都在向粉丝们传达着小米的企业文化内涵。

高黏性的粉丝经济助推了小米的崛起，这样的成就是其他企业难以复制的。这也是小米能有今天的成功的重要原因。

三、小米商业模式的转变

1. 打造万物互联模式

随着互联网的发展和大规模普及，消费者对于消费品不再是只有功能或者价格的比较，对于高品质产品和舒适的购物体验的关注力更强，这便要求销售者将线上线下销售进行结合。新零售本质上是高效率的销售，即通过线上销售的优势提高线下的销售量。这种方式在一定程度上可以兼顾线下购买产品的体验性以及线上销售的便捷性，从而给消费者更好的购物体验。

2. 增加用户体验感

小米的新零售方式将提高零售率作为销售目标，线上线下进行结合。通过借鉴快时尚店铺的选择方式（比如优衣库、无印良品等），进行了合理的线下店铺的选择，实现了低频的产品逐渐转变为高频的战略措施，业务范围也逐渐扩大到蓝牙音箱、充电宝、运动手环等商品。小米将更多的精力贯注于生产产品的品质和设计上面，通过这种方式大幅度地提高了用户的忠诚度；同时也利用大数据进行产品的选择，产品的简洁性吸引了大批客户；并且小米自身产品具有关联性，使顾客日常生活更加的便利；同时线下的体验可以带给消费者更加智能的生活感觉，在这种体验的过程中，销售人员不会去打扰客户的体验，而是尽可能给客户更多的时间以便带来更好的体验感受。

3. 智能家居渗透生活

小米对智能家居产品的功能打造可谓做到了极致。运用企业自有的数据平台，小米可以清楚地掌握每一位消费者的个人偏好和生活习惯，这些信息都通过算法被上传到了小米公司的数据库。门锁识别、空调自动调节、电热水器自动加热……这些智能化的家居产品提高了消费者的生活品质。比如：算法根据用户每天出门、回家的时间可以得到一个具有规律性的周期表；根据这个周期表，系统可以推断出消费者每天大概什么时候会到家，就可以提前算好时间开始烧水，让他们能够在忙碌一天回到家后洗一个热水澡。

四、“为发烧而生”

1. 小米黑科技

从 2013 年开始，小米开启了大规模的技术革新，在短短 3 年内，小米公司就已经获取了接近 3000 项专利。仅仅拿外观专利来说，小米手机基本每款机型都有外观专利，小米生态链引入许多设计界的人才为小米产品以及产品内部的零部件进行优化设计。不仅如此，在手机的屏幕设计上，小米也在不断进行着工艺探索：从小米 Nate 的 3D 曲面玻璃，到小米 MIX 全陶瓷机身，再到小米 11 的钻石排列屏幕，小米在不断地突破，进行创新。

当然，小米公司的技术专利远不止如此，小米“黑科技”的探索之路还很长。在未来面对市场的变化时，小米的专利技术足以使其在风浪中站稳脚跟，稳步前进。

2. “投资＋孵化”模式打造“小米生态链”

基于战略价值驱动，小米的投资版图已经涉及了物联网（loT）的方方面面。早在2013年年底，小米就已经启动了小米生态链计划，即以手机为核心产品，以周边小米生态链企业为辅助，把小米品牌的各品类产品都渗透到用户家庭中。小米采用“投资＋孵化”的模式积极扩张产品线，延长产业链，在保持生态链低成本运转的同时也保持着企业的创新性。这同样也是小米用户黏性在业界遥遥领先的原因。

3. 连接智能物联网闭环

截至目前，小米生态链已包括了90余家创业公司，业务范围覆盖了汽车电子、VR/AR、无人机等产业领域。小米通过投资智能产业，使其进入小米的生态系统当中，以便最大限度地利用小米内部与小米系之外的行业资源，这样的方式不仅增加了小米的销售业绩，还通过跨界布局成功地串联了用户，打造智能物联网闭环。

五、总结与发展

“米粉”文化为小米的发展注入了源源不断的强大动力，高黏性的社群是小米在行业中筑起的高壁垒之一，为小米品牌代言，为小米产品买单。此外，小米通过新零售的商业模式，将线上的互联网效率带到了线下的销售中。不仅线上运营情况良好，而且借助线上的经营成果，线下的销售渠道也逐渐扩大，市场份额也有了很大提升，从另一方面也证实了新零售模式的有效性和优势。不仅如此，小米在生态产业链上的积极布局同样也是雷军能够建立起强大商业帝国的重要原因。

（资料来源：笔者根据多方资料整理而成）

①周琪. 小米集团境内外新零售战略商业模式实践［J］. 现代企业，2021（11）：43-44.

②赵青青. 新零售时代下的商业模式——以小米之家为例［J］. 市场周刊，2018（8）：79-80.

经济的发展除了依靠各国知名大型企业，更有无数不为人知的中小型企业的贡献。德国著名管理学者给予这些企业一个特有的名字：隐形冠军。“隐形冠军”的存在对于一个国家经济的发展来说是不可或缺的，而它们又恰恰源自全民创业时代诸多创业英雄的兴趣创业与创新。

第一节　全民创业时代

有人认为：我国全民创业时代寒冬已至。大部分热门行业已经接近饱和甚至过饱和，企业很难再从中获得利润，甚至一些企业已经陷入了入不敷出的艰难境地。与此同时，不少创投机构也放慢了其投资步伐，也有不少创业企业在慢慢消亡。但是这并不意味着创业前途的黑暗，事实上仍然有许多中小企业在竞争激烈的市场中脱颖而出，成为冉冉升起的新星。

一、聚焦高质量发展

企业想要在残酷的竞争中生存下来，首先需要做的就是聚焦高质量发展。通过观察我国现有的一些“隐形冠军”企业的发展历程，我们不难发现，这些企业之所以能够有如此鲜活的生命力，都与其建立新发展理念，构建完备的生态系统有关。

面对市场前所未有的挑战，企业相关负责人应该从发展新理念、营造公平工作环境、挖掘市场潜力三个方面入手（见图 1-1）。

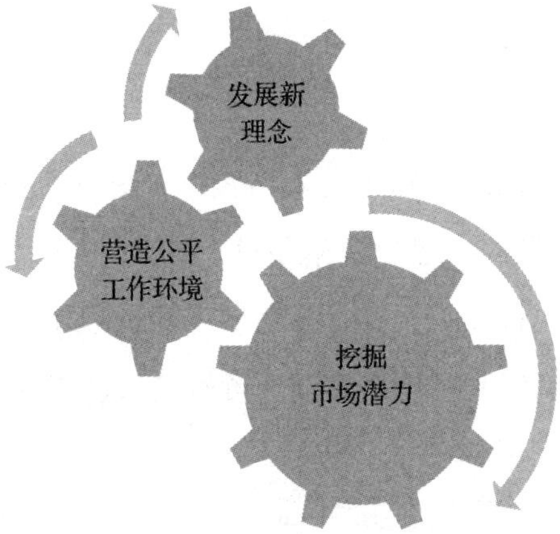

图 1-1　聚焦高质量发展的三个要点

1. 发展新理念

理念是实践的基础。将“理念”一词拆解开来，即为“理论”和“观念”。企业无论是要发展新业务、推出新产品，还是进行营销宣传活动，采取后进防守的策略，都需要做好调查研究和风险评估。

身处同一时代，家庭环境、社会阶层等的不同也会导致多种消费观念的形成。因此作为企业方，就可以站在这一角度出发，通过洞悉目标消费者的消费观念来定制相应的企业的经营与管理观念。当然这只是一个基本的方式，更重要之处在于企业领导者必须有自己的主见，有统一管理企业的能力和方法。

企业想要推出新的理论，其可能性是非常小的。但是，新的观念却时刻随着时代与市场环境的改变不断产生。因此笔者认为，我们常说的“发展新理念”，实际上是在熟练运用现有商业理论的基础上，吸取旧观念的优点，摒弃旧观念的缺点，再加入企业家自身的主观思想和观点，形成独一无二的、适用于自身企业的观念的过程。

2. 营造公平工作环境

企业的高质量发展同样需要一个良好的环境。该环境同时包括了企业内部环境以及市场大环境。市场大环境是不受企业控制的，并且也相对公平。因此，企业的主要任务是营造良好的内部环境。

而企业实力很大程度上依靠其人才的能力。为了能够让企业人才尽可能地发挥他们的实力，同时做到对企业有忠诚度，为他们营造一个公平的工作环境是很有必要的。站在相同的起跑线上可以让员工更有工作的动力。

3. 挖掘市场潜力

中国凭借巨大的人口规模和发展速度成为全球较有潜力的大市场。市场潜力指的是一段特定时间内市场对某一产品销量的乐观估计。也就是说市场潜力越大，企业依靠业务所能占据更多市场份额的可能性就越大。挖掘市场潜力既是启动新项目的事前准备，又是在进行商业活动时帮助企业了解市场环境和产品前景的辅助手段。

全民创新时代的兴趣创新发展专栏 1-1

南洋股份：聚焦发展

一、公司简介

南洋股份，即广东南洋电缆集团股份有限公司，创建于 1985 年。南洋股份前身为汕头市南洋电缆厂，1994 年升级为广东南洋电缆厂，至 2000 年改组为广东南洋电缆厂有限公司，是广东省大型电线电缆生产企业、全国城乡电网改造使用产品定点企业、ISO9001 国际标准质量体系国内国际双认证企业，主要生产电线电缆、PVC材料等，企业向规模化方向发展。

二、商业模式

1. 电缆业务行业领先，重点工程覆盖全面

电线电缆业务方面，公司经过二十多年的开拓进取，不断发展壮大，形成“南北呼应”的战略格局。目前，南洋股份正在建设中的第三个生产基地，引进先进的生产设备与检测设备，主要产品覆盖低压电缆、中压电缆、超高压电缆、特种电缆及电线产品等。面对目前行业整体形势，公司利用品牌、服务、技术优势，不断利用集约化、规模化优势做大轨道交通电缆。

南洋股份凭借其在领域内的优势，参与合作多项重点工程，其中包括精品工程、大型场馆等多个项目；电线电缆业务惠及各大建筑，如天津博物馆、广州大学城、国家体育场（鸟巢）等。此外，NAN南牌电线电缆已出口到澳大利亚、也门等国家和地区，通过长期运行，以其性能安全、质量稳定等优势特点赢得了国内外客户的支持和信赖。

2. 聚焦网络安全业务，联手服务国家安全

2016年年底，南洋股份通过资产重组进入网络安全行业，收购北京天融信科技有限公司（以下简称天融信）成为公司全资子公司，成立电缆、网络安全双主业平台。除天融信防火墙产品市场占有率连续稳居全国第一外，虚拟专用网硬件市场份额攀升至全国第二。在“安全牛”发布的《2019中国网络安全百强企业》中，天融信稳居领导者阵营，南洋股份通过继续贯彻天融信“成为中国领先的网络安全、大数据、安全云服务提供商”的企业发展目标，积极响应国家号召，努力满足完善国家安全保障体系的要求，保持快速发展势头，推动公司发展进入了新阶段。在全球各国政府政策的有力推动下，全球网络安全规模处于高速增长阶段，2019年中

国安全产业规模超过600亿元，年均增长率超过20%，高于全球8%的平均增速。

3. 紧贴环保主题，打造民族品牌

随着生态环保意识的增强，越来越多的人开始呼吁使用绿色环保产品。符合生态发展趋势的绿色环保电缆是提升公司在行业内竞争力的重要途径。生态环境问题日渐突出，生产绿色电缆产品成为行业内的当务之急。普通电缆制造、处理后产生的化学废料会对环境造成大量污染，环保电缆采用对人体和环境无污染的材料，具有安全性高、可靠性强、耐用性久等特点。在新的经济形势与技术条件下，全球电线电缆行业发展将呈现新趋势，生态环保电缆成为产品主旋律，环保电缆将在不久后成为电缆行业内的主流产品。公司致力于研发、生产环保电缆线，使企业从中低端产品市场迈向中高端产品市场，进一步掌握在行业内的话语权。

三、总结与发展

南洋股份作为我国电线电缆行业的领头羊，其地位与成功主要体现在"产品覆盖""业务多面""紧跟趋势"三个方面。"产品覆盖"方面，南洋股份生产从低压电缆到特种电缆的多功能、多配置电缆电线，参与全国各大建筑工程项目，产品赢得用户支持与信赖。"业务多面"方面，南洋股份收购天融信作为子公司，积极响应国家强化网络安全保障、完善国家网络安全保障体系的要求，依靠其完备的网络安全系统研发服务国家安全。"紧跟趋势"方面，公司放眼当今生态热点问题，提出未来环保绿色电缆会成为电缆行业产品主旋律，致力于研发、生产环保电缆电线，推出符合生态发展趋势的绿色环保电缆产品，为国家的环境治理贡献出自己的一份力量。

除此之外，公司十分重视人才引进及培养，企业提倡弘扬以人为本的文化氛围；广泛吸纳各类人才；开辟多个用人渠道，为企业员工创造公平公正公开的工作环境，充分考虑员工个人需求，在发展中实现员工与公司的双赢。

处于目前科技飞速发展的行情下，南洋股份想要维持可持续发展的企业环境，需要放眼于更加长远的未来。深入市场，重视产业基础，扩大企业规模，拓宽产品销售渠道，以独特视角切入市场，密切关注行动转向，加强企业的核心竞争力，最终才得以继续为行业赋能，引领国内电线电缆行业的稳健发展。

（资料来源：笔者根据多方资料整理而成）

①张诗妮．南洋股份跨界并购天融信的绩效研究［D］．广州：华南理工大学，2020.

②郑梦婕，李俊伟．南洋股份30多年扎根本地发展壮大，延伸新能源产业　顺应潮流助力汕头新兴产业发展［J］．潮商，2016（5）：22-23.

二、理性面对发展机遇

很多不成熟的创业者容易盲目跟风，看哪个行业有钱赚、热度高，就不经过考虑地投入资源和资金，最终不仅没赚到钱，还赔了不少。这种现象在市场中其实非常常见，但这样的局面可以说也是我们最不想看到的。站在市场风口上，每时每刻都有机遇在等着我们，在面对机遇时，只有保持绝对的理性，才能创造更多的价值。

1. 创业项目 vs 股票

把创业视作投资，它与股票市场其实有非常多的共性，以下我们将通过“股票”说明创业过程中如何理性面对机遇。正确面对股市机遇如图1-2所示。

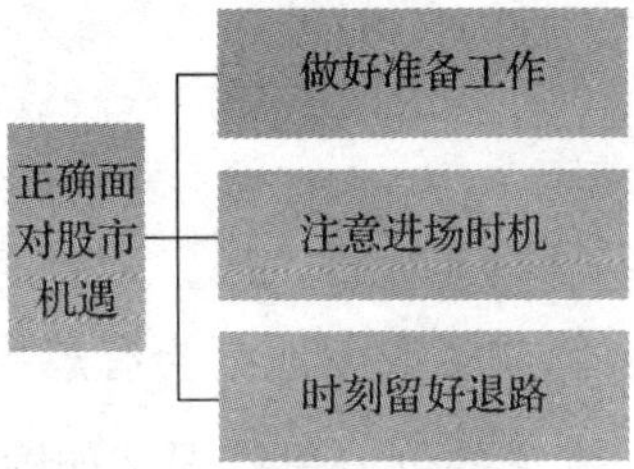

图 1-2　正确面对股市机遇

（1）做好准备工作

作为创业者，我们时刻要记住的是“创业其实就像炒股，你所期望取得的回报越大，你的投入就越大，从而你的投资风险也就越高”。在面对一个看似收益高的“股票”时，我们不能随大溜地就被“套进去”，而是应该结合自身实力和市场环境现状进行多方面的调研考察，对这只“股票”有一定程度的了解，并且内心对其有一个大致的估值之后，再决定要不要投入金钱、时间和精力去操作它。

（2）注意进场时机

仍然把创业项目比作股票，每一位证券从业人员以及老股民都明白一个道理：市场中永远都会有机会。这句话理解起来其实并没有那么抽象。股市具有周期性，除了“黑天鹅事件”会对整体股市造成极大的意外影响之外，其实所有的数据都是有一定规律可循的。但需要明白的是，不要总为错失一次低点买入或是高点卖出的时机而郁闷，也不要总盯着一只股票，而是应该将视野打开，做好投资策略，及时止盈止损，稳定好投资心态，再找准时机操作。

（3）时刻留好退路

聪明的选择投资组合往往分批建仓，将资金分散开，并且会确保账户中还留有部分资金来进行后续的股票操作。这是风险较低、回报率较高的做法。对于企业来说也是如此，不要一遇到好的项目，就把大部分的资源投入进去；除非你有绝对的信心，不然还是应该先保证企业自身的发展，再将多余的资源进行项目的试水，最后再决定是否要加大资源投入。

2. 摒弃思维误区

理性面对发展机遇还有很重要的一点，那就是摒弃思维误区。在刚开始创业的过程中，创业者们或多或少地都会有思维上的下意识偏见，从而导致创业进入一些困境。常见的创业思维误区如图 1-3 所示。

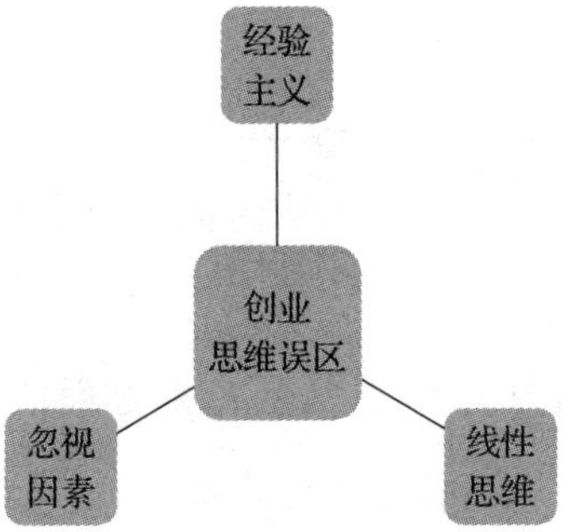

图 1-3　常见的创业思维误区

（1）经验主义

许多创业者喜欢研究成功创业者的经历，用他们的创业故事来指导自己。这样的做法并没有问题，因为这些成功的经验确实能让创业者了解到一些创业的知识和道理，但是绝不能过度相信经验。时代和市场环境都在时刻发生着变化，过去的经验已经不再适用于如今的情况。创业者需要在前人的方法上再进行自我的深度理解，并加以创新，才能使其适用于当下的企业发展状况。

（2）线性思维

创业的投入和产出并不是一次函数的线性关系。根据边际效益递减的规律，后期的投入与产出比会越来越高，企业应该想办法维持两者的一个平衡，密切关注各个项目的运作情况，有选择性地投入成本，维持企业的良好运作。

（3）忽视因素

在我们进行决策时，很难将所有的影响因素都完整地放入考虑范围之内，但有时候一些被我们忽视的因素，尤其是那些微小的或是在人们潜意识中的因素往往会成为导致事故发生的关键，这就是蝴蝶效应。为了避免此类情况的发生，创业者需要在面对机会时细致地做好市场调研，充分考虑每一种情况发生的可能性，并且给出相应的应对方案。

三、确立文化自信

公司要更好地为社会提供服务价值，一要提升公司价值创新的效益，二要提供公司价值创新的发展动力。回归运营管理的基本面，一是要关注客户，构建以客户为中心的战略与运营体系，利用科学管理提高公司各运营环节的运作效能；二是要关注人和团队，不断调动个人活力，汇聚团队合力，为公司价值创新提供发展动力。那么，如何才能打造源源不竭的动力呢？不是靠薪酬、奖金、分红等外在激励，也不是靠机会、荣誉、成就等内在激励，唯一的途径就是企业文化。因为无论是外在激励还是内在激励都难以做到连续、稳定，一旦激励延迟、中断或者分配不公，组织成员的动力就会同步消退；而且两种激励都存在边际效应递减的规律，随着企业对员工激励次数的增加，员工对应的需求得到满足后，就难以再激发起内在的动力。

除此之外，企业文化的作用不仅仅是作用于企业内部，也体现在企业产品的输出和说服消费者上。比如三只松鼠为品牌塑造的“松鼠”文化就时刻体现在产品的选择和包装上：主要卖坚果炒货，且线下实体门店都会设计成森林树洞的样子，店员会对进店消费的顾客打招呼“欢迎主人回家”。如此文化的深入不仅能够强化对员工精神的管理，还可以加强顾客的体验感，让他们也对企业的文化有所了解、产生认同。

企业文化的形成并不是一朝一夕的事，想要形成稳固的、深入员工心中的企业文化，管理者就必须以身作则，为员工们提供适应企业文化发展的工作环境，让他们全心全意地信任企业。企业文化的形成如图 1-4 所示。

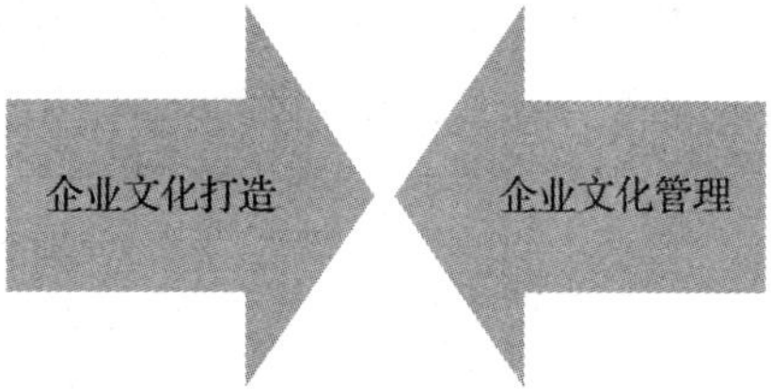

图 1-4　企业文化的形成

1. 企业文化打造

要想让团队成员获得持久力量就一定要使其建立坚定的信念，正如任正非所说“物质资源终会枯竭，唯有文化才能生生不息”。当我们能认识这个逻辑时就应该能够理解企业文化管理的核心目的：把组织的理念转变成干部、员工的信念，通过牢固的信念激起组织成员的动力，使其持续、稳定地创造价值，进而支撑企业的长期发展。

2. 企业文化管理

文化理念的制定与管理举措的执行需要适应人的需要，即根据不同人群采取差异化的动作，精准刺激可以取得良好的效果；同时也必须明白人的特殊性，人是一种矛盾综合体，有积极向上的一面，也有悲观的一面。在大多数情况下，管理者要相信人，通过正向激励牵引人，但也要设立一定的机制防止人消极的一面被激活；同时人的能力各有不同，不能一味地集权，也不能随意地分权，其中的度要根据企业发展的需要和人员的承接能力把握。比如劳动楷模等方式使员工拥有一个共同的追求，通过这个“参照物”来进行行为规范，树立员工正确的三观，与企业的信念、理想目标一致；通过上课教育输送成员之间互相尊重与信任，不钩心斗角，从而保证企业团队的向心力等。

四、用技术实力支撑发展

当今企业，技术是企业活力的关键，是企业运营的支柱和引擎，技术战略与转型也成为众多企业发展过程中所关注的重点。企业技术的作用不仅仅是为了维持企业的正常运转，更是驱动企业业务增长、赋能开拓创业的卓越引擎，是企业基业长青的秘诀。

如今，许多行业的技术壁垒越来越高，行业护城河也越来越宽。在位企业时刻提防着竞争对手的加入，新创立的企业则极力地想要打破壁垒。其实双方都在进行着技术的竞争，技术不一定指的是高科技，专业的人才、专业的手法、专业的知识理论，这都叫技术，而这些的核心都是人才。因此，人才实力也是技术实力发展非常重要的一个维度。

因此，我们可以从科学技术的运用和人才实力的提升来进行企业技术实力的提高。企业技术实力发展如图 1-5 所示。

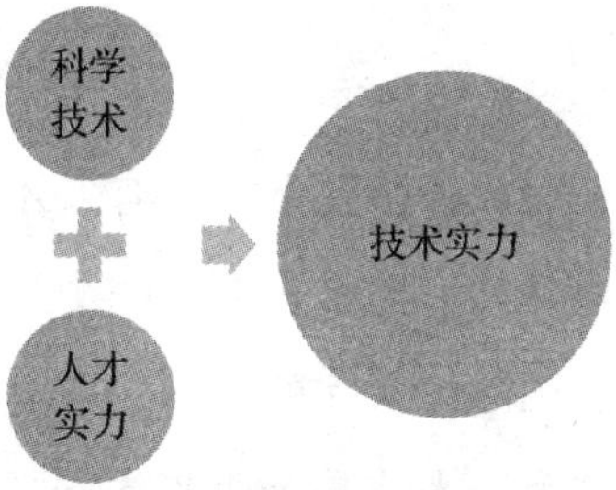

图 1-5 企业技术实力发展

1. 科学技术

将“科学”和“技术”两个词结合到一起，就变成了我们平常所说的“科技”。科学注重的是理论部分，通过建立理论将事实与现象联系起来；而技术则是在科学理论的基础上解决实际的问题。两者的内涵虽然大有不同，但是又相互依存、不可分割。如今，大部分成熟的技术都已经在各行各业的生产中得到了熟练的运用。各大企业重视的“技术研发”，其实本质上是在对技术进行创新，以便生产环节更高效率地运作。

制造业未来的发展需要调整能源的结构，将科技和制造业结合到一起，抓住关键的技术，结合智能推动制造业的发展，也就是朝向网络数字化、智能化的方向发展。针对服务业来说，需要加强各方面的监管，尤其是资金方面的管理，尽量减少恶性的竞争，将品牌进行标准化运营，利用网络将服务改善到更加符合消费者意愿的程度，创新服务方式等；各级政府部门应该对于生活化服务、休闲娱乐、商务医疗等进行合理的空间布局规划。现在大多数产业都是朝向大数据、互联网方向发展，将它们与实体的经济进行结合，可以通过数字化的建设降低各个产业与互联网结合并向其转型或者开展新的发展方式的成本，扩大数字化的运营方式。

利用网络和智能科技，企业可以合理地进行技术上的创新和发展。

2. 人才实力

在创新能力仍然存在短板的情况下，唯有人才培养能够解决企业实力难题。技术型人才是企业软实力非常重要的一个组成部分。如今各大企业都十分注重专业化人才、国际化人才的培养，在对于员工的绩效评定和福利发放上也采用了新的制度。人才是企业非常重要的资源，可以说很大一部分科学技术其实都掌握在各行各业的专业人才手中，因此，创业者必须重视人才的招纳、培养和留用。

同时企业也需要打造具有包容性的文化来容纳各具特色的人才。想要各路人才能够进行团结合作，就离不开一个开放包容的企业文化环境。尽量解决员工之间的纠纷，营造良好的工作氛围，杜绝性别、种族歧视等都是留住人才的关键。

全民创业时代的兴趣创新发展专栏 1-2

紫光集团：芯片到“云”的技术发展

一、公司简介

紫光集团成立于1988年。当年，清华大学成立清华大学科技开发总公司，这是清华大学为加速科研成果产业化成立的全校第一家综合性校办企业，也是紫光集团的前身。目前，紫光集团是一家综合性集成电路企业，在企业级IT服务细分领域排名中国第一、世界第二，是中国一流的隐形冠军企业。

二、高筑技术壁垒

紫光集团积极响应国家建设“数字中国”的重大发展战略，主动推动国家战略性重大技术进步，积极进行高新技术研究成果产业化，为大数据等行业发展创造持久生机，助力我国信息产业的蓬勃发展。目前，紫光集团的芯片服务板块正处于蓬勃发展的新阶段，全面覆盖了移动通信、物联网、存储器、智慧安保系统、可重构系列芯片（FPGA)、半导体功率器件等众多应用领域，并积极建设集成电路产品集群，为“数字中国”构筑“芯”的未来。

在芯片板块，集团现已整合了晶片工程设计、生产、制作、封测、营销的整个产业链，是目前排名世界前十、国内出货量领先的综合性集成电路集团。集团在5G发展上积极响应国家号召，采取自主创新、强强合作的发展模式不断深耕中国5G市场，致力于成为世界领先的高端硬件芯片中国品牌。

集团从策略上加快对人工智能、5G产业布局。其中，紫光集团的5G研究早已迈入全球第一梯队。在首届数字中国建设峰会上，紫光集团展出了移动5G原型机PiVlot-V2平台，它为5G试验及验证提供了终端样机的方案，同时支持展锐5G芯片的研发。在此前，紫光展锐和英特尔就已开始了在中国移动5G策略上的合作交流关系，并面向全球市场共同开发了基于安卓生态和主流架构的高端5G手机网络平台。

除此之外，紫光集团还发布了芯片领域的其他重要核心商品，其中包括首个采用了Flash技术的SIM卡晶片、第一款经过了国外CC EAL5+认证的金融机构IC卡晶片THD88双界面模块、国内第一套PBOC3.0国密多应用金融IC卡、国内第一款得到PCI PTS 5.0认证的量产芯片POS机安全晶片THM3100模块，以及国内唯一的自主产权千万门级高性能FPGA紫光同创PGT180H、在世界四十纳米工艺技术下集成度最高的FPGA产品紫光同创PGL22G、采用国内自研TAI控制器的紫光存储P8160 PCIe SSD，此外还有多款移动通信和物联网等芯片。

在“云”科技板块，紫光集团展现了一系列前瞻性的新型生产科技和方案设计，包含旗下新华三新近发布的物联网平台“绿洲平台2.0”、全面云化的超融合系统“UIS6.0”，以及网络、安全等领域的多个旗舰产品。新华三“绿洲平台2.0”新增加了AIP（应用智能平台），通过提供业务识别精准化、运营成本合理化、应用管控制能化三个特性，协助中小企业完成数字化转型。新华三“UIS6.0”则定位于新一代的超融合系统，在整个中国企业上云、边缘计算以及小型数据中心等情景中，提供和公共云、私人云完全一致的体验，并做到了资源相互备份，资源分钟级部署，业务小时级上线。

三、总结与发展

紫光集团“从芯到云”策略从数字信息发展的核心技术入手，在构筑国家信息计算和存储安全保障的同时，集合集团的优势资源助力实体经营和互联网＋的深度融合，搭建了全产业链的发展生态。未来，集团将继续以“世界级的芯云高科技产业集团”战略应对未来的机遇和挑战，以核心信息技术驱动新产业的新业态、新模式，致力于推进我国集成电路产业在全球市场的强力升级，助力我国数字经济的高速蓬勃发展。

（资料来源：笔者根据多方资料整理而成）

蔡雨彤．紫光集团：从心开始，从芯到云［J］．华东科技，2021（8）：44-46.

第二节　兴趣创业

许多人对创业有非常多的构想，但经常因为资金不足而半途而废。如果不是冒险投入新领域，而是以自己的兴趣爱好为基础，在自己精通且不需要依赖外部资源的领域进行创业，有时候则会带来超出期待的成功。目前，已经有非常多的创业者从自己的兴趣爱好出发创业，收获了一众粉丝，并打造了属于自己的品牌。

一、生态思维

生态指的是生物与环境之间的关系，是生物在适应环境的过程中所出现的生存状态。从生态学的角度来看，企业其实也处于一个生态系统之中。如果把每家企业想象成一个生物，企业生态则指的是其与市场环境之间的关系。建设一个好的生态真的有那么重要吗？答案是有的，并且非常重要。事实上，只要企业处在大市场环境中，只要企业能顺利在市场竞争中存活发展，就必然绕不开生态建设的课题。

1. 商业的本质

企业构建生态圈其实并不是目标，只是一种助推商业成功的方式。想要商业成功，首先我们需要了解商业的本质。所谓商业，其实就是供给和需求的交换，决定一种商业模式是否成功的标准是看两端的资源的匹配效率能否跟上企业发展的进程。因此，从这个角度思考，实现商业成功的直接途径无非就是提高供需双方资源的匹配效率，这也是构建生态圈的本质。

优化供需的方法有三种，如图 1-6 所示。

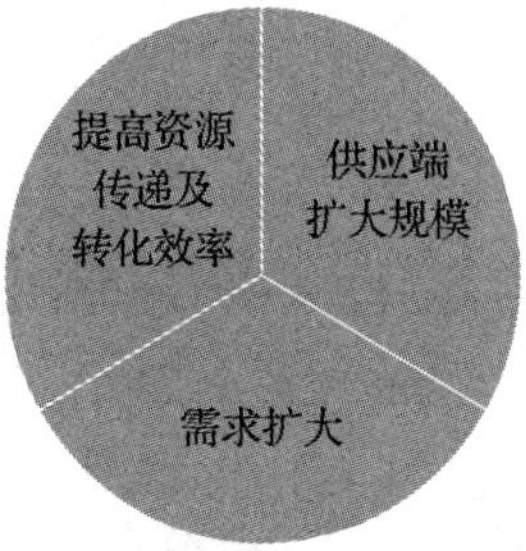

图 1-6　优化供需的方法

（1）供应端扩大规模

整合供应链体系，研发新技术、新产品，扩大生产规模，为消费者创造更多的需求。小米通过生态链战略在短短 2 年时间里打造了手机周边、智能硬件、生活用品三大品类的投资圈层，源源不断的活力被持续注入供应端，为小米的发展带来了巨大的机会。

（2）需求扩大

生态型企业要学会在需求端以用户为中心向外拓展，通过“多样化产品 + 服务”的模式全方位地包围用户，而不是一味地在边缘寻找机会打造差异化产品。企业要从用户出发，再归于用户。

（3）提高资源传递及转化效率

合理利用互联网和人工智能等技术来提高资源的使用效率，比如网约车就极大地提高了人们的出行效率，为人们的生活带来了极大的便利。

2. 生态思维

（1）环境思维

“适者生存，不适者淘汰”的自然法则适用于所有的生态系统。因此，如何选择适合自身企业发展的环境以及能否在市场竞争中不被淘汰，并顺利适应市场环境的变化都是对企业的考验。很多时候，一个企业的衰退并不是因为竞争对手太强，而是因为企业对大环境变化的适应能力较弱。培养生态思维的第一步是具备环境意识，把目光聚焦于大环境的选择和变化上，而不是只盯着竞争对手不放。这样的企业缺乏大局观意识，很容易就会被环境淘汰。

（2）多样思维

通过观察商业市场中构建起庞大生态圈的商业巨头的发展模式我们不难发现，没有一家企业是靠着单一业态生存的。这些成功的企业都拥有自己的多元化业态，收益结构也十分多样化。企业要构建企业生态，就必须将业务向多元化的方面拓展。多样化的经营能够降低单一产品的风险，同时也可以扩大产品的受众面，为客户带来更多不一样的体验。

（3）开放思维

企业不能够将自身封闭起来，要懂得合作。团队的力量总会大于个人的力量。对于企业来说也是一样，一个不懂得合作的企业即使自身拥有的资源再多、技术再好，也很难进一步发展。创业者当然可以保留自身的优势，但是不能死守优势，而是要学会利用自身的优势，与其他企业的优势进行互换，比如更多的资源和更新颖的想法，突破限制，实现内部能力的变现。

（4）共享思维

愿意把企业创造的价值、收获的经验共享出去。共享的对象可以是消费者，可以是合作企业，也可以是社会。创业者需要时刻记住：只有让所有人的利益都得到满足，生态才能持续地正向演进。

全民创新时代的兴趣创新发展专栏 1-3

东方国信：构建产业生态

一、企业简介

北京东方国信科技股份有限公司（以下简称东方国信）成立于1997

年。成立以来，东方国信专注于大数据领域，紧跟大数据技术发展趋势，形成了大数据、云计算及移动互联三大技术体系。

二、商业模式

1. 经营范围广泛，业务体系完善

公司主营业务基于大数据、云计算、人工智能等技术，拓展服务于通信、金融、工业、医疗、媒体等10余个行业与领域，业务覆盖全球35个国家的上千客户，帮助客户充分利用数据价值，获得更高的生产效率和经营收益。1997年成立以来，东方国信通过自主研发，形成了完全自主可控的四大技术体系，公司不仅具有面向全结构化数据提供采集与存储服务的能力，并且能够为客户提供线上线下一体化、自动化、智能化系统建设服务。除此之外，东方国信利用人工智能技术为产业赋能，形成AI+业务，帮助客户实现数字化转型，同时实现对传统业务的优化改革，为客户带来更良好的体验。

东方国信将各行业各领域进行细分，端对端为客户提供解决方案，在通信大数据平台上持续深化，深挖数据价值，实现深度和广度的双重突破。其中，大数据1.0已经成为主流技术进入各行业，规模优势显著。

2. “全产业链模式”并购，提高核心竞争力

东方国信在2013—2015年间执行全产业链并购，采取纵向并购和横向并购相结合的方式，分别实施了4次纵向并购和4次横向并购。根据公司自身发展需求，东方国信并购数量和并购规模不断增大。合作型企业实现横纵贯通与协同，形成空间网状的全产业链布局。其中，在并购屹通信息后，公司二级市场反应良好，盈利能力显著增长，屹通信息连续三年超额完成业绩指标，双方的核心竞争力都得到提高。

2016年，东方国信以3.64亿元收购锐软科技，涉足医疗信息化。以此为契机，公司抢先步入医疗领域，进行大数据业务布局，建立医疗行业

相关大数据平台体系，推动平台与应用系统建设。

3. 携手华为构建产业生态，Cloudiip蝉联第二

公司多项产品通过华为泰山服务器认证，2020年8月发布的高性能分布式数据库CirroData于次月完成了基于TaiShan200服务器集群进行业务验证，围绕华为鲲鹏处理器、操作系统及网络等多方面有针对性地对CirroData分布式数据库进行完整性适配。东方国信与华为深化合作，携手打造我国计算机产业生态，为我国核心技术系统国产化提供了强有力的保障。此外，公司Cloudiip平台连续三年以第二名的评分蝉联由《通信产业报》主办评选的中国工业互联网50佳榜单，赋能我国互联网工业化转型。东方国信在工业方面加大研发力度，进一步推动工业化互联网平台在各领域的落地，助力我国工业数字化转型。

三、发展与总结

综上所述，东方国信作为我国大数据产业中的龙头企业，其成功体现在“业务覆盖”“全产业链并购”“构建产业生态”三个方面。业务覆盖方面，东方国信形成了完善一体化的产业体系，涉足10余个热门领域，业务覆盖全球35个国家及地区，拥有稳固的用户群体。全产业链并购方面，东方国信采用横向与纵向相结合的并购方式，根据自身需求调整并购力度，交织形成产业链网络，与并购子公司实现合作共赢。构建产业生态方面，东方国信与通信行业巨头华为合作，发布高性能分布式数据库并通过泰山服务器认证，打造我国计算机产业生态。与此同时，公司Cloudiip平台持续赋能我国工业数字化转型。在市场对商业智能需求越来越高，竞争越来越激烈的行业背景下，东方国信作为中国领先的大数据上市科技公司，深度掌握大数据核心技术，无疑为其提供了巨大的竞争优势。此外，东方国信以“大数据+”为战略，业务领域涉及面广，实施各项产品及项目落地，有效地为企业谋求生存空间，力争长远发展。

但值得注意的是，东方国信即使目前在行业内处于领先地位，仍需保持技术创新，加大科技研发投入。并购方面尤其需要重视风险评估，从多角度切入市场，保持行业领头羊地位及核心优势，才能长期地掌握行业话语权。

（资料来源：笔者根据多方资料整理而成）

①王昆．东方国信工业互联网“双跨”平台的创新实践［J］．数字经济，2021（Z1）：96-99.

②王柄根．东方国信：重点业务领域稳步增长［J］．股市动态分析，2017（40）：32.

二、内容中心架构

网络媒体的发展为信息的传播提供了便捷的渠道，消费者逐渐拥有了信息的自主选择权，不再被媒介劫持。在过去，企业通常采用的是传统的大众传播式的营销策略，即企业通过宣传等手段去找寻消费者；而在新媒体时代，这种传统的方式显然已经无法满足企业发展的需求，于是一种新的营销方式——内容营销应运而生。我们可以将内容营销的重点理解为“让消费者来找企业”，即企业生产和利用内外部价值内容，吸引特定用户主动关注。

那么内容是什么呢？简单来说，内容就是触动人心的产品。内容营销通过图片、动画、视频等介质向受众传达有价值的信息，促进销售，以达到网络营销的目的。根据不同的载体，传播的介质有所不同，但内容的核心始终是一致的。在互联网时代以内容为中心进行企业的组织架构，才能更好地吸引消费者来关注。

1. 内容的时效性

首先，我们需要了解内容的时效性，然后再从这些性质入手去创作内容。内容的时效性如图 1-7 所示。

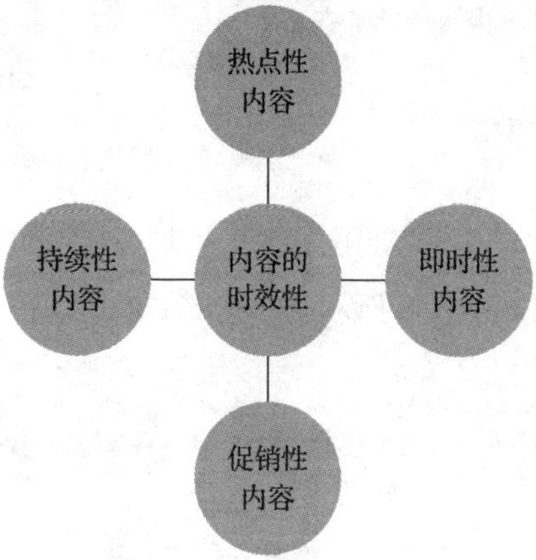

图 1-7　内容的时效性

（1）热点性内容

热点性内容在某段时间内点击率、搜索量迅速升高，通常出现在热门事件发生后。由于热门事件本身就具有一定的话题性，企业可以合理利用热门事件快速引流，获取收益。比如 2020 年东京奥运会上年轻女孩杨倩在女子 10 米气步枪个人比赛中为中国夺下首金，她的发饰和美甲一时在网络上成了爆款。

（2）即时性内容

即时性内容能够充分反映当下的事物。即时性内容的产生要求生产者在第一时间内完成内容创作，且记录下的内容必须有一定的价值。

（3）促销性内容

促销性内容是在特定时间内通过促销活动而产生的营销内容。这样的内容一般产生在节日前后，商家根据消费者心理制定相应的优惠方案，吸引消费者消费。促销性内容的价值往往体现在能在卖出更多产品的同时提升企业价值。

（4）持续性内容

该类内容不受时效性的限制，其价值并不会随着时间而改变。持续性内容是内容中的中流砥柱，能够长期为生产者带来流量和利润。内容生产者如果能产出持续性内容，那么对其而言就相当于在市场上拥有了持续竞争的优势，能够源源不断地获取流量。

2. 内容的创作与生产

只有足够好的内容才能让用户主动关注，那么如何生产好的内容呢？优质内容生产的步骤如图 1-8 所示。

图 1-8　内容生产的步骤

（1）内容定位

如果将生产内容比作建房子，那么内容定位就好比房子的框架，框架搭得好不好直接关系到房子的外观和牢固程度。内容从业者会给自己的作品打上风格化的标签以帮助用户联想和理解，个性化的标签不仅能突出商家的差异性，而且能让用户更加快速、准确地获取关键信息，以帮助用户更好地理解生产者想要表达的含义。

（2）受众定位

内容创作出来是要给别人看的，如果没有清晰的受众定位，就难以吸引固定的“粉丝”。目标受众可以从多个阶层来确定，例如年龄、性别、收入等。深挖用户兴趣方面、避开用户痛点才能有效地引起用户的注意。

（3）团队合作

以短视频为例，在 QQ 看点、小红书、抖音等平台上，视频中入镜的只有一两个人，但其实包括视频题材选择、录制、剪辑都需要大量的前期、后期工作来完成，这些复杂且耗时的工作单靠一人根本无法实现。由此可见团队的重要性。每一次成功的内容产出都离不开团队的协作，分工明确的团队中各个组织人员紧密配合，才能实现流程化的内容创作。

（4）创意推动

在思想开放，个人意识不断崛起的时代，“小众”一词正在悄悄引导人们的消费观念。物极必反，看多了相同的事物是会产生审美疲劳的，即使作品涉及同一个领域，内容创作者也必须要有自己的独特标签，想办法把自己和别人区分开，这样才能在众多竞争者中脱颖而出。除此之外，在生产内容的过程中，商家同样要注意用户的体验感：内容策划是否足够有趣、方便、有格调，能否引起用户的共鸣十分重要。内容的创意性会让用户耳目一新，让消费者印象深刻。

三、算法流量驱动

在这个“流量为王”的时代，几乎所有企业都在为了构建自身的私域流量池而烦恼，如何从公共流量池塘中“捞鱼”，将他们引流进自己的池塘也成为企业必须要面对的难题。数不尽的数据和碎片化的信息漫天飘零，企业需要清楚地知道哪些流应该引，哪些流没必要引，以及引流之后需要做些什么来保证流量不会在短时间内发生流失。当我们具备了一定的生态思维来进行企业的建设后，同样也需要借助一定的外力来驱动企业的发展；单纯地拥有内容并不能做到商业变现，必须采取一定的经营模式来实现收益的转换，互联网大数据背景下，“算法＋流量”就是比较好的解决方案。

现代人的生活时时刻刻都在被大数据机器“监视”着，你在百度上搜索过的，甚至在社交软件上与朋友谈论过的东西，可能下一秒就会出现在淘宝、京东、拼多多的推荐页面上。这些都是搜索数据上传到云端，再通过算法推算反馈到各个平台的结果（见图 1-9）。因此作为企业，如果我们能够利用好这个算法，就能够实现精准引流。

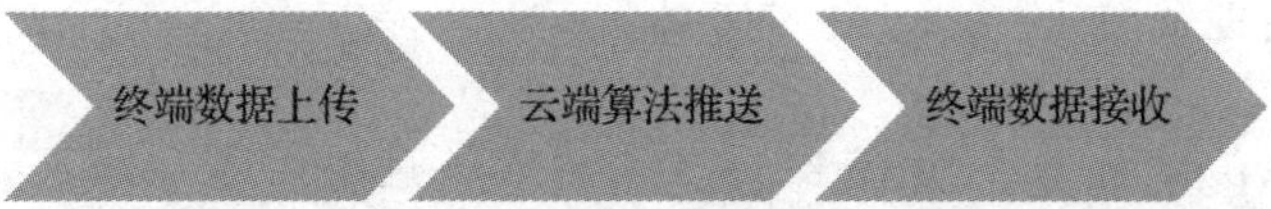

图 1-9　算法的推送过程

1. 提高点击率

企业可以想办法提高内容的点击率，先大范围地引流。比如，在其他流量网站上投放广告或者找名人推广，都可以提升产品的曝光率。这样一来，就可以先借助其他人的流量初步建立一个小的流量池。

2. 借助算法定位

在这个小流量池中，一定有一部分用户是满足企业对目标人群的基本定位的。利用算法反复地将内容推送给他们，根据反馈回来的数据判断哪些用户是对内容真正感兴趣的，然后锁定这些用户，从云端获取他们的个人信息，集合到一起做一个准确的用户画像。

接着，通过这些已经进入私域流量池的用户，我们又能够接触到他们的朋友圈，这样就可以很有效地扩大用户群体的数量和规模。

3. 私域用户经营

在这样建立起了具有一定规模的私域流量池之后，就需要进行经营，防止流量的流失。经营的主要目的是实现用户的促活和留存，比如定期向他们推送新的内容产品和活动公告等，都可以有效地促活用户，从而实现流量池内的循环运作。

全民创新时代的兴趣创新发展专栏 1-4

声网 Agora：算法驱动实时场景

一、企业简介

声网 Agora 成立于 2014 年，是实时音视频云行业开创者和全球领先的专业 PaaS 服务商。开发者只需简单调用 Agora API，30 分钟即可在应用内构建多种实时音视频互动场景。声网的服务覆盖社交直播、在线教育、企业协作、医疗、游戏、保险等10余个行业，共计100多种场景。实时互动技术服务覆盖全球200多个国家和地区，并在当地提供技术和运营支持。

二、商业模式

1. 科技助推企业发展

SD-RTN（Software-Defined Real-time Network），即软件定义实时传输网络。该设施是由Agora.io专为内容实时传输而设计的网络架构。SD-RTN是一种全新的网络架构，能够实时根据各节点的连接和传输状况、负载状况以及到用户的距离和响应时间，自动分配最优、最通畅的传输路径，达到实时传输需要的质量保障级别，从而保证用户能够基于互联网进行毫秒级延迟的音视频通话、和多主播连麦的互动直播。基于公司开发的SD-RTN技术，声网得以实现全球化部署，实现各大地区以及各区域中小城市中的网络优化。

2. 新场景带来新革命

"双减"政策的落地一定程度上改变了互联网在线教育行业的生态和格局。在国家出台教育"双减"政策的影响下，声网在实时音视频教育领域的业务确实遭到了一定的打击。但是声网表示会继续扩大自身，只专注于该领域的优势，为用户带来新的垂直产品与技术探索，并且努力把产品和技术进化到下一代的需求高度上。与此同时，政策的实施也将在线教育向成人教育转移，声网认为即使线上课堂形式在一段时间内受到了影响，其方向性与应用性创新并没有停止。在长远的未来，线上教育仍然会给商业市场以及社会带来价值上的贡献。声网CEO赵斌看好教育公司的实力，并表示接下来声网还是会乐观地与各种教育行业合作。

声网在技术上也时刻都在进行着革命，互联网飞速发展所带来的信息量的急剧加大促使声网不得不持续进行算法的更新与改进。根据不同的需求场景，声网需要做出相应的调整方案：比如在VR场景上需要更高的清晰度和全方位的音频内容；自动驾驶场景上摄像头传输信息量的增加要求设备有更高的续航能力与更快、更清晰的图像传输速度；loT场景中智能手表的频繁使用，可能会让其成为一个新的通信工具，那么届时声网又该如何进行业务的扩张和推进，都是亟待解决的问题。

3. 声网 + 元宇宙

据消息称，声网将成为“元宇宙”的技术服务商，帮助元宇宙公司打造更加多元化的元宇宙场景，解决更多实际问题。元宇宙自身是具备调性的，赵斌表示声网会继续利用技术来发掘更大的空间，用更加强大的算法帮助用户实现虚拟场景下的更加紧密无缝的远程协作，带给用户沉浸式的体验。

三、发展与总结

声网凭借其对高科技的运用以及创新化的应用程序带给用户良好的使用体验，同时也在顺应市场做出技术性的革命，并且加入了元宇宙的布局和运营。在科技新兴的当下，声网成功在云通信市场中成了领头羊。如今越来越多的相似技术投入市场，声网作为行业领头羊，仍需不停精进专业，持续在产品、技术及应用场景等各种维度创造第一和进行优化。

（资料来源：笔者根据多方资料整理而成）

①何己派．声网的场景进化［J］．21世纪商业评论，2021（10）：45-47.

②舒文琼．声网Agora：实时音视频通信成大势所趋［J］．通信世界，2015（31）：41.

第三节　兴趣创新

爱因斯坦曾说过：“提出一个问题往往比解决一个问题更为重要。”提出新的问题、发现新的可能性、站在新的角度去考虑旧的问题都是创新思维的展现。在如今科技竞争激烈的时代，企业的发展越发离不开新思想的萌发。与时俱进的创新精神是商业活动进行时的指导理念，也是创业者建立企业和进行战略布局时的必要条件。

创新是企业发展的动力，创新会促使创业者在自身兴趣领域的基础上不断完善业务系统，为消费者创造新的需求、提供新的选择。

一、逛街般发现

走出家门逛商场固然是逛街的一种方式，但这样的"逛"是线下的，是需要现实场景和实物商品与服务来支撑的。互联网的发展加速了电子商务行业的崛起，如今人们可以足不出户就在各大平台上"逛"，接触新领域，发现新爱好。可以说"逛"这个动作已经完全渗透了人们的生活，只需要一部小小的移动端手机，通过"触摸"和"划走"，消费者就可以简单快速地得到需求上的满足。

那么，我们是否可以这样理解：新兴企业或新产品只要打入市场，就能够通过赋予自身"被发现"的属性在消费者心目中留下印象，打响知名度。以下总结了"被发现"的几种常见方法供参考，如图 1-10 所示。

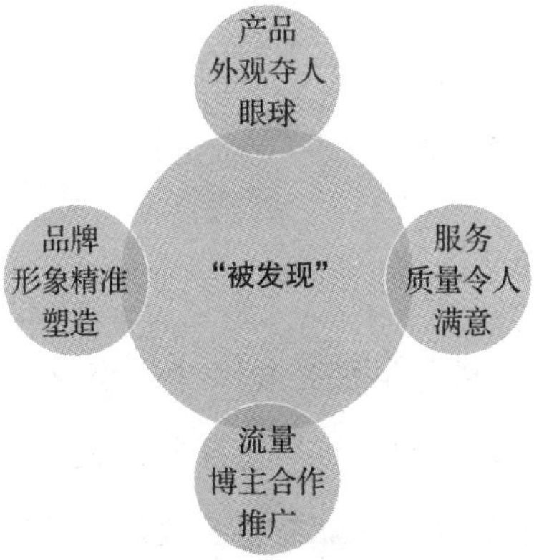

图 1-10　品牌、产品如何"被发现"

1. 产品外观夺人眼球

人本质上是视觉动物，会被“美”的物体所吸引。有一个英文短语叫作 window shopping，意思是说消费者站在橱窗外欣赏里面的商品来得到心理上的满足，但没有做出实质性的购买行为。但是这并不意味着 window shopping 对商家来说是一个无效的举动，因为橱窗中陈列的商品既然能够吸引消费者，就说明它已经在某种程度上引起了消费者的购买欲望，也就是说商品已经“被发现”了。消费者如果再一次路过这个橱窗，也很可能会再次被吸引，如此循环往复，每一次小小的欲望的累积就可能会促成最终的购买决策。

因此，尤其是对于一些观赏性的产品来说，商家应该注重其外观的美观性；而实用性产品也可以进行一些包装，特别是面向女性的产品，如眼影盘、零钱包等。实体门店要重视设计对展出商品的陈列和摆放方式以及色彩的搭配，线上门店上传的商品图也应该讲究光线和构图。

2. 服务质量令人满意

在人们生活水平不断提高、越来越注重消费体验的当下，“花钱买开心”已经成为一种很常见的消费观念。“开心”的程度除了来源于对产品本身的满意，还有很大一部分来源于对购买过程中服务的满意。服务包括售前服务、售中服务以及售后服务。只有这些服务均完成得到位，才能让消费者有“被服务”的体验感。

3. 流量博主合作推广

大数据时代下，“流量”早已是每一个互联网人所追求的东西，因为流量意味着出名，意味着影响力。每位互联网人的目标都是得到更多的流量，建立自己的私域流量池，并最终将自身所拥有的流量实现变现。而对于商家来说，找流量明星、网红来为他们的产品和品牌代言也是一种极为有效的宣传方式。粉丝经济在社会经济的发展中占有越来越大的比重，我们经常看到“明星同款”“网红同款”在淘宝上热卖。借用已有的流量，商家可以很轻易地引流，这也是许多品牌会找流量主播合作的原因；也有越来越多的影视、体育明星开启了“副业”，加入直播带货的行业中来，这对明星和卖家来说是一个互惠互利的做法。

但是相对于前两种方式来说，这种方式的成本较大。在签约时商家和主播可能会由于费用和展示方式、周期等发生意见不统一的纠纷，这就要求商家有一定资金实力的同时具备承担风险的能力。

4. 品牌形象精准塑造

品牌是用于识别产品的符号，是商家的无形资产。品牌的影响力对于一个企业的发展是十分重要的，分为品牌知名度、品牌忠诚度和品牌认知度。其中知名度是“被发现”的最好的衡量指标。打造知名度的过程就是吸引购买者注意力的过程。具备一定品牌知名度意味着商家在市场上有更多的潜在消费者，他们的产品更容易成为潜在消费者的“第二选择”。因此，商家应该在具备能力时注重品牌的打造，树立起面对消费受众的良好品牌形象，提升品牌影响力。

二、共享般获客

对于许多新企业来说，如何低成本拉新成为一个非常棘手并且令人头疼的问题。互联网和云计算将社会连接成了一个整体，“共享”精神的出现为企业家提供了思路。近些年来，共享单车、共享雨伞等商业产品的出现在我国打开了一个“共享化”的市场，催生了一个全新的商业模式，不仅降低了生产成本，也为众多企业创造了利益。市场中的“共享”不仅仅局限于实物的商品，也逐渐延伸到了互联网产品以及服务行业，出现了共享软件等不受版权法限制的应用，也出现了企业之间“共享员工”的合作模式。这些被“共享”的商品、App 甚至是人工，只需要通过一个由算法搭建起的共享平台就可以实现轻易地连接和被利用。

这样的模式也同样适用于企业选择获客的方式。所谓“共享”，其实就是资源以及空间的共同分享及利用。这样的共享可以是企业之间的，也可以是顾客之间的，同时也需要企业对共享渠道进行精细的管理。共享获客模式如图 1-11 所示。

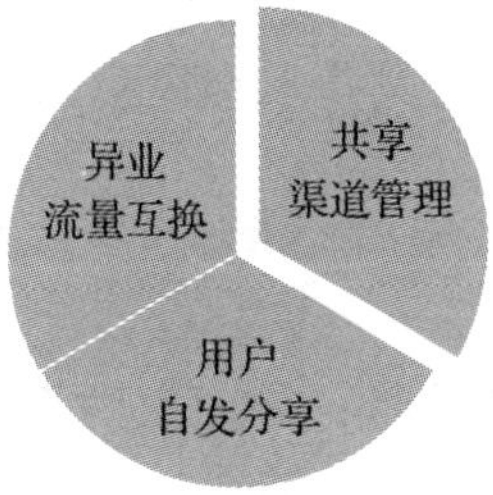

图 1-11　共享获客模式

1. 异业流量互换

异业流量互换指的是互相为合作企业带去流量，再以链接、广告等形式将流量带出。该方法要求双方、多方企业之间不能有直接的利益冲突，并且存在用户人群上的重叠。企业需要用自身已有的流量去换取合作企业的流量。一般双方流量的交换都是在互联网上进行的，具体的交换方式有以下几种。

（1）广告直接投放

将企业品牌或产品的广告直接投放在合作方企业的网站上，这种方式比较简单，相对来说也容易被接受。

（2）放置代码或频道

通过点击网页的方式来获取流量。我们可能都经历过一种情况：在百度、搜狐等网页上进行资料查找的时候，误触屏幕就会点开一些广告。这就是企业放置在这些网站的代码，用这样的方式放置对方网站的代码将流量带出，对方再以同样的方式或者用文字、图片链接来将企业的流量返还。

（3）合作页多方收益

这是当下互联网流量互换较为热门的一种方式。一个做法是系统通过合作站带去的流量的多少来为合作站所连接到的合作页进行流量分配，这样就不用担心单方面的流量输出而得不到回报；还有一种方法则是直接把合作站链接放到合作页上来带出流量，但是这种做法就要求有一定数量的网站进行合作，也要有足够大的流量进入合作页中。

（4）通过联盟发布链接

该方式是流量互换中较为简单的一种，即取一段集合了很多网站链接的代码放到企业的网站上，其中也包括自己的链接。这样当其他人获取代码的时候，企业的链接也在其中，就可以使企业的网站和相关信息链接出现在很多网站上。

2. 用户自发分享

对于企业来说，忠诚的老顾客绝对是非常大的一笔财产。人是群居动物，每个人都无法离开群体而独立存在，因此一个“朋友圈”内的人必然会出现某些习惯、爱好、兴趣以及性格上的相近和重叠。由于亲朋好友之间信任的存在，许多消费者很容易就会被周围的人“安利”，然后关注到企业的品牌和产品。所以企业所要考虑的，就是如何让老顾客自发地、情愿地把你的产品或者链接分享给他周围的人。

首先，产品要足够好。如果你的产品让顾客足够满意，即使企业不采取任何一种邀请手段，也会有源源不断的客流量。比如餐厅的菜品完美地迎合了某位顾客的口味，那么不仅他自己会再次光顾，也非常有可能带与其口味相似的朋友来品尝。

其次，通过奖励的方式来激励用户分享。这是商业中比较常见的手段，因为大部分产品和服务其实很难达到顾客心中“完美”的标准，此时商家就会采取一定的措施来鼓励老用户拉新。比如许多美容机构会邀请顾客推荐朋友来，并赠送他们一些免费的美容项目或折扣等。

3. 共享渠道管理

当然，共享获客的方式还有很多种，企业需要根据自身状况来选择适合企业发展的道路。如果企业自身流量不高，就可以通过促活激励老顾客的方式来实现低成本地拉新，从而构建起自己的私域流量池。在拥有一定的流量之后，再通过流量互换的方式将流量池进一步扩大。

渠道的选择和管理在获客过程中也起到了非常大的作用。企业不能一味地追求“低成本”，更重要的是“高质量”。只有获取了“高质量”顾客，即那些对企业有一定忠诚度，愿意为企业、为品牌“代言”的顾客，企业才能够不断拓宽自有的私域流量池，再通过变现的方式来将流量转化为实质性的收益。

三、重构社群

在移动互联网、人工智能、云计算、大数据等高科技手段融合的时代，企业想要单纯地依靠产品来占领市场的难度是非常大的，甚至可以说可能性几乎为零。我们经常可以在市场上看见各大奢侈品品牌的仿制品，一些技术甚至能够仿制到难以鉴定的程度。除此之外，创新产品、实体门店和经营模式都可能会被同行模仿，这是无法避免的。但是唯一无法被模仿的是商家与客户之间的关系，而商家想要维护与顾客的关系，留存住最有价值的隐形资产，构建社群就是最好的方式。

只有打造一个强大的社群，才能够为商业关系持续赋能，为企业在市场中增添竞争力。那么，怎样才能构建起一个强大的社群体系，扩大社群经济的规模来支撑企业的持续发展呢？企业家首先需要对“社群”这个概念有一个最基本的认识。很多人会下意识地把“社群”的范围局限在微信朋友圈、微博、小红书的关注账号上，其实这些都仅仅是一个社群中的一小部分，只是一个又一个庞大社群的载体。从广义的定义来看，社群是指在某些边界线、地区或领域内发生作用的一切社会关系；在网络体系飞速发展的当下，社群则是具备相同属性、聚集在一起的一群人，是一种新的社交模式。

如果企业想要构建社群，或是想拆解重构原有的社群，强化社群凝聚力，可以尝试从以下几个方面入手（见图 1-12）。

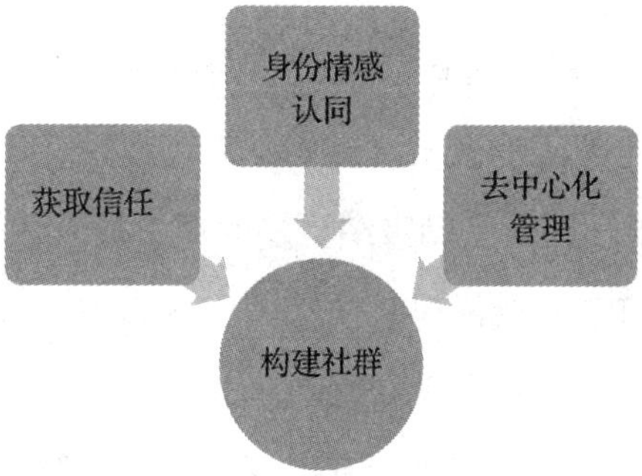

图 1-12　构建社群

1. 获取信任

维持人与人之间社交关系最重要的因素是什么？答案是信任。日常生活中，我们信任家人、朋友，所以才会接受他们对我们的建议；公司招聘时，企业和员工之间互相信任，才会形成劳务关系；商业市场上，只有双方企业对彼此信任，才能成为合作伙伴。因此，企业要构建社群，首先应该从获取消费者的信任开始。

2. 身份情感认同

在获取了顾客的信任之后，我们要考虑的是顾客在社群中的身份认同。将社交图谱分为三个维度，我们可以看出社交频次的高低很大程度上取决于消费者的兴趣所在。社交图谱三个维度差异比较如表 1-1 所示。

表 1-1　社交图谱三个维度差异比较

	关系亲疏	自由度	社交频次（1～5）
熟人圈	亲密、稳定	范围窄，自由度低	3
职业圈	较亲密	范围较大，自由度较高	4
兴趣圈	较生疏	自由度很高	5

3. 去中心化管理

内部互动是社群的生命力所在，社群成员在企业为他们提供的交流平台上频繁地互动，从而实现情感上的联结。在社群中，企业不应该以一个统帅的形象存在并对其内部活动做出过多的干涉，而是应该给予社群成员一个自由交流的空间，推动顾客主动吸纳更多的用户加入社群，增强互动性。

在社群中，任何个人在任何时候都可以成为中心，也许是甲昨天发起了一个话题讨论，也许是乙今天在平台上发表了一款产品的使用体验。企业在社群中的作用应该是对其进行基本管理，比如制定相应的规范条款以及不定期地举办活动来提高热度。除此之外，用去中心化来连接、组建社群，才能使社群粉丝经济发挥其最大的价值。

四、持续刺激

现在，企业已经实现了对社群的初步构建，当企业为社群吸引到第一批入驻用户时，就意味着已经完成了从 0 到 1 的质的变化；接下来则是要实现从 1 到 100 的量的变化，形成裂变式发展。但是有一个共性是我们不能忽视的：在初创期，社群会出现短暂的热度膨胀期，并迅速达到一个峰值。此时是拉新的最好时机，一旦过了这个时机，社群的热度会不受控制地开始下降，这是正常的现象。

在度过短暂的热度膨胀期后，社群内已经有了一定数量的成员。此时再想要拉新，成本就不如以前低了，因此企业下一步应该把考虑的重点放在如何提高社群的活跃性上。如果社群运营不好，企业就无法维持社群的活跃，社群就很容易变得死气沉沉，无法满足企业希望通过社群来留存用户，从而做好口碑营销的初衷。社群促活常见方法如图 1-13 所示。

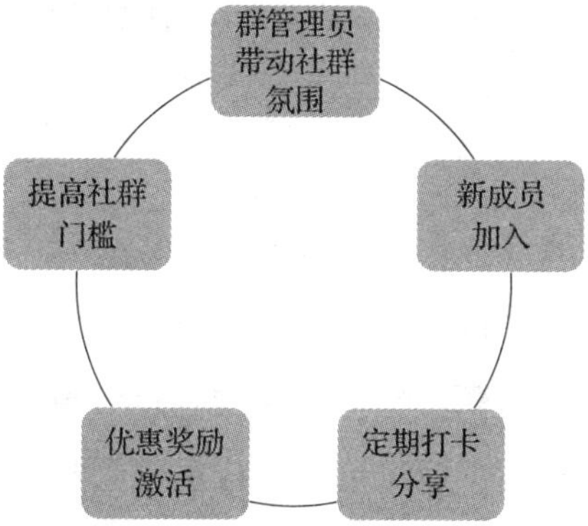

图 1-13　社群促活常见方法

1. 群管理员带动社群氛围

社群的活跃离不开一个领头人，非常好的方法就是指定一位活跃的群管理员。管理员可以是企业内部专门负责运营社群的人员，但最好是一位忠实粉丝。企业在群管理员的选择上需要十分慎重，要想管理员在社群内起到带头作用，他就需要负责做好活动通知、优惠发布等日常工作，并且解决成员在消费时遇到的一些问题，然而大部分顾客是没有这样的时间和精力的。

与此同时，管理员也可以定期规划主题内容分享，组织群成员一起讨论，加深情感上的羁绊。在社群内，成员们由于相同的兴趣爱好聚集起来，在其中也可以相互交换资源，社群也为他们提供了资源匹配的渠道。

2. 新成员加入

新成员的加入不仅可以保留社群内的新鲜感，还可以丰富社群内部人脉、信息和资料等资源，所以每位新成员的加入对于社群来说都是十分宝贵的。前文提到在经过热度膨胀期后，拉新成本会升高，因此社群管理者需要重视每一次新鲜血液的注入。积极地欢迎新成员，给他们留下一个良好的社群印象，同时也能够强化新成员与老成员之间的联结，创造出更多的话题，让新成员在社群内有归属感，从而刺激社群活跃度。

3. 定期打卡分享

活跃社群还可以通过每日定点打卡的方式。成员们通过打卡可以累计相应的积分用于抵扣商品价格或者换取礼品。将自己的打卡截图转发给好友或是转发至朋友圈可以获得额外的奖励。打卡是一种让消费者养成习惯的方式，每日进行打卡后，系统可以给成员个人的签到表上打一个勾，并配上相应的鼓励语和图片。有许多线上 App，如 keep、百词斩等都是用这样的方式来鼓励用户每日的锻炼和学习的。

4. 优惠奖励激活

利益是激活社群的颇为有效的方法。企业可以不定期地开展优惠活动来增加社群成员的活跃度。消费者都是利益导向的，对于他们来说，只需要动动手指就可以享受到几十元甚至几百元的优惠，何乐而不为呢？优惠的形式可以有红包、抽奖、拼团活动、无门槛优惠券等，投放优惠的时间可以选在周末、重大节日等，或通过分析后台数据来选出社群成员最活跃的时间段。

一定要保证优惠活动的通告是同时发放的，让社群内的每一位成员都接收到。对于初创的社群来说，优惠的力度一般是相同的，当然企业也可以采用随机的方式让成员们“拼手气”。

5. 提高社群门槛

通常来说，免费得到的东西会让人没有那么珍惜。因此，许多企业也在创办社群时设立了一些门槛。比如要在店内消费满多少或是充值多少才能成为会员，有些企业还会采用一些答题、问卷的形式。

除了加强对社群进入门槛的把控之外，还可以在社群内部设置对成员的分级制度，根据社群成员的贡献程度，比如消费金额、连续打卡天数、话题参与度等来为成员进行分级。分级的作用则体现在享受活动优惠力度和福利上，这也是一种不错的提高门槛方式。

五、下沉服务

有了产品、有了客户群，企业下一步应该做的是思考怎样把服务“沉下去”。只有真正地把服务做到位，才可能吸引到更多的顾客，进一步扩大客户群。此处的服务下沉主要有两种，即质量下沉与地域下沉，以下将分别说明两种服务下沉的方法。

1. 质量下沉

服务质量通常指的是服务能够满足规定和潜在需求特征及特性的总和。所谓质量下沉，就是将服务精确落实到客户，尽最大努力去满足顾客的需求。由于每位顾客都是有差异的，想要做到精准落实其实并不是一件容易的事情。要实现服务质量的下沉落地，可以从以下几个方面入手（见图 1-14）。

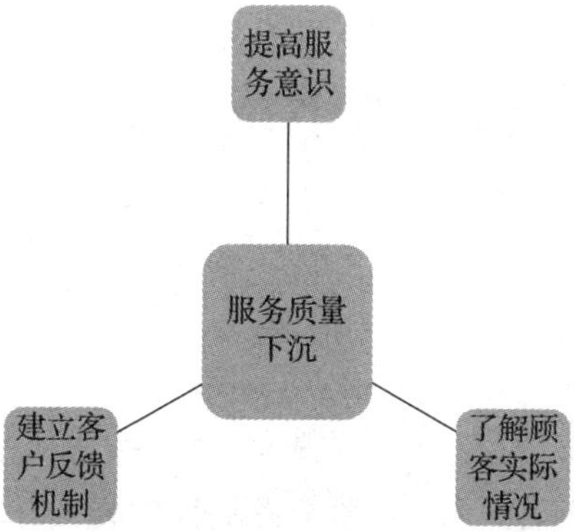

图 1-14 服务质量下沉

（1）提高服务意识

不要认为卖出产品就万事大吉了。销售过程中的服务质量在很大程度上会影响到消费者的消费体验，许多不成熟的、售卖实体商品的企业经常性地会下意识忽略这一点。我们经常能够看到由于客服态度不好而造成消费者取消交易，甚至把商家拉入“黑名单”的例子；所以想要做到服务下沉，企业首先需要做的就是提高员工，尤其是柜台人员以及客服人员等直接与顾客沟通的员工的服务意识，强化职工工作责任心。只有具备良好的服务意识，员工才会自发地去认真对待顾客的要求、细心地为顾客处理问题。

（2）了解顾客实际情况

前文提到过，每位顾客都是不同的，企业在提供服务之前应该尽可能地对每位客户都做详细的资料调查，建立基础的用户画像，再在与顾客沟通交流的过程中进一步明确他们的真正需求。企业应该按照客户的感受来调整服务的制度和风格，为客户提供个性化、价值高的服务，带给他们良好的消费体验。

（3）建立客户反馈机制

企业可以通过建立一个客户反馈机制来创造一个评价平台，在平台上可以收到每单交易后顾客对此次交易的满意程度与服务体验感受。这样做的好处在于能够及时了解到客户的意见和需求，以便及时改进工作中的不足之处。从这些顾客的反馈中，企业也可以记录下不同客户偏好的服务形式，将其记录到后台的数据库里，完善用户画像。

2. 地域下沉

（1）横向拓宽

这里需要先提及一个概念：市场下沉。这个词语来自互联网，意思是“受众范围的更广泛和更深入”。消费者群体的横向拓宽可以通过增加营销渠道、改变宣传形式等方式实现，这是横向拓宽。

（2）纵向下沉

当然，从“下沉”的字面意思上来看，这是一个垂直化的动作。还有一个概念是下沉市场，通常我们所说的下沉市场指的都是三、四线还未被完全开发的市场。相较于一、二线已经趋于饱和的市场来说，三、四线城市拥有巨大的市场规模和增长潜力，而且居民的需求远未被满足。在下沉市场中企业显然就有更多的可操作空间。三、四线城市同时具备熟人社会属性、价格敏感属性和闲暇娱乐属性，意味着他们相比一、二线城市，更像一个自然形成的大型社群，并且有更多的时间和精力来进行产品的比对和挑选；同时，微小的价格变动会很大程度上影响他们的购买决策。此时面对三、四线城市的消费者，企业就可以以较低的产品价格打入市场，并且不需要过多地支付营销和宣传费用，只需要短暂地散播消息，自然而然地会一传十，十传百。如今，三、四线城市的审美正在向一、二线城市靠近，这对企业来说是一个巨大的商业机会。

全民创业时代的兴趣创新发展专栏 1-5

神州数码：深耕市场

一、企业简介

2000 年，为顺应互联网时代信息产业发展，原联想集团一分为二，神州数码控股有限公司（以下简称神州数码）由此诞生。神州数码作为我国 IT 服务型企业之一，利用自主创新技术赋能数字化转型以及数字经济发展，并且依托产业生态环境构建云服务商平台，为处于不同数字化转型阶段的客户提供全方位的产品、方案及服务。

神州数码整合全球信息产业资源，目前已与国内外 300 家 IT 厂商进行合作，构建完整的 IT 服务价值链，为客户提供端到端的整合 IT 服务。

二、商业模式

1. 稳扎稳打，构建分销规模

20世纪末期，IT行业在中国开始兴起；到了21世纪，IT产业迅速崛起，给中国的经济和社会带来了翻天覆地的变化。从其整体业务形态来看，IT产品渠道分销商是整个IT行业的重要组成部分，渠道分销业务发展的情况更是直接影响到IT行业的发展。

神州数码拥有遍布全国的4000多家经销商，其分销历史可以说是中国IT分销业的历史。从经验积累与渠道摸索实践开始，分销商逐渐在IT产业内站稳脚跟，成为产业链中的一个重要环节，与此同时分销概念与渠道模式成型，随着电子商务的应用，传统分销商开始为客户提供专业化服务。如此步步为营，才使得神州数码成为竞争激烈的IT产业环境中的佼佼者。

2. 架构变革，深耕区域市场

从IT产品分销开始，神州数码逐渐向IT增值服务转型，其分销商销售一直处于行业领先地位。

神州数码以IT产品分销起家，逐渐向IT增值服务行业转型，其分销商销售额在业内一直处于领先地位，离不开其不断根据市场变化调整的组织架构。

区域市场在IT企业中具有巨大的发展潜力，以其鲜明的个性化、多样化和复杂化的特点脱颖而出。不同行业、不同规模的企业对平台建设、信息化产品的需求不同。神州数码抓住这个机会，早在2006年，它就开始对原有的组织架构进行重组。神州数码于福州、合肥、长沙成立分公司之后，开始向三、四线城市拓展产业业务。

3. 扩大市场，构建“智慧城市”

神州数码作为中国的本土企业，以“数字化中国”为使命推动各个城市的信息化建设。凭借其长期服务中国政府、企业及客户的经验，以及于技术创新、资金实力和管理服务等方面的优势，神州数码当仁不让地成为智慧城市战略建设的总承包商。

在智慧城市建设过程中，神州数码持续提供融合创新服务，包括信息基础建设、资源整合、平台搭建和商业服务等。通过互联网、智能终端和社区服务站，市民可以随时获得城市服务。

4. 强强联合，共同引领数字未来

2021 年 11 月 3 日，神州控股、神州信息、神州数码集团与腾讯云举行战略签约仪式，宣布全面建成合作伙伴关系，共同拥抱云原生，驱动颠覆式创新。

三、发展与总结

除了上述优势外，神州数码同样拥有自身不可复制的独特价值。比如，在城市信息化建设中，神州数码始终扮演中立第三方的角色，站在客观的角度为客户选择最适合的产品，全程不参与生产销售自己的产品，不带有产品倾向性。再者，神州数码以 IT 分销产业起家，与国内外多家 IT 企业有合作关系，具有天然的整合基因。面对城市的信息化建设，神州数码与合作伙伴共同打造战略，为“智慧城市”提供 IT 资源保障，更好地推动区域“智慧城市”建设的步伐。

信息时代互联网发展规模十分迅速，IT 行业必将面临更大的挑战。对于神州数码来说，产品的更新换代与对分销渠道的不断探索和创新是企业发展必不可少的环节。除此之外，顺应环境的改变对企业战略快速反应并做出及时调整也是其引领 IT 市场的关键所在。

（资料来源：笔者根据多方资料整理而成）

①王仕斌，张冰馨．未来已来，将至已至——专访神州数码集团董事长兼总裁郭为［J］．企业家，2021（4）：32-37.

②佚名．神州数码发力“云＋信创”彰显新优势［J］．中国信息化，2021（4）：41.

六、适配宅经济

2020 年，一场席卷全球的疫情风暴打乱了人们日常生活的节奏，许多企业在新冠肺炎疫情影响下受到重创，不得不停止生产，甚至一些中小型企业面临着倒闭的局面。

在这种情况下，仍有一些行业在逆向生长。数据显示在新冠肺炎疫情期间外卖、电商等产业呈现出爆发式的增长。通过观察我们可以找出这些产业的共同点，那就是符合了人们新的生活习惯——宅。在以前，“宅”并不是一个好的词语，甚至带有一些贬义的色彩，但如今“宅”已经成为一种社会性的习惯，人们就算足不出户，只需要一台电脑、一部手机就可以完成一天的工作和生活。当下，宅经济正在成为经济增长的新动能。在许多专业人士看来，宅经济的走红看似一场意外，其实背后则是相关企业的提前布局，使其能够通过快速调整企业经营模式与业务来应对突如其来的市场变化，顺应新的消费需求。

后疫情时代下，我国个人和家庭的生活方式和价值观念都在发生着转变，宅经济已经从方方面面渗透到人们的生活当中。企业在这样的时代背景下想要发展，就必须抓住这个“宅”字来考虑如何使产品和服务顺应消费者的生活习惯。

所谓“宅”，其实简单来说就是“不出门”。如果是处在疫情之下还可以理解，但为什么如今国内的疫情在绝大部分地区已经得到了非常有效的控制，宅经济的发展却仍然没有停止呢？笔者认为，这是由于由疫情之下催生出的“宅”让人们习惯了便利快捷的服务体验，比如网上购物、人工智能等。一旦对这种便捷产生了习惯，人们由于惰性就会“懒得动”，因为只要躺在家里动动手指，就可以轻松完成很多事情。因此，如今企业就应该抓住这个特性，打造能够为消费者带来便利的产品和服务，充分利用好互联网平台，来宣传、销售自身的商品。适配宅经济如图 1-15 所示。

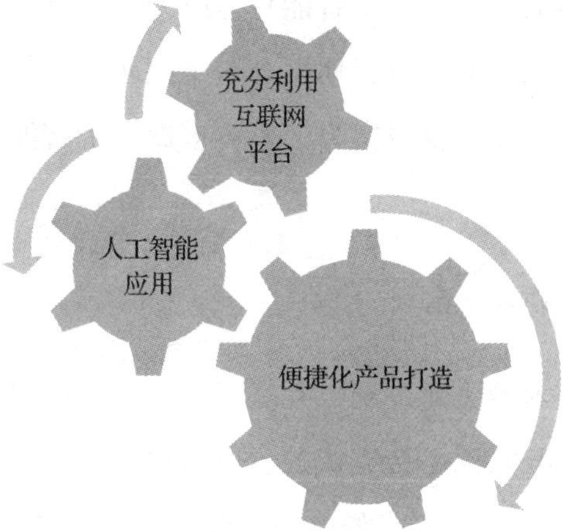

图 1-15　适配宅经济

1. 便捷化产品打造

想要打造便捷化的产品，企业首先需要抓住消费者的需求痛点。现代人生活在一个快节奏的社会下，尤其是占我国人口大比重的“上班族”，平常很少有时间外出，又因为我国现在许多企业都开启“996”工作模式，他们可以自由支配的时间更是少之又少。不仅如此，在这个“内卷”风气盛行的时代，“没时间”成为我国大部分主要消费群体最大的消费痛点所在。他们没时间逛街、没时间仔细地精挑细选，对于他们来说，便捷就意味着“省时间”，只有最省时省力的产品和服务才具有值得付费的价值。

2. 人工智能应用

人工智能的发展潜力和发展空间都是巨大的。通过机器来体现人类的智慧，人工智能已经渗透到了居民消费和生活的方方面面。语言翻译软件、人脸支付、智能客服等都为人们的日常通勤提供了极大的便利。企业如果能掌握人工智能技术并将其运用在产品的设计上，就说明已经有了一定的技术门槛。有人说在未来人工智能总有一天会取代人类，笔者认为这样的观点是不正确的，因为人工智能只是改变了人们的工作方式，并不会抢夺工作，企业员工不应该盲目地担心这个问题，而是应该把关注点放在如何拓展自身技能、提升自身实力上，再借助人工智能的帮助更出色地完成工作。

3. 充分利用互联网平台

随着互联网技术的飞速发展，互联网平台的建设也越发地完善，如今许多交易都是通过互联网平台完成的。可以说现代人的生活已经离不开互联网了，传统的信息传播方式如电视、收音机早已被时代淘汰，“连不上网”也成为现代人焦虑来源非常大的一个因素。所以，企业应该尽最大的努力做到“12G 冲浪”，即时把握最新热点事件，懂得如何利用互联网平台连接消费者，与消费者进行面对面的深入沟通和交流，让消费者即使不出门也可以享受到企业的服务。

章末案例

字节跳动：互联网科技巨头的流量变现

一、企业简介

有这样一家公司：真格基金的徐小平认为错过该公司的投资是其最大的遗憾；360 的掌门人周鸿祎自嘲对这家公司投资的中途退出是自己所犯过最愚蠢的错误；红杉资本的沈南鹏亲自打电话请求成为此公司的投资者。它就是成立不到十年，营收却早已超越千亿元人民币，被全世界关注并认可的“巨型独角兽”——字节跳动。

二、“字节范”文化

可以说字节跳动成功的很大一个影响因素来源于它的企业文化。字节跳动企业内部无时无刻不贯穿着一种氛围：字节范。令人很难相信的是，这个听起来有些“中二”的自创词，为字节跳动高筑起了企业在行业内的壁垒，极大程度上提高了字节跳动的竞争力。

什么是“字节范”？用企业内部的解释来说，“字节范”可以概括为六个短语：追求极致、务实敢为、开放谦逊、坦诚清晰、始终创业和多元兼容。

1. 追求极致

在字节跳动，永远有着更高远的目标：go the extra mile，永远多做一步。“追求极致”要求员工们不断提高对自身、对工作任务的要求，延迟自身的满足感。对于他们来说，“差不多”就是“差很多”，对布置给自己的每一项任务，员工们都会做到极致，因为他们认为如果只做力所能及的事情，待在自己的舒适圈内，就很难得到提高。因此，字节跳动的员工们追求的都是在更大范围寻找最优解，不放过每一个问题，而是要看破问题的本质，从而不断提升自己、持续学习和成长。

在字节跳动对“追求极致”的解释里用了这样一句话：做完了等于做好了吗？同时注重过程和结果才是每一位具备字节范气质的员工所应该做的工作。为长期成果而自律，当下的气质让每一位员工都能在做好自己本职工作的基础上再多做一点，多迈一小步。而成千上万的一点变成了一条线，变成了一个圆，变成了一个面；成千上万的个人的一小步，变成了企业发展的一大步。

2. 务实敢为

“务实”和“敢为”看起来是相反意思的两个词语，一个是说要脚踏实地，一个是说要有冒险精神，敢于试错，其实不然。在字节范文化里，“务实”指的是深入事实，关注真实效果，但“务实”并不代表着保守，在字节跳动，企业希望每一位员工都是具有开拓精神的行动者，有突破、有担当，敢想敢做，可以打破思维定式，勇于探索新的想法，尝试多种可能。

但是，这些新想法又要回归到“务实”上，员工不应该自我感动，而是要做出成果，得到外部结果和反馈，注重“为”的效果。

3. 开放谦逊

在团队合作的过程中，成员之间难免会有意见不合的时候，争辩虽然是人的本能，但是并不能有效地解决问题。字节范员工们都普遍具备着开放谦逊的品质，在与同事产生摩擦时，他们不会先入为主地责怪别人，而是“先向内求”，寻找自己的问题。字节范文化告诉员工们：不同的声音是为了帮助我们更好地前进，因此他们都习惯于“上个台阶想问题”。

对外，字节范员工们敏锐谦虚，他们不会被面子和情绪主导，而是通过理性的思考来做出最有益于团队合作与企业发展的判断和决策。这样的品质给予了员工们独立思考、团队集思广益的能力，让不同的想法碰撞出不一样的火花。

4. 坦诚清晰

在字节跳动里没有 title（头衔），员工之间都是直呼其名，即使遇到了 CEO，也是直接叫“张一鸣”。通过弱化“职位”的存在，字节跳动的员工都能非常自然地相处，因为所有人都是平等的，这就有利于员工们大胆地指出对方的问题；而高层人员即使犯了错，也不用顾及面子，可以大方地承认问题。在字节跳动，提倡彼此之间开门见山，提建议、求帮忙也不需要拐弯抹角。举个例子，身为公司副总裁的张羽，可以让基层人员随时毫无预兆地拉他进群，请求他参与某个项目。坦诚平等的工作风气降低了员工之间的交流成本，不分层级、不分资历，所有人坦诚相待，就事论事，工作效率非常之高。

不仅如此，字节跳动反复向其员工强调：要对同事首先进行善意假设，并假设同事的一切言行都是可信赖的。字节跳动分布在全世界的230多家办事处相互之间能够进行跨时区、跨区域的交流，坦诚清晰的协作方式是十多万名字节跳动员工有话直说的底气，同样也是字节跳动高效运行的基石。

5. 始终创业

字节跳动提倡创业文化，要求员工们有韧性、不畏难、直面现实。要知道，字节跳动的创始人张一鸣就是这样一个人，而他的坚韧品质也在时时刻刻影响着企业的内部文化。

“始终创业”，是让所有人自驱成长，不设边界，去拥抱未来未知的变化，把每一次的失败都看作一次提高自己的机会，保持一个乐观的心态，始终像公司创业第一天一样思考。这不仅仅是对员工们的要求，更是张一鸣对自己时时刻刻的提醒。

6. 多元兼容

“生而不同，就要敢于不同”，字节跳动将多元兼容的出发点定位为对人的关注和重视。如今，字节跳动的产品和服务正在覆盖越来越多的用户群体，这些用户来自不同的地区，携带着不同的文化，有着不同的信仰。字节跳动为多元不同而喝彩。

字节范气质鼓励“不同”的存在，认为正是因为团队中有这些“不一样”的人才存在，才使得整个团队得以完整。因此，字节跳动内部也鼓励打造多元化团队，欢迎不同背景和经历的人才加入，用不同的想法来挑战自己，创造一个海纳百川、兼容友好的工作环境，共同去看更美好的风景。

三、商业模式：“流量入口＋变现渠道”

字节跳动在坊间有一个不太讨喜的绰号——“App工厂”。截至目前，字节跳动形成了以抖音、今日头条为核心，旗下懂车帝、西瓜视频等其他App为辅的应用软件“航母战斗群”。在新闻报道领域，早在2016年，今日头条便已实现了对腾讯和网易深耕近十年的两大新闻巨头——腾讯新闻和网易新闻市场份额的超越，成为当之无愧的行业老大。同年，字节跳动又推出了“抖音短视频”App。由于模式的超前以及并无类似先例的参考，起初公司推出的该产品并不被社会各界看好，用户数量也不多。但抖音仅仅用了五年时间，就一举成为下载量领先的App。

以2018年为时间节点，字节跳动的商业模式主要分为两大阶段：2018年以前，公司的总体战略可以主要概括为“流量为王，用户至上”。如果有了流量和用户数量，用户汇集的地方，就是赚钱盈利的地方。所以在这一阶段公司的主要任务是获取流量、积累客户。2018年以后，随着用户数量的不断增多，流量制高点已经被占据，字节跳动的首要任务开始转变，如何将已获取的流量变现，公司旗下的产品和业务如何商业化，以及如何将公司原本集中在“To C”领域的主战场延伸到“To B”领域，成为新的发展方向。值得注意的是，随着公司战略的调整，字节跳动的商业模式也一直处于自我成长、与时俱进的动态模式之中。

字节跳动旗下拥有不计其数的App，目前最受用户喜爱的爆款有抖音、今日头条、轻颜相机等。早前的字节跳动App呈分布式排列，涉及大众生活的方方面面，而不是所有App都能带来可观的收益，因此对于如前文提到的几个有潜力的爆款App，字节跳动选择了集中全部精力加大投入的方式去促进其发展。而对于那些反响一般、并不受大众欢迎的App，字节跳动则会缩减在它们上面的投入，用于再去创新推出其他的新产品。通过采用这种“广撒网”的方式，字节跳动逐渐完善了一些爆款App的功能制作和修复，打造了一套热门应用软件产品矩阵。

很显然，这样的方式捞到了“大鱼”。如今，抖音和今日头条作为字节跳动旗下两个最大的流量入口，用户已经分别达到7亿人和近4亿人。字节跳动凭借抖音、今日头条等应用软件所积累起的用户流量资源，公司的业务也进一步拓展延伸，开始进军电商、搜索、游戏领域，且对行业现有的领跑者产生了不小的冲击：抖音“线上电商＋直播电商”直接改变了传统电商的销售模式；抖音App内部的搜索引擎也正在逐步成为用户的信息主要来源；今日头条开拓游戏业务，“头腾”对抗正式拉开帷幕。然而其野心仍远远不止这些，房地产、在线音乐等一系列此前从未与公司已有业务产生交集的行业正在被一个个纳入字节跳动的商业版图，公司发展潜力巨大。

打造爆款App拥有一定流量后，字节跳动开始为其提供增值服务、插入广告，将各大平台上的流量引入其他领域（包括公司业务以及字节跳动合作或者投资的领域），实现私域流量的内部循环。字节跳动的C端变现业务除了广告之外，还包括电商、直播、游戏、教育、在线医疗、O2O服务等。运动算法和数据能力方面，字节跳动通过大规模的流量数据消耗实现了高效的流量变现，打造了一套可复制的商业模式，多引擎驱动企业业务发展。

四、发展与总结

字节跳动一路走来的发展历程让我们看到企业文化管理与流量驱动的重要性，当然，公司的飞速发展也离不开创始人张一鸣先生的大局观意识。字节跳动作为全球屈指可数的互联网科技公司，它的经营模式、企业架构以及发展历程都值得我们去研究。在未来的发展过程中，字节跳动必将实现更大规模的发展和扩张，它正在把它的文化、它的模式、它的经验告诉世界。

（资料来源：笔者根据多方资料整理而成）

①朱泽钢，程佳佳．数字经济时代独角兽企业的商业模式研究——以字节跳动为例［J］．商展经济，2021（24）：102-104.

②李静．字节跳动杀入云市场　追求极致性价比［N］．中国经营报，2021-12-13（C04）.

本章小结

本章内容分为全民创业时代、兴趣创业、兴趣创新三个小节，为读者介绍了创业时代下企业发展的着重要点，同时强调了兴趣创业和兴趣创新的方式方法。在互联网飞速发展的时代下，传统的模式已经无法继续支撑企业的发展，市场大环境的变化迅速，要求每位创业者、企业家用良好的心态和正确的态度来对待市场中的机遇和挑战；与此同时，也要擅于借助外力，帮助企业夯实基础，稳步成长。

第二章

专：一厘米宽，一万米深的执着

学习要点

- 理解产品经营专业化内涵
- 核心业务打造过程
- 增强和客户之间的联系
- 了解员工和企业之间的关系

专，是专业，是专注，是专营，是专心。随着时代的发展，多元化的运营逐渐成为主流，专业化的生产和销售此时显得越来越重要，只有打造出明星产品奠定一定市场实力才可能进行多元化生产。企业应通过构建不同的场景提升自身产品的价值，增加市场竞争力，对市场的需求变化及时采取相应的措施，以便更好地满足消费者需求。长久发展的企业可以通过打造业务明星、宣传时突出业务的特质，使得顾客对企业产品的了解度增加，为增加客流量打下基础。企业内部要调整好员工和企业之间的关系，外部要管理好与客户之间的联系，做到以上几点才可以长久的发展。

质量是诚信的根本。

以价值为生存、以价值去经历可能会得到很好的结果。

一个企业能不能长远发展的决定权在消费者手中，控制力不是使员工听话，而是给员工自由发展的空间。

——珠海格力电器股份有限公司董事长　董明珠

开篇案例

完美日记快时尚策略

一、公司简介

完美日记是广州逸仙电子商务有限公司旗下品牌，于2017年在广东成立，它主要为年轻的女性生产高质量的美妆产品，2018年和大英博物馆进行合作把产品和艺术紧密地连接起来，丰富了消费者的沉浸式体验；2019年推出了与中国国家地理联名的限定眼影盘，在制造优质产品的同时也宣传了我国的美丽风景和文化，同年也获得了跨界创意奖；2020年所推出的“玉兔盘”则融入航天的元素，宣传了我国的航天精神；2020年成为天猫排名第一的美妆品牌。完美日记是第一个在美国上市的国内美妆品牌，紧跟时尚的潮流。最初完美日记只有线上的专营店，经过品牌的塑造和影响力的扩大，2019年在广州成立了第一家线下的专卖店，通过线上进行线下的引流，在短短两年内已经开设了900多家线下专卖店。完美日记在运营上通过将线上线下进行结合，通过线下各种场景的构建和沉浸式服务增大了客户量。

二、经营优势

完美日记从上线至今才五年多，但是在我国美妆市场中却有一定的影响力，通过一些社交媒体的宣传，在官方旗舰店、小红书等处都拥有着一千多万的粉丝。完美日记刚开始成立时主要是通过抖音、小红书等进行宣传，所针对的消费群体是25～35岁之间的年轻人，而且内部的员工也主要是90后，她们对于当代年轻人的喜好可以更好地把握，从而能设计出符合消费者心理预期的产品；有了一定的顾客基础之后，通过在微信和B站等平台推出美妆顾问或者和美妆博主合作，通过一些价格优惠来吸引更多的消费者。企业还使用品牌的构建来和顾客产生互动，从而增加消费者对自身产品的认可度和信任度，促进了最终购买行为的实现。完美日记在产品上采取精致的设计和高质量的品质方法，产品从最初的设计到最终投入市场都充分地尊重消费者本身的意愿，将他们的需求和产品完美地连接到一起，在把握消费者心理和时尚的基础上引领了潮流的变化。

完美日记的性价比相对来说极高，在保证自身产品质量的基础之上按照较低的价格进行销售，从而可以迅速地吸引市场上的消费者。完美日记通过减少设计和生产成本，缩短中间环节从而降低售价。完美日记本身的追求就和大牌一致，所合作的工厂都是业内比较有名的，所以对于产品的质量可以有一定的保证。由于美妆行业同质化越来越严重，随着社会经济与信息技术的不断发展，消费者对于产品的附加价值等考虑甚少，通常都是根据美妆博主的推荐进行产品选择、购买，所以在质量大致相同的基础之上会更加偏向价格优惠的产品，这也是完美日记突出的优势之一。由于新冠肺炎疫情的影响，供给和需求并不能很好地进行匹配，大部分行业的经济都处于较为萎靡的状态；但是由于口红的特殊性，在经济学上当人们收入减少时，会放弃对一些比较昂贵商品的购买，而去购买一些可以给自己带来愉悦心情的商品，即口红行业的替代效应大于收入效应，完美日记抓住时机实现了快速的成长。

完美日记通过对不同市场和消费者进行细分，使用公众号定时推送相关信息，增加与客户之间的联系交流，在和消费者双向沟通的同时可以逐渐增强对他们的吸引力，从而增大了品牌的忠诚度；通过“小完子”微信公众号的运营，可以及时地给消费者提供相关的美妆知识，也可以接受消费者的投诉并做出相应的反馈；通过这个微信公众号的运营可以提供比较丰富的使用场景，从而激发和引导消费者对于产品的购买意愿；也通过对不同类型消费者信息的收集和处理创建出相关的小程序，以便更好地了解他们的需求并生产出满足预期的产品，花费大量的精力和时间投入到对于消费者售后的反馈；在线下的旗舰店中也会建立一些专门的体验区从而增强和消费者之间的互动，也会对有需求的消费者根据自身情况定制个性化的妆容。完美日记通过在小红书上面的运营增加了和消费者之间的互动交流，同时与一些大牌的美妆博主进行合作，对顾客进行美妆知识和一些攻略的分享，用顾客个人的专属客服进行个性化的推荐，及时地捕捉时尚潮流而进行产品的运营。品牌本身产品更新速度快、上新周期比较短，完美日记紧跟时尚潮流，并根据各种不同的节日打造出独属于某一节日的限量产品，满足消费者对潮流的追求。公司用最短的时间完成产品的生产和更新换代，利用人们对于稀缺资源的购买欲望吸引更多的顾客。在产品的包装风格上面，在简约的基础之上包含了科技和轻奢的风格，通过外观的设计来激发消费者的购买欲望；而且完美日记本身的文化理念也被大多数人所接受，在购买过程中增加了消费者对产品的认可度。

三、总结与发展

完美日记借助数字化的营销模式，在保证自身产品质量的基础之上尽可能地降低成本与销售价格。它的经营模式便是以用户为中心，随着生活水平的提高，人们越来越追求高品质的产品，一个企业的经营最终目标也要放到消费者身上，提升消费者的购买体验，从而增加其忠诚度，企业才可以在激烈的市场竞争中生存下来。

（资料来源：笔者根据多方资料整理而成）

①李意璇. 完美日记的品牌战略分析［J］. 商讯，2021（17）：10-12.

②马瑛，成乔明. 完美日记品牌价值提升的设计管理策略研究［J］. 设计，2021，34（18）：140-142.

第一节　产品经营专业化

企业进行专业化经营可以集中资金和资源于一种产品的生产中，相对而言资金的使用效率高，更容易提高一个企业在行业中的声誉；企业充分地了解消费者需求并及时进行自身产品的创新，可以获得更多的利润以及争取更好的发展前景。

一、优质产品价值

产品价值是指一个特定的产品由于本身的特征与功能、外观和种类等方面所产生的价值。消费者对于产品的购买本质上就是对产品价值的需求，功能是购买后进行使用的核心内容，所以消费者的需求是决定一个产品的价值优劣的主要因素。

随着经济的发展和社会的进步，消费者对于同一产品的需求也在逐渐改变，那么产品的功能也要做出相应的创新，也就是生产过程中每个构成要素要按照合理的比例进行投入，表现在产品购买上便是需求和产品的差异性。所以，一个成功的企业就要根据经济形势和发展阶段认真分析消费者需求的共同点和在同一发展时期不同消费者需求的个性特点，并根据分析结果科学地进行自身产品的设计与开发，从而增加产品的适应性和流行度，创造更大的产品价值。

一个产品的价值提高可以通过以下五种方式进行。

1. 提高产品的功能

同样的产品当功能提高时，那么成本就会相对下降，便会获得更多的利润，提高产品价值。比如，随着科技的发展，相比之前同种产品的内部结构或者性能会有所提高，就可以拥有更多的功能，它的价值此时也会增加。

2. 功能不变，成本降低，产品价值增加

随着新技术和新材料的出现，在实现之前功能的基础之上降低成本。比如适当地减少中间产品和零部件，但产品整体的质量和寿命并不减少，产品价值会随之提高。

3. 成本不变，功能增加，产品价值增加

比如很多生活用品，因为人们对于它本身的需求会逐渐增加，那些过时的商品会不再受人们的欢迎；但如果重新设计外观、颜色等，就能跟上时代的潮流。通过提高它的美学功能从而提高其本身的价值，会吸引更多的消费者进行购买。由于是日常的生活用品，此时可能会在成本没有提高的基础上增加了产品价值。

4. 功能与成本都增加

当产品的功能和成本都增加，但是成本扩大的比例低于功能增加的比例时，产品价值也会增加。也就是说当一个产品本来只有一种功能时，增加它的功能范围必然会带来成本的增加，但是功能增加带来的利润高于成本增加带来的支出，总体来说这种产品的价值还是有所提高的。

5. 功能与成本都降低

当产品的功能和成本都降低，但成本的降低幅度高于功能降低的幅度时，相对来说产品的价值增加。在市场中经常会见到功能过剩的产品，这种产品适当地降低本身一些功能仍然可以满足消费者的需求。功能过剩同时也会造成资源的浪费，所以此时降低产品的功能是一个不错的选择；并且伴随着先进的技术，在满足顾客需求的基础上降低功能，成本也会下降，产品的价值就会增加。

优质的产品价值不仅仅是消费者所关注的重点，也是企业想要长远发展需要重视的环节。当企业拥有优质的产品价值时，可以吸引更多的消费者，可以提升顾客的忠诚度，从而为之后品牌的建立和品牌影响力奠定基础。产品的价值主要取决于被需要的程度，企业要和消费者建立深入的交流与沟通，了解市场需要什么，从而提供优质的产品。但企业也不可以只追求提高功能，也不能单纯地降低成本，应该在设计生产过程中，探索可以科学提高产品价值的方法，从而满足市场上消费者的需求。

二、认可产品品质

产品的品质包括产品的性能、用户的体验感、特点、可靠性等，所有的产品都是为了满足消费者需求而生产的。产品的品质打造是在产品功能基础之上进行的，消费者对于产品的选择本质上是对功能的选择；而无论是由于外观吸引还是因为内部性能吸引，都是可以给用户带来心理满足的。使用功能是产品的基础，在设计产品时要保证这种产品的质量，才可以在用户真正需要的时候发挥它的作用，从而逐渐形成顾客的忠诚度。当一种产品投入市场中并且进行使用时，它的使用周期以及再购欲望一般取决于它在未来的可靠性，通常来说对于同种产品消费者更愿意购买可以使用更长时间的那个品牌。

隐形冠军的产品有超过 90% 处于产品生命周期的成长期及成熟期，剩余的则处于萌芽期与衰退期。在一个全新的市场中很难出现市场的领导者，而隐形冠军的定义也与此有关，所以在萌芽期时产品少。一般来说处于成熟期的产品下一阶段是衰退期，但对于隐形冠军来说并不一定是这样，只会出现少数产品逐渐走向衰退，大部分仍然会长期存在。但是由于科技和经济的发展，消费者的一些需求与问题可能会被解决，那么此时对于之前的产品需求就会相应地变少，所以，只有与技术接轨，及时地拥抱新技术，提高自身产品的品质，才能占据更多的市场份额。产品生命周期各阶段所占的份额如图 2-1 所示。

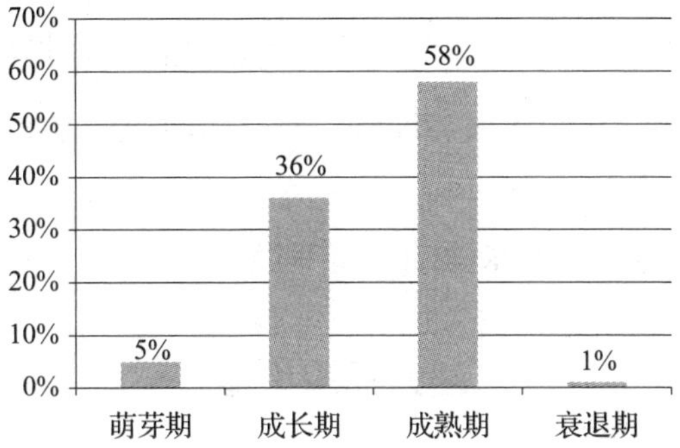

图 2-1　产品生命周期各阶段所占的份额

产品品质越好，顾客对于产品的认可度、忠诚度就越高，产品经营专业化也就越高。产品品质是一个企业在市场中立足和发展的重要因素和保证，一个产品的品质决定这个产品的生命和企业未来的发展前景，没有质量就不会有长远的发展前景，更不会有丰厚的经济效益。在当今信息化时代，同质产品在市场中大量涌现，此时产品质量则显得尤为重要。产品品质体现了一个企业的素质，对于企业的经济实力和竞争有很大的作用，好的品质可以给用户提供满意的产品和服务，是争夺市场的关键性因素。当代的产品生产越来越重视细节，专业化的程度也在逐渐提高，精益求精提高自身产品品质，逐渐形成品牌，有利于企业长远发展。

一个企业生产发展过程中，应该在每一个环节设定详细的质量标准，从最初的设计、生产到最后的运输与销售，都应该有一个详细的标准；对生产过程中的质量水平以及工艺要求都要严格遵守，把握细节，从小事做起，形成一个独立的质量体系。想要提高产品品质，就要和消费者进行充分的交流与沟通，因为产品的最终目的便是服务消费者。要积极地收集客户反馈意见，并针对这些意见进行科学性的分析，以便提供更加符合消费者预期的产品。消费者对于产品品质的认可程度决定着这个产品是否可以在市场上长期存在，所以产品生产要以用户为中心，但因为生产过程会消耗时间，可能满足消费者某一时间愿望的产品投入市场中时，消费者的这种愿望已经被满足或者消失，所以在进行用户需求调研时也要对未来的需求进行可行性研究。通过对现在需求的数据进行整理得出未来的可能性，以便更好地满足其需求，这也是提高产品品质的一种方法。

专：一厘米宽，一万米深的执着专栏 2-1

回力品牌价值

一、企业简介

回力于1927年建立，商标在1935年完成注册。回力曾经获得了国家质量银质奖，并且已经获得了质量管理体系的认证。回力鞋业专门从事于运动鞋及其他鞋类的设计与研发生产，所制造的鞋在全球进行销售。它将“以人为本”作为自己的生产理念，持续进行技术的创新，在生产普通的运动鞋和休闲鞋之外还进行体育专用运动鞋等的研发。除此之外，回力在运动鞋的基础之上还生产一些凉鞋、雨鞋等。回力将“时尚、经典、专业”作为品牌的内涵，按照年龄对消费者类型进行划分，然后针对不同的消费者类型制定个性化销售和生产的策略。2010年回力对于市场的影响力达到了最高水平，它致力于为当代的青年人提供一种追求美好生活的运动方式。回力进行品牌化的发展规划，随着科技的进步，不断进行新产品的研发与创新，在保证质量的基础之上选择环保材料，产品品质进一步提升。回力员工的不忘初心，在信息化时代获得了消费者的青睐，拥有大多数顾客的忠诚度。

二、回力品牌价值

回力身为我国早期的运动品牌，可以说所生产的球鞋是大多数人美好的回忆。随着经济形势的变化，回力及时抓住机遇进行品牌产品的调整，将自身的产品结构进行升级，把品牌优势发挥到了最大限度。回力主要依据悠久的品牌历史和“大众化高品质”的定位，在提升自己产品价值的同时创新了零售的模式，社会效益、品牌效益、经济效益都同时提升。回力在对顾客的需求进行调研的基础之上进行产品的创新；公司内部管理层认识到主要的竞争优势就是老品牌，所以在此基础上也进行了制度上的创新。通过召开品牌的发布会和管理等方式，回力向大众传播自身的品牌理念与价值、所要生产的新产品等，逐渐形成了一个创新传承的企业形象。

产品的质量就是企业的生命力，只有不断地了解市场上消费者对于质量和功能的需求，并且生产出得到大众认可的新产品，企业才可以长久地发展。回力本身就有存在于市场多年的经典产品，但也跟随着潮流设计出有新功能、新工艺的产品，在巩固老客户基础之上吸引到更多年轻的新顾客。2018 年，回力设计出网红爆款产品——“回力之天”，在其设计中加入了流行元素。目前，消费时代的消费者对于一种产品的期望会越来越高，更容易喜欢外观独特、设计感强的产品，所以在鞋子的设计方面回力在保留原本特色的基础之上，将传统和潮流趋势进行结合，加入自己的灵魂设计。人们越来越偏爱后置鞋垫的款式，回力企业根据消费者的喜好对每一种产品进行模块化、细节化的设计与监督，以保证每块布料等都可以满足顾客的质量需求。在材料、质量、包装等方面，回力都在逐渐提升，也坚持在潮流品牌上进行转型以提高自身产品的价值。回力的大部分鞋价钱都不会超过 200 元，在我国的中低端市场有着很强的市场竞争力，在保证平价的基础上提供了高质量的产品。

三、总结与发展

总而言之，回力也拥有了新潮牌的身份，通过产品的更新换代打造了属于自己的核心竞争力；在内部一系列管理创新的基础之上，回力提升了品牌的美誉度、形象以及在市场竞争中的份额。同时，回力发挥品牌的文化力量，培育国货潮牌，对于喜欢时尚但是又对价格比较敏感的消费者有着很大的吸引力，从而提高了品牌的吸引力，也提高了品牌的价值。

（资料来源：笔者根据多方资料整理而成）

①苏丽丽，陈雯．回力转型后的品牌新问题分析［J］．广西质量监督导报，2021（3）：254-255.

②刘苏鑫．回力：老字号的时尚演义［J］．销售与市场（评论版），2011（5）：71-73.

三、点燃产品场景

“场景”指的是需求所产生的条件，在宏观上可以指产品产生的环境、发展趋势、平台等，微观上则可以指用户的需求、欲望等。产品场景的设计可以更好地引导消费者进行购买，场景思维就是以用户为中心，站在用户的角度关注怎么提升体验感，抢占消费者的心智。当进行用户群体的划分时，场景的价值也会逐渐地显现出来，通过围绕用户需求将所设计出的产品功能和用户更好地进行联结，从而提升购买及使用体验，进而逐渐地使用户处于这种使用场景中，脑海中第一个想到的便是这种产品。这也是构建使用场景的重要之处。

产品场景可以大致分为用户场景、营销场景、使用场景。

用户场景：所有商品生产的最终结果都是用户获益，那么产品的场景就要满足用户的底层动机，产品生产的前提是有需求，通过用户调研可以更好地追踪到这种需求，从而更好地构建满足消费者需求的市场。

营销场景：随着经济的发展，人们越来越重视服务和购买的体验感，消费者沉浸式的体验场景是营销过程中需要着重构建的。消费者的购买行为都在一定的场景下进行，大部分顾客都是通过场景的体验来判定产品的好坏，不同的场景可以激发消费者不同的需求。通过营销场景的构建，可以和消费者进行情感交流，建立起良性的互动关系，激发购买的欲望，长期进行则会提高客户的忠诚度和消费者黏性。在不同的场景下消费者对于产品的记忆与感受也不同，将产品融入场景中，可以更好地打动消费者。

使用场景：使用场景也可以被称为需求场景，也就是说用户会在什么条件、什么时间下使用所生产的产品。用户在不同地点会产生不同的需求，即使在同一地点不同时间也会有不同的需求。在进行设计时就要从使用的角度出发，将使用时不同的场景元素结合起来。最为重要的两个维度便是时间与空间，合适的场景要有合适的时间和空间。使用场景可以描述为“谁在某个地点、某个时间产生了某种需求，并且选择某种产品来满足自己的这种需求”，具体分析则是：使用场景主要分析的是哪种类型的消费者具有这种需求，所设计的场景怎么可以满足这种需求；每一个人在一定时间或者地点不止有一种需求，可能在此时所表达的需求之外还有更深层次的需求，这种需求则需要通过调研等方式发现，而往往正是这种深层次需求，才使使用场景能最大限度满足消费者的需求。有时用户直观上表现出的需求可能很难满足，但是其背后的需求相比之下会更好地实现。用户所选择的某种产品需要有详细的解决方案来进行描述与分析，通过这种分析可以帮助企业更好地了解自己所面对的竞争对手以及所需要设计的方法，从而理解并且形象化用户和环境之间的特征。一个好的使用场景可以使产品吸引更多的消费者，更有利于产品的经营。

场景并不是一成不变的，当场景越多也就是所涵盖的业务范围越广，需求也就越多。随着科学技术的发展，用户对于一种产品的需求会发生变化，相应的场景也会变化，点燃产品场景毋庸置疑可以提高产品经营的专业化。

专：一厘米宽，一万米深的执着专栏 2-2

青岛啤酒专业化经营的优势

一、公司简介

青岛啤酒于 1903 年创建，是一家有着悠久历史的啤酒厂商，在我国啤酒行业中的排名连续17年位于第一，是世界500强企业之一。1993年7月青岛啤酒H股在香港交易所上市，8月青岛啤酒A股股票于上海证券交易所上市，成为我国首家同时在两个不同地区上市的企业。1998年青岛啤酒开始了大量的并购，而且将自己的发展战略定位于大品牌。2008年，青岛啤酒成为北京奥运会的赞助商，并进入世界500强。目前，青岛啤酒已经基本完成了在全国范围内的分布。在2020年年底，它的市场份额与公司规模在国内的啤酒行业中遥遥领先。青岛啤酒在世界上所举办的众多比赛中均获奖，所创办的每年一次的青岛啤酒节也越来越受人们的欢迎。青岛啤酒的发展目标是成为具有世界影响力的大企业，现在它已逐步完成了将资本、市场、品牌共同协作的国际化运行。

二、青岛啤酒的优势

随着科技的发展，生活水平的提高，人们越来越看重产品的质量。青岛啤酒在研发的创意上满足了消费者的需求，在挖掘潜在需求的基础上设计研发方向。在2021年“双十一”时，青岛啤酒推出跨界联名款——青岛纯生×Smiley World。在面临着个性化与多元化共存的需求时，青岛啤酒走在了消费者前面，公司始终坚持高质量发展的战略，通过激发内部的发展动力而推动产品的结构升级和产能优化。在2021年的上半年，青岛啤酒以产品升级作为发展方向，创新出了独特口味的艺术系列产品，生产出了高质量的差异化产品，促进了我国啤酒产业的结构升级。它加大了对于品牌的创新和传播，通过全方位的品牌推广模式刺激在消费升级背景下的消费者体验式购买，增加了顾客美好的生活感受，且“青岛啤酒吧”在全国已经建立了百余家，进一步建造了啤酒体验的新高地，很好地满足了消费者的场景化、个性化等需求。2022年冬奥会，青岛啤酒创建了“冰雪国潮欢聚吧”，打造了一个新的消费体验场所。

青岛啤酒在产品质量上也及时进行科技创新，依托啤酒行业内唯一一个国家重点实验室进行新科技的研发工作，同时青岛啤酒也承担了省市级的科研工作。现在这个时代具有快速更新换代的特点，青岛啤酒本身就拥有产品科技的领先能力，可以在保证自己产品质量的同时使顾客买到符合自己心理预期的产品。青岛啤酒的产品结构逐渐深化，百年的民族品牌必有一定的文化底蕴，将消费者需求进行准确的解码，按照“产品要素进行系统化的打造”原则从工艺、产品的创新、品牌与体验、物流等方面完善产品的多层次场景。由于啤酒里酵母的质量和温度有密切的关联，在物流的过程中要严格保证集装箱中每天温度在1℃以内的变化，从设计、生产、检验出厂、运送采用一键式的智能追溯，以最大限度地保证啤酒质量。针对不同类型消费者的不同需求，青岛啤酒推出了不同系列产品，且与潮流相结合满足年轻人的预期。对于资深的喝酒者来说，青岛啤酒已经不仅仅是酒，更像是提高身份认同感的产品与艺术，在满足消费者在感官上的极致需求时，也对其心理产生了一定的影响。

三、总结与发展

在追求品牌高端化的时代，青岛啤酒始终按照“质量立牌、开放兴牌、创新强牌、文化铸牌”的理念增加产品质量发展，它采用“科技”“智造”共行的方式，提高产品品质，丰富酒的多元化口感，通过先进的技术实现了创新落地的目标，促进了我国整体的发酵事业产业升级的进程，通过“新消费”的场景化营销达到了消费者从使用产品到享受生活的转变，推进了青岛啤酒品牌高端化的进程。

（资料来源：笔者根据多方资料整理而成）

①陈凌馨，金华．青岛啤酒：舌尖上流淌的“品质密码”［N］．中国经济时报，2021-12-03（004）．

②卞川泽．科技＋智造，两翼齐飞助力青岛啤酒高质量发展再上新台阶［N］．华夏酒报，2021-11-16（C14）．

第二节 核心业务专注化

隐形冠军之所以能够成为隐形冠军，企业在细分领域具有不可复制性的业务业态是关键。企业只有在核心业务上下功夫，提升核心业务的知名度，发挥核心业务的特质，才能在所处的细分领域站稳脚跟。

一、打造业务明星

企业想在市场上得到认可，必须通过某个产品展示自己。一个企业可能会生产出很多产品，每个产品都有对应的业务，但是在市场中企业的核心能力要依靠核心产品及其生产过程来展现，综合来说也就是核心业务。当今社会环境鼓励企业进行多元化经营，大数据分析得到的结果也是多元化经营的企业利润要高于只进行一种产品经营的企业。然而，在追求多元化经营过程中也要明确自己的主打产品与业务，通过核心业务带动其他业务的发展，从而增强客户对企业的认可度和信任感。

随着科技的发展，企业通过技术的提升依靠核心业务逐渐形成本业务的一种技术壁垒，便可以在日益残酷的市场竞争中保持长久的竞争优势，从而实现长远发展的目标。市场中也存在一些短时期内繁荣但随即衰败的企业，他们往往只跟随潮流，不培育自身的核心业务与能力，并不清楚企业的核心定位与竞争力，盲目地跟随市场进行多种业务的扩张。而可以长久经营的优秀企业在经营领域上，首先会确定自己的核心业务，一开始只在这个行业中进行经营，当有了一定的核心竞争力之后才跟随市场进行合理的多元化经营。

企业应该根据市场环境的变化对自身核心业务进行扩张或者调整，以便更好地适应市场。品牌对于一个企业的重要性是毋庸置疑的，通过品牌的延伸可以快速生产出其他新产品，扩大自身产品组合，给消费者带来更好的购物体验，增加企业与顾客之间的联结度，从而提升品牌的竞争力。打造业务明星在一定程度上决定了企业其他产品的销售量，一个有影响力的业务明星可以使消费者在购买产品时不考虑其他因素，充分信任此种产品，长期发展就可以逐渐形成品牌。在信息化时代，品牌显得尤为重要，市场上同质产品增多，品牌在购买因素中占有很大的比重。一个企业的业务明星可以代表企业形象，是它自身的无形资产；打造的业务明星知名度越高，企业在人们心目中的地位也会越来越高，客户忠诚度也会逐渐提升。当自身主打的核心业务在市场中占有一席之地时，再重新拓宽其他产品的生产或者涉及其他行业，可以减少相应的宣传成本和时间成本，用最短的时间获得消费者信任从而进入市场。

企业的业务明星也就是给它带来核心竞争力的资源，有时在市场竞争中企业可能只是依靠核心业务就脱颖而出了，从而使自身价值在短期内快速提高。所打造的业务明星也应该是其他竞争对手难以模仿的，是企业可以长期拥有的能力。无论哪种业务最终都要投入市场中去，如果对于市场的把握不够准确，未来可能会面临很大的危机，因此企业要结合市场的实际情况及消费者偏好进行业务的选择。可以通过个性化的业务进行差异化竞争，结合自身技术的发展增强产品的竞争力，结合消费者心理的变化与预期，对业务明星进行设计，使消费者产生对这种产品的依赖与信任。影响业务明星的因素如图 2-2 所示。

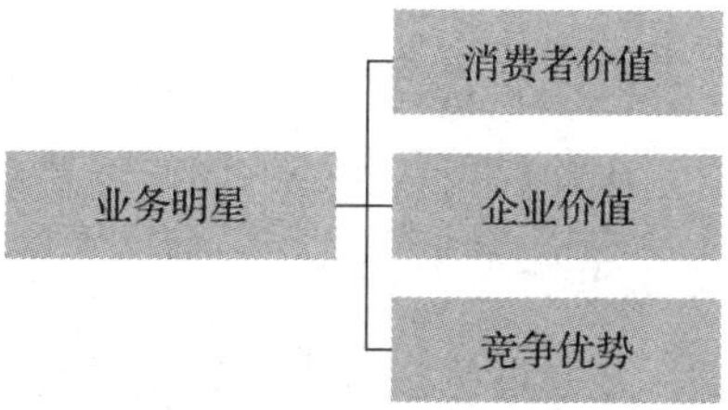

图 2-2　影响业务明星的因素

二、亮化业务特质

在互联网时代，产品业务的营销更加便捷，影响力更广，借助于流量可以让更多消费者了解产品特点；而且随着生活水平的提高，即使同一类型的消费者也有着不同的需求。人们越来越追求个性化体验，当打造的业务特点精准满足一类消费者心理预期时，会使消费者产生惊讶的感觉；再借助互联网的宣传，可以增加产品业务的影响力，吸引更多消费者。通过为消费者提供具有特点的产品或者服务，从而区别于其他竞争者，突出自身业务的特质也是为了让消费者更好地体会到自身产品区别于其他产品的优势。

突出核心业务的特点可以更好地吸引消费者的目光，也可以在消费者心中留下深刻的印象。一个在消费者心中留下深刻印象的业务，是建立在消费者个性化需求的基础之上的，可以同时代表企业和消费者双方的需求以及个性特点。市场中同一产品设计生产过程中可能会有许多业务，不同的业务具有自己独特的特点，即使是同一业务在不同阶段也会有不同的特点。把握业务的主要内涵，突出业务本身所具有的独特性，对于企业来说可以吸引到更多消费者。宣传自身的企业文化，当企业打造的品牌具有不可复制性时，就可以说这个品牌在市场中是成功的。突出自身业务亮点的同时也可以塑造一个优秀的品牌。

企业可以通过外观设计、功能、售后等各方面亮化自身业务，提高差异化竞争的能力。通过亮化业务的特征，可以避免生产出同质化的产品，也可以及时地基于消费者需求进行业务特点的更改，以企业目前所拥有的资源为基础进行业务特征营销。在发现亮点业务的同时也要对消费者进行调研，听取消费者的意见，立足于市场中大多数人的需求。可以针对不同的消费群体定制不同的业务特点，并通过流量等渠道进行宣传，在第一时间吸引到目标客户的注意力；可以通过业务的某些特点推出主打的产品，长此以往可以提高消费者对业务及公司的信任度，使亮化业务特点逐渐成为企业发展的重点。业务特点可以通过产品质量的差异化、功能与技术差异化等体现竞争优势，业务特点的亮化也可以侧面展现出企业特点和形象。在市场中突出已有业务的特点并进行宣传，比研发出新产品进行新业务拓展更容易带来更多的利益。

亮化业务特质可以提高企业的经营效益，根据市场需求变化打造自身业务，并且业务本身的特点可以满足消费者预期，在一定程度上可以增加弹性、降低成本。通过业务特质的展现可以最大化地实现个性化营销，也就是完全以消费者为中心，一些业务就是针对消费者提出的建议而开展的，从而更好地增进企业与消费者之间的感情。在市场竞争中个性化生产占的比重越来越大，通过业务特点的彰显可以使人眼前一亮，企业要充分挖掘独有的特点并进行宣传，从而提升影响力和市场竞争能力。

专：一厘米宽，一万米深的执着专栏 2-3

“雪王”与蜜雪冰城

一、企业简介

蜜雪冰城，1997 在郑州创建，是一个专门为年轻人打造的冰激凌与茶饮的品牌。张红超带领着蜜雪人进行工厂自建，通过核心原材料自产等手段，将低价格高品质、新鲜健康融到了一起。

2006 年，企业推出了新鲜冰激凌，掀起了新鲜冰激凌的浪潮；2009 年蜜雪冰城从品牌营销、战略等方面进行了全方位的升级；2019 年由蜜雪冰城所冠名的音乐节举行，参加人数有 3 万多人；2020 年，企业获得了“中国茶饮十大品牌”的荣誉。蜜雪冰城一直使用自己的生产营销方式生产销售平价优质的产品，对消费者的口味进行调研从而生产出更能满足消费者需求的产品，在保证产品质量的同时营销旗下的每一个子产品。在 2018

年，企业正式采用了雪王这个形象，“你爱我，我爱你，蜜雪冰城甜蜜蜜”所表达的不仅有老板对内部员工的爱，还有员工对消费者的喜爱与重视，通过简单的话语让大众知道蜜雪冰城是一个有爱的企业。

二、蜜雪冰城业务明星与特质

奶茶目前在我国深受年轻人的喜爱，由于利润丰厚，在一定程度上也增加了整个行业的竞争压力。蜜雪冰城因其包装设计、高性价比、定价符合消费者的可支配收入等深受学生群体的喜爱。蜜雪冰城的奶茶店主要分布在各大高校与商圈旁，因为它的购买便利度高，再加上雪王的动画形象已经深入人心，所以越来越受年轻人的喜爱。

2021 年，蜜雪冰城的主题曲在 B 站上线，主要元素为雪人及与饮品奶茶相关的一些水果。它的主题曲在短时间内获得了大量网友的喜爱。有些网友通过模仿、混搭等将该曲进行改编，于是网络上流行着各种各样的版本。蜜雪冰城在市场上增加了许多和雪王、主题曲歌词相关的产品，通过唱主题曲免单等在网络上受到了疯传；雪王的形象深受大众的喜爱，生产的产品包装外观也进行了一定的创新。也正是因为这次营销，使蜜雪冰城在奶茶行业竞争中赢得了阶段性的胜利。它的主题曲使用简单的歌词和动画形象，使一直专注于中低端消费市场的蜜雪冰城成为奶茶界的新宠，吸引了许多消费者，通过雪王代表企业的形象也和顾客拉近了彼此之间的距离。2021 年 11 月，它开始推出炸串、咖啡、烩面、烘焙等产品，涉及了多个领域；由于本身在奶茶行业所积累的人气，进军其他领域的成本也相对减少了。在多元化的产品经营中，蜜雪冰城的门店数量也在大量扩张，它的薄利多销模式使其在多元化经营中降低了各产品的单价，同时为之后在海外市场的扩张打下了基础。

在信息化的时代，消费者对于产品信息的收集获取也越来越便利，从一定的角度可以说越容易获得相关信息、越易购买到所需产品，顾客就会越喜爱某种产品。蜜雪冰城区别于其他奶茶店的商业模式，通过自己建设工厂，极致地压缩成本，因此它的超低价也是核心卖点之一。在进行低价产品的购买过程中消费者所要面临的风险也比较低，再加上大多数大学生的收入来源比较少，主要是家长给的生活费，所以从这个角度它也获得了更多顾客的青睐。市场中大多数消费者在接触到关于蜜雪冰城的信息时，因为对于这个行业的了解度并不深入，所以对奶茶这种差异性低的产品并不需要花费太多心思进行选择购买。在各大蜜雪冰城的门店都可以见到雪王、听到它的主题曲，重复的音乐旋律可以触动消费者的感官体验，从而在等待购买的过程中可以转移注意力并增加自身的沉浸感。活跃消费者的情绪，从而会给出正面的反应。蜜雪冰城从自身的产品质量出发，提高了奶茶的性价比，价位也真正地实现了平民化。

三、总结与发展

总而言之，蜜雪冰城的主题曲在各大网络平台上的热度不减，通过可爱的雪王形象获得了大众青睐。它的营销方式是真正地考虑到了消费者对于产品的需求，在找到自身特色亮点的基础之上，增加了国民的认知程度。在打造好自身的核心产品之后，蜜雪冰城利用核心产品的流量进行多元化经营。雪王可以说是蜜雪冰城的业务明星，在经营过程中通过在保证质量的基础上实行低于同类产品的价格，获得了以学生为主要消费群体的客户忠诚度。

（资料来源：笔者根据多方资料整理而成）

①王斌，冯敏雪．“蜜雪冰城”广告的隐藏逻辑——边缘路径所撬动的非理性消费及思考［J］．国际品牌观察，2021（31）：58-60.

②刘子依．蜜雪冰城　洗脑神曲难解规模困局［J］．中国品牌，2021（8）：54-55.

三、爆发业务力量

企业的业务力量可以说是对业务运作的支撑，是指它本身所具有的行为能力。企业所拥有的资源决定了可以经营何种业务和这种业务的潜质如何。发挥业务力量一定要有具体的流程，通过流程可以了解到企业的经验、知识、前景。要保证业务力量可以充分发挥出来，就要设计出合理的高质量流程，组织本身的经验与知识决定了所设计出流程的质量优劣。

业务人员要根据实际环境的变化而及时学习，增加自身知识储备量，借鉴过往的成功经验设计出符合市场需求的业务流程；在完成一项业务的过程中，人员的技术能力决定了业务是否可以准确地按照相应流程实施，所安排的员工是否具有选择、获得、应用、创新等技术潜能。一般来说，员工要具有的基本能力包括创新能力、生产能力、知识吸收能力、技术的管理能力四个方面，在完成所负责的业务时要提供有效率的工作过程，业务的管理层人员在工作过程中要对自己不懂的事情进行主动学习，并将知识转化为新技术，可以及时捕捉到市场上需求的变化，对于现有业务进行创新等，提高市场竞争力；员工是业务流程的主要承担者，整个业务的质量往往小于或者等于员工整体的能力，所以企业员工要具有一定的技能从而保证整个业务流程可以有效率地完成。管理层对于资源的利用能力也很重要，优秀的管理层可以将员工的能力充分发挥出来，将所拥有的资源实现最大化的利用，将生产技术很好地融入业务本身流程中，确保整个业务可以实现高效运作。

在多元化经营过程中会有多种互相关联的业务流程，但是只有一部分的业务流程对于企业经营是至关重要的，这往往也是决定企业市场竞争力的关键，充分发挥这些业务流程的力量对企业的长期发展有很大的帮助。企业要有计划地进行业务能力的培养，要明确自身需要什么样的业务能力，所选择激发的这种业务能力要和企业制定的长期发展目标与策略相符合，再进行合理可行性的日常培训。由于业务力量的完善必然会伴随着知识的获取等，企业还可以通过兼并或者购买获取知识，从而提高内部的自主开发能力。

业务力量的爆发是一个过程，这个过程的关键便是个人和组织学习能力的提升。技术的重要性也是不言而喻的，每项业务都需要技术进行支撑，对于生产技术的创新能够获得其他企业无法复制的技术，是在市场竞争中获胜的重要因素。充分发挥业务的力量可以使企业创造出独特的价值，有时这种价值会超越同类的竞争对手。由于这种力量爆发的本质是知识的获取和逐渐积累，所以当真正形成时对手是很难在短时间内进行模仿的，这种力量已经和企业文化、管理方式和价值观息息相关，是企业具有的隐性知识。业务力量所需的知识层次如图 2-3 所示。

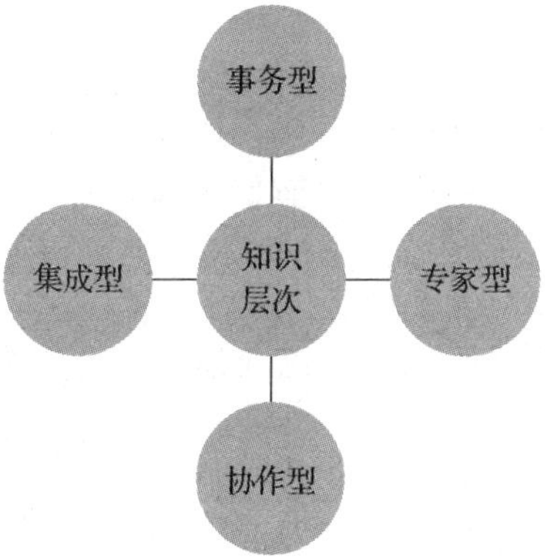

图 2-3　业务力量所需的知识层次

第三节　客户关系专营化

隐形冠军的一大显著的特征就是与客户的紧密关系，其重要性甚至可以与企业的核心技术比肩。与客户的紧密关系固然是当前的一个时髦话题，但不同的隐形冠军与客户之间的关系千差万别。在不同细分领域、不同企业，企业与客户保持紧密关系的方式各不相同。因此，其他企业要学习，只是简单地模仿是行不通的。

一、长期协同

随着经济的快速发展，企业之间的市场竞争越来越激烈，在维护客户关系的基础上吸引到更多的新客户是每家企业都在面临的挑战。要获得客户的信任，对客户关系进行有效的管理和维护，从而建立起长期协同的关系。人们的生活水平越来越好，同等产品的质量和其他方面也会参差不齐，当某种产品流行时市场上会出现大量相同的产品，消费者肯定会选择质量突出或者自己信任的企业；而且现在大多数人都会有购物惰性，即不想浪费时间去搜寻或者判断自己需要哪种类型的产品，而是会根据各大博主和软件推送进行选择，所以吸引到客户并建立起长期友好的关系，给企业带来的不仅是这一个客户，还会带来这个客户日常生活关系网中的其他人，这也是在当今时代更要重视对客户关系维护的原因所在。

隐形冠军通常会有老顾客，可以向他们充分表达企业未来的发展定位和美好愿景，从而使老客户认为和企业建立起长期的关系可以获得更多的利益。当然，这些利益不仅是经济上的，有时也体现在给客户带来的内心归属感或者品位的肯定。当客户了解到这些之后，才可能和企业建立起同甘苦共患难的关系，而不会在短期内由于竞争对手的价格策略而选择他们的产品。

在如今的信息化时代，要通过对客户信息进行数据库的建设，充分利用数据信息和数据库，从而实现分类管理；在客户信息的管理过程中，要实现综合性和全面性的管理，提高整体管理的有效性。要通过营销对消费者进行细分，对每一类消费者进行分类，更好地完善客户之间的关系，利用数据库及时将客户信息进行更新，以便更好地了解客户的独特需求从而生产出相应的产品，随着客户满意度的提高也会吸引越来越多的客户。

客户对于企业产品的信任度也决定了是否可以建立起长期的关系，不仅要及时了解客户对产品需求的变化，还要知道深层次的心理变化，从而更好地满足其需求。比如在市场营销的过程中，员工可以根据消费者的心理变化而提供不同的产品，这样客户更容易产生一种信赖的感受。一个企业在制定企业理念时也可以把客户认同感作为重要的组成部分，所以要根据自身产品的主要客户群的需求来制定企业理念和文化，从而逐渐形成一个可信任的品牌，在稳定目前所有老客户的基础之上也可以吸引更多的新客户，更好地扩大产品的目标客户群体。要提高日常对客户的服务质量，重视售后服务。在购买过程结束之后，可以为客户提供一些追踪服务，只有确保了售后服务才有可能提高客户的忠诚度，也可以让客户有一种被重视的感受，提高自身的购物体验。

二、双向沟通

与客户进行沟通的过程也就是双方信息的交换，据数据统计，有超过三分之一的业务失败的原因是没有和客户进行有效的沟通，所以一个想要长期发展的企业必须掌握如何与客户进行有效沟通的技巧。

和客户进行双向沟通是非常重要的，只有经常和客户进行交流，才能及时了解他们的诉求，满足他们的期望。当企业在经营过程中出现一些失误时，也可以通过彼此之间的交流消除客户的负面情绪。而且只有经常进行双向沟通，才有可能让客户了解到企业未来的愿景，明白长期合作所能带来的好处，从而加深与客户之间的感情，稳定长期的客户关系。这样一来便会增加客户对于企业产品的购买次数，获得客户的长期价值。现实生活中也有很多企业因为没有和客户进行有效的沟通，而使彼此之间的关系不能长久，通常来说，良好的售后交流更容易使客户进行第二次购买。

在进行沟通的时候，企业的交流人员要树立良好的形象，有时一个善意的微笑就可以拉近与客户之间的距离。除了外表之外，接下来的自我介绍、寒暄等也是很重要的，此时个人的形象便代表公司的形象。当你自己的形象在交流过程中被客户认同时，间接地也代表企业的形象及产品获得了他们的认可。在交流的过程中要及时揣摩客户心里想要什么样的产品，需要什么样的服务，找准话题的切入点。

业务人员与客户的沟通，双方可以选择直接面对面交流，向客户介绍本企业的产品信息，及时回答客户所提出的问题并做出相应的解决，也可以选择主动询问，了解客户的建议和不满。业务人员和客户之间的长期沟通可能使双方从最初的买卖关系逐渐发展为友谊，更好地维护客户的长期关系。企业也可以通过举办一些活动邀请客户参加，比如举办一个座谈会，可以与客户进行面对面的交流，也可以发放问卷调查等。

企业和客户之间的沟通不是一概而论的，应该根据具体问题具体分析，提供个性化的交流与沟通。比如对于不同重要程度的客户采取不同频率的联系，与重要的客户联系就要频繁紧密，而对于一般的客户经常联系反而会使客户产生厌烦心理。在进行沟通的时候要站在客户的角度进行，客户选择进行长期合作不仅是对产品的认可，更多的则是对于企业的信任以及企业给他们带来的关心和呵护所产生的一种归属感。沟通是需要双方都想进行的，所以在进行沟通的时候要让客户感受到企业自身的诚意和热情，并且是真心地想要听取客户的建议。要了解客户的需求，给他们提供个性化体验，为客户及时提供符合潮流和富有个性的产品，逐渐使客户离不开企业，这样便会逐渐地对企业产品产生依赖。良好的双向沟通是可以促成双赢的，加强与客户之间的交流沟通是维护客户关系的主要方式。

三、反馈控制

反馈控制又可以称为事后控制，是指在一个阶段或者时间结束之后进行事后控制，根据既定期望值或者目标，对经营的过程进行调整。也就是将输出信息传送到输入端，然后与一开始的输入信息进行对比，对所测量出的偏差进行控制。这不仅包括生产的计划或者过程成本，也有政府政策的限制、公司所面临的外部影响，等等。

伴随着竞争市场中产品质量之间的差距越来越小，此时服务的重要性则凸显出来，顾客也往往将售后服务和产品的质量以及营销能力放到一起，所以售后服务质量的提升在很大程度上影响着企业未来的发展前景，可以说赢了售后就赢得了顾客，也可以更好地体现企业所提供的个性化专属服务，进而提高在市场竞争中的占有率。现在大多数企业虽然具有了收集客户信息和建议的理念，但对于建议却没有及时地处理，反而会起到相反的效果。选择较为简单的反馈机制可以在较短时间内获得顾客的投诉建议并且快速做出反应，从而提高顾客的满意度。

在现在的市场竞争中，买方市场占大多数，消费者对于售后服务的要求也越来越严格，通过优秀的售后服务可以充分地了解消费者的心理特征与期望值。企业要善于通过细节改善之前工作的缺点，从而提高整体服务的态度与质量，进而提高企业的客户忠诚度。通过售后服务还可以提高公司的美誉度和在市场中的信誉，将公司的整体形象向公众展示，有利于为后期市场营销奠定基础，增强在行业中的竞争实力；而且也可以促进大部分受访客户进行重复购物并将产品推荐给朋友等，从而达到一种巩固老客户的同时培养新客户的效果，逐渐在人们心中树立一种完美的形象，也会和客户成为朋友，并且对后期品牌的建立或者品牌知名度的宣传都会带来一定的好处。

一个完善的售后服务系统可以使企业有更高的效率来满足客户个性化的需求；员工也可以准确便捷地了解到客户的建议，以便更好地投入下一期产品的设计生产过程中。只有重视售后服务的工作，企业才可以长期发展。通过这个系统可以实时追踪投诉的进程，更好地满足客户的欲望，它大概包括服务协议、服务请求、投诉管理等流程，管理人员可以及时获得客户的投诉记录，然后以最快的速度做出反应、提供解决方案，可以在一定程度上减少投诉客户的不满及负面情绪。

企业可以经常性地做回访工作，对于某些重点客户要保持一定频率的沟通，以便缩短和他们之间的心理距离；也可以通过回访等为客户解决其面临的小问题。在服务的过程中要保持主动服务的态度，认真聆听客户的需求与建议，并且对建议采取有效的措施。通过一个完整的售后服务机制，企业可以花费低成本获得更多的客户，在一定程度上实现经济效益的最大化。客户对产品的信任度越高，品牌的影响力就越大，也会逐渐吸引到优质的客户。在传统问卷调查的基础之上，还可以通过互联网进行客户意见的收集，及时了解诉求，更好地提供个性化服务和多样化体验，也可以提高自身产品的质量。

四、互利双赢

想要实现互利双赢，企业就要进行细致的客户关系管理，由于产品的供过于求，买方市场现在都是以“客户”为导向，双方之所以进行合作，归根结底就是可以给彼此都带来利益，只有当企业与客户的合作成功时，才有可能建立起良好的长期关系。通过 CRM（客户关系管理）企业可以及时地搜集到每一个客户的基本信息，并且对这些信息进行分析，从而更好地了解每位客户的特征与需求，实现个性化营销。此时对于企业自身的能力有很大的促进作用，而且通过分析可以及时设计生产相关的产品，可以在市场上首先投入使用，从某种角度也增加了本企业的稀缺资源，从而更能吸引到企业和客户进行长期的合作，因为在相同的条件下，客户可以减少自己信息获取的成本，还可以得到更高的满足感和更好的服务。企业也获得了更高的利润，逐渐形成了一批忠诚度较高的客户，这些客户不仅可以带来更高的利润，还可以增强企业产品的口碑，为以后品牌的形成打下基础；企业在与客户进行合作的过程中，也可以提高企业本身的创新能力，通过产品的创新提高本企业的市场销售能力，更加清晰地了解市场中的供求关系，从而对产品的生产进度及时进行调整。由于知道市场的发展动态，并且获得了真实的反馈，企业可以减少运营风险，对于之后的发展或者转型都很重要。

企业与客户之间相互信任的关系可以增强客户的忠诚度。据研究统计，当双方拥有稳定关系时，在同样成本下可以获得更多的利润。通过激发消费者的购物欲望，更好地接受自身生产的产品，而且通过产品质量的改善也可以使老客户获得更高质量的产品，对于客户本身来说，自己所获得的价值更高。而且企业的潜在客户也逐渐增多，有些企业可能会选择价格优惠来吸引更多的消费者，但这只是短期的策略。从长期来看，企业不可能一直保持比市场价格更低的价格，一方面是因为企业自身的经营是需要利润的，当销售价格低时企业未来必然会从成本的角度进行调整，偷工减料等情况都会发生，产品质量也会降低，消费者此时肯定是愿意购买高质量的产品，所以企业不仅会失去更多的利润，还会有损声誉及客户忠诚度。另一方面，从经济学的角度出发，一个平衡的市场上产品价格比均衡价格低的企业必然会退出市场。由于目前大多数产品的市场接近于完全竞争市场，垄断市场的企业只是极少数的，当一家企业的产品价格过低时，其他企业也会对此企业进行排挤，进而使其逐渐退出市场，所以通过制定价格策略留住客户是不理智的，客户很容易流失。所以充分了解客户的信息，与客户进行有效沟通，从客户的角度出发制定他们所喜欢的策略，更有利于企业长期发展。

客户在与企业建立长期关系时，并不像企业一样过度关注利润的提升，他们可能更加注重体验感与归属感，也就是心理感受，这其中个性化是重要特征。比如一些主题氛围、相关的活动使客户有着沉浸式体验；也可以通过会员制度使客户及时了解到产品的最新动态，也可以和其他客户分享交流自己的经验，通过这种交互性的体验拉近彼此之间的距离。综上所述，企业与客户之间的长期关系是可以给双方带来互利共赢局面的。

专：一厘米宽，一万米深的执着专栏 2-4

国泰君安证券之客户关系管理

一、公司简介

国泰君安证券是我国证券行业中可以进行长期持续发展的金融综合服务

商，由君安证券和国泰证券合并而成，是现在国内最大的证券公司之一。作为一家综合性的证券公司，它的风险控制与信息获取水平都很高。它的经营理念是以客户为中心，目前已经成为国内规模最大、服务客户最多、经营范围最广的一家证券公司，也是我国最早进行创新的证券公司之一。国泰君安1996年第一次设立研究所，2003年首批获准QFII业务的开展，2007年首批获得金融期货业务与QDII业务资格，2008年首批获得期货IB和直接投资业务的资格，2010年实现了内地券商下面的公司在港IPO的零的突破。通过一系列的管理和服务创新，国泰君安成就了许多第一的突破，推出了我国国内第一个对冲型的产品，有着明显的技术研发优势。国泰君安内部根据投资者利益和股东利益最大化的原则逐渐修改建立公司章程，2021年主要经营指标在行业中继续位于前三，对于风险管理的证券评级目前也是国内最高的。由于位于金融中心上海，在国家"双循环"新发展格局下也具有一定的区位优势，所以国泰君安在长三角一体化、科创板的建设和金融中心的建设等方面进行了全面的布局，根据国家的时事政策进行公司内部章程的改进。2019—2021年经营净利润如图2-4所示。

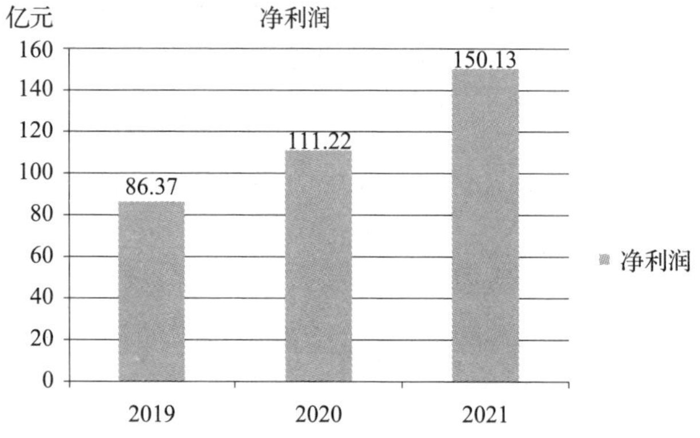

图 2-4　2019—2021 年经营净利润

二、国泰君安证券客户关系管理

一个优秀的证券公司对于客户关系管理通常具有以下几个特点：以客

户为中心的个性化服务是建立在客户经历基础之上的，会有高度的行业创新能力，还可以降低整体的成本、适应市场化的运行、增加研发推广能力；整个企业有着很好的风险控制能力。由于2018年上半年A股市场指数下跌，整个证券行业的佣金水平一直处在较低的状态下，国泰君安进行了营业网点的重新布局，提高了自身金融服务的能力，推进了线上线下的服务融合。国泰君安将自身客户分为专门财富组合型和一般交易型两类，对于专门财富组合型充分运用金融平台的优势和投资策略，实现战略性的成功；而一般交易型则采用通常的O2O商业模式，以每一个环节的服务为主要内容。国泰君安将客户按照刚需和非刚需进行细分，其中30～50岁之间的用户占大多数，因为此时他们可能会有稳定的经济收入和社会地位，更多地关注证券收益。公司对于不同年龄段客户采取不同方案的维护，较为年轻的客户对证券产品了解得并不深入，在购买过程中有着很强的冒险心理；然而随着年龄的增长，经济收入逐渐稳定的情况下则会更加关注所购买证券的风险而不是收益。客户比例分布如图2-5所示。

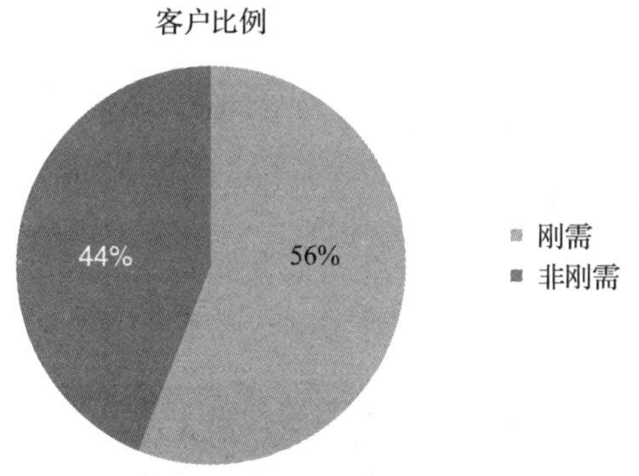

图2-5　客户比例分布

国泰君安以促进广大客户的发展为自身的核心，对于客户的需求进行多方面的满足，为客户提供更好的服务和产品，从之前降低企业成本提高业务量变为提升客户忠诚度和业务的拓展，对于内部每个部分所面对的客户制定了不同的关系管理维护要求，并对数据进行整理分析确定哪些部门需要动态化管理改善。公司成立了管理客户关系的小组，通过线上线下对客户需要和预期进行研究，根据实际情况提高员工与客户的交流技巧，以便更好地维护关系。

国泰君安根据不同的业务类型对客户进行回访，对所有的回访工作都会进行记录留底，在合适的时间提高回访的比例。将客户的投诉处理、客户关怀、客户对于各项业务所提出的建议等作为主要内容进行回访，会对每一个回访员工进行培训，让他们有意识地使用标准化语言，也要有随机应变的能力。因为回访过程中和客户交流有着不可确定性，所以标准化的话术并不能用于所有情况，员工的整体能力还有待提高。由于证券市场所面对的客户是很复杂的群体，所以要从和不同类型客户的接触过程中获得客户的详细信息，然后扩大客户信息数据库，最终转化成管理人员和回访人员容易理解的数据。

三、总结与发展

国泰君安对客户进行区别然后执行与之相符合的服务措施，在全面了解客户信息的基础之上制定个性化的产品和服务策略，从而提高了大多数客户在国泰君安进行投资的机会。国泰君安通过对数据的分析及时地更新改进交流方式，进行深入的交流沟通之后为客户提供更优质的产品，并对客户的建议进行及时反馈，通过业绩的梳理来增强内部员工的能力，更好地改善其与客户之间的关系。

（资料来源：笔者根据多方资料整理而成）

①佚名．积极助力国家重点战略　着力服务客户避险需求——专访国泰君安证券副总裁罗东原［J］．中国货币市场，2021（12）：6-10.

②孙文仪．浅谈企业如何实施客户关系管理［J］．上海商业，2021（12）：104-105.

③郭子彦．全面服务实体经济　助力居民财富增长——国泰君安全面提升综合金融服务能级［J］．上海国资，2021（10）：80-81.

第四节 员工忠诚专心化

不只对于隐形冠军，对于任何企业而言，除了需要洞察市场的千变万化外，如何激发企业的内部活力，保持员工的忠诚度，同样是企业发展的重要命题。相比于其他企业，隐形冠军往往更能激发员工的活力、专注度，以及身份认同感。目前，传统的管理方式实际上对于隐形冠军的作用已经日趋减弱。真正能够决定企业未来发展的，还是源自企业本身的企业文化。

一、理念支撑企业文化

企业文化是企业在信念、价值观、处事行为等方面特有的文化形象。一个企业的灵魂便是它的企业文化，是推动企业长期发展的动力，其最重要的核心便是企业的价值观理念和精神。企业文化并不是一夜形成的，而是在经营过程中逐渐形成的，且符合大部分员工的理念价值。企业如果想真正步入市场，且想要整体经济效益好、持续发展，那么完好的企业文化是必不可少的一部分。企业文化可以大致分为企业理念、企业核心价值观、企业的标识与形象等几个方面。其中，企业理念是最核心的一个部分，是一个企业未来的展望和发展定位。

企业文化大致由企业环境、文化网络、价值观、文化仪式四部分构成。企业的行为是由所处的环境决定的，一般是指外部环境、社会形象、经营方向等；文化网络的主要功能是传播文化信息，可能不是官方的一种组织，但所传递出的各方面信息往往是大部分员工内心的真实想法与期望；价值观指的是企业成员对于好与坏、正确与错误等的一种认知，对于一个企业来说价值观主要是由高层向下传递的，能长期在一家企业工作的员工一定是因为企业价值观和自己本身的价值观有重合之处。一个企业的价值观尤为重要，它不仅体现在日常的生产过程中，在内部员工的培训、福利、管理制度等方面都有所体现，统一的价值观可以让员工在工作过程中评判自身的行为与工作效率；文化仪式指的是企业内部的文娱活动，表彰、奖励活动，通过文化仪式可以在宣传企业本身的价值观的同时让员工和大众更好地了解独特的文化内涵，将企业文化“寓教于乐”；英雄人物可以为本企业的员工做一个好的榜样，可以说是企业的核心成员，通常也是由他们传递出本企业的价值观。企业的竞争压力在市场上逐渐增加，此时企业必须提出合理的企业文化，比如创新、诚信、服务，等等。当员工认可本企业的文化时，凝聚力就会增强，在日常的工作中可以提高工作效率，充分利用企业的资源。

企业理念具有持久性、独特性、实践性。一个优秀的企业理念要表现本企业的个性，以便与其他企业进行区分，根据不同的发展阶段和市场环境也会有不同的企业理念；因为企业理念支撑着企业文化，所以它必须具有长期的活力，应该站在时代的高度进行设计，把握未来的发展趋势，而不是只顾目前的状况，拥有长期活力的企业理念，企业的可持续发展也会更加容易；企业理念的产生是在长期的生产经营过程中逐渐实践出来的，在过去实践总结的基础上来看未来企业发展的定位，也就是说不只要看过去的经营，更要看到未来的发展，结合实际情况进行分析设计从而得到企业本身的理念。

企业理念和企业文化是相辅相成的，企业理念可以作为一个企业的经营宗旨，对于企业发展具有前瞻性的作用，企业文化的核心与灵魂便是企业理念，没有了企业理念，企业文化便是一种短视文化。一家企业的成功来自成功的理念，企业的理念决定着企业的发展，企业的形象和行为都是它的外部表现。企业理念通过精神、物质、制度等方面影响着企业文化，可以说企业的所有行为都是源于企业理念，在面对危机时应该如何应对和以何种心态面对也都是源于企业理念。企业理念在企业文化建设过程中起着规范、凝聚、导向等作用。综上所述，可以说企业理念支撑着企业文化。企业文化四个层次如图 2-6 所示。

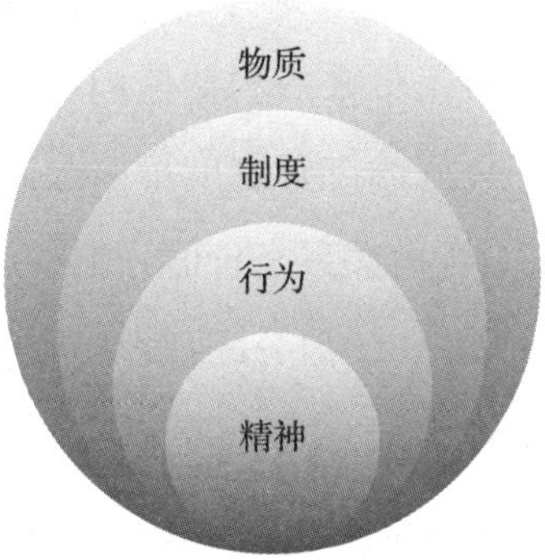

图 2-6　企业文化四个层次

二、正视人性价值分配

价值分配指的是通过评价来对员工价值进行合理的分配，满足员工需求。它不仅包括通常的工资、红利、奖金、股权等，更重要的还有晋升机制、学习、机会、信息等，一个合理的薪酬体系要根据企业现在所处的发展阶段和人力资源市场的价格进行员工工资的合理确定。由于企业的员工也分为各种类型，通常来讲核心员工的工资是根据企业利益的变动而变动的，对于保安等的工资则主要取决于市场的价格，工资分配的一个重要标准就是价值的产生与分配。价值分配建立在价值评价与价值创造的基础之上，通过不同的职位对本企业所创造的价值不同，对企业产生的剩余价值进行合理的分配。价值分配并不是被动的过程，而是对于剩余资源的重新分配，要在一开始确定分配的理念，且这个理念要和价值评价是相符合的。价值分配可以分为增量价值与存量价值两类，存量价值分配是按照福利和工资制度，给员工提供补贴、津贴等；增量价值分配则使用长期的激励制度通过风险承担分配利润，比如股权激励、内部利润的共享等。

从企业内部来看，要将公司所创造的价值转化为可以进行分配的价值，对于企业来说不可能将所获得的全部价值分配给员工，而是将剩余价值进行分配。价值分配的核心是内部工资制度，完善的工资体系和员工利益息息相关，因为通过工资给员工带来的利益他们可以直接自由分配，从而满足精神和物质上的需求。良好的工资制度可以起到激励员工认真工作、提高工作效率的作用，价值分配的关系是价值分配重点，同时要充分考虑到货币资本与人力资本之间的关系。价值分配过程要按照货币资本和人力资本的平等原则，将风险承担大小和贡献分配互相结合从而确定最终的分配量，并根据企业不同的发展阶段和市场环境变化进行薪资制度的随时调整。

企业的长期发展要重视人性的价值分配，当员工的付出得到了自己预期的回报时，员工会受到激励从而更加努力地工作。如果无论企业的员工是否用心完成上级安排的任务，都可以得到同等水平的工资与福利时，长此以往会增加员工的惰性，不利于企业的长远发展；而且会使那些努力工作的员工产生怨言，企业的人员流动也会越来越大，到最后优秀人才流失，剩余的都是偷懒的那部分人。

分配机制中的股权激励在一定程度上可以增加员工的积极性，使员工的利益与企业利益紧密联系起来，此时员工不仅会考虑自己本身，也会认真思考企业未来的发展方向与前景，也就是让员工自己做企业的主人，可以最大限度地增加企业创新程度、提升工作效率。合理的价值分配体系也可以使企业内部员工之间关系和谐，不会造成互相钩心斗角的情况，当员工的认可度提升，彼此之间凝聚力增加，企业文化与企业精神也会慢慢地渗透到每位员工，可以促进企业未来的发展前景。价值分配体系如图 2-7 所示。

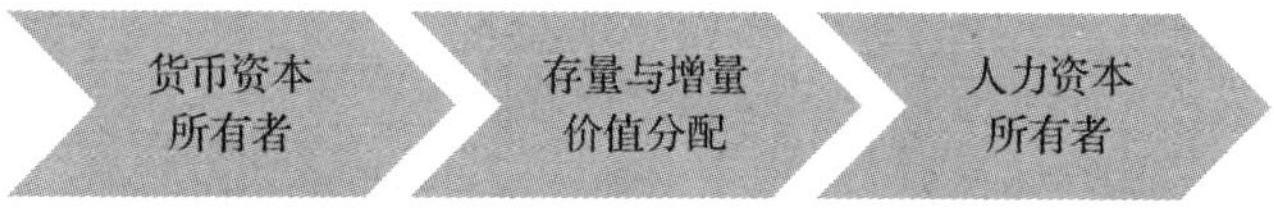

图 2-7　价值分配体系

专：一厘米宽，一万米深的执着专栏 2-5

华为“以知为本”价值分配

一、公司简介

华为创办于1987年，历经32年的时间逐渐成为世界领先的ICT智能终端和基础设施的供应商，华为品牌已经在全球170多个国家进行应用，2020年在中国五百强企业中位列第一。华为的使命是将数字世界带到每个人身边，每个家庭、每个组织中。华为始终坚持以客户为中心，内部以奋斗者为本，使他们所有的付出都可以得到相应的回报，通过技术进步推动产业发展。

华为可以为合作伙伴和客户创造相应的价值，和合作伙伴共同为运营商提供安全创新型的网络设备，“以客户为中心”提供安全、灵活、开放的ICT设施产品。华为所生产的智能手机和智能终端也使人们开始享受高质量的生活、工作和娱乐体验。华为是一家100%由员工进行持股的民营企业，参与员工持股计划的全部都是内部员工，这为员工提供了全球化的发展机会，使优秀的人才可以快速成长和发展。在华为，员工只要付出就会有相应的回报。华为自身的发展也推动了通信产业与信息技术的可持续发展。华为加入了许多国内国际标准化的组织，致力于促进数字包容，缩短数字鸿沟，促进全世界的数字经济发展。2018—2021年华为营业收入如图2-8所示。

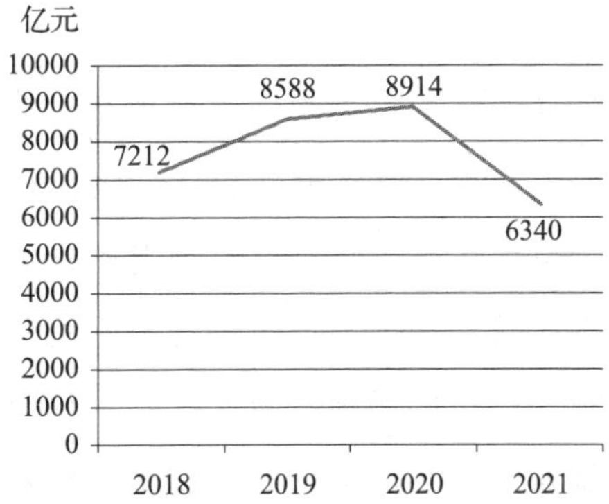

图 2-8　2018—2021 年华为营业收入

二、华为价值分配优势

华为的本质是知识密集型企业，通过探索股权动态化和知识资本化进行创新性的价值分配，将按“资”分配和按“知”分配有效结合。华为通过工会实行员工持股制度，《华为基本法》第十六条指出，劳动、知识、企业家和资本创造了公司的全部价值。这种价值也侧面反映出华为是知识密集型企业，它的高素质、高学历员工队伍结构也决定了它主要从事知识性的劳动，所以知识工作者是华为的中坚力量，所投入的时间和产出是正比关系。华为提倡以奋斗者为本，会首先将股票激励、奖金分配、晋升等福利向他们倾斜，以保证可以达到业界最高的收入。任正非认为对于优秀的奋斗者要欢迎他们进行公司剩余价值的分配，要注重过程奖，事后分配是起不到激励作用的；股票究其本质也是一种虚拟的分配，对于华为来讲，奋斗者选择从年终奖和股票中获得价值而不是选择工资，他们不仅可以获得自己的劳动所得，还可以得到资本增值的那部分价值，通过股权的分配实现知识资本化，股权结构实现动态的合理化。华为认为不能向优秀的人才分享长远利益是不利于事业发展的。

华为从人性的角度出发进行价值分配，并且将自身的人力资源管理逻辑融入这个分配过程。华为价值的分配主要是通过工资、股权、职权、奖金、红利等进行的，按劳分配和按资分配的比例约为 3∶1，通过制定合理的机制带动整体员工的价值创造，从而为之后的价值评价及分配奠定了基础。华为在员工的付出程度和价值评价的基础之上进行合理的价值分配；华为对员工不仅实行价值分配，同时也进行权力分配。华为的核心价值观中有一条便是对员工的价值进行公平的评价。员工在工作过程中所表现出来的潜力在价值评价中占有重要的部分，以为客户创造什么样的价值和公司商业的成功为导向进行分级、分层衡量所有员工。它的价值分配体系综合考虑到多种因素，秉承着兼顾公平、效率优先、可持续发展的理念进行价值分配，它的分配理念承诺了奉献者一定会得到相应的回报、奋斗者必然不会吃亏的文化，并且围绕这个体系实现了价值分配的良性循环。华为价值分配比例如图 2-9 所示。

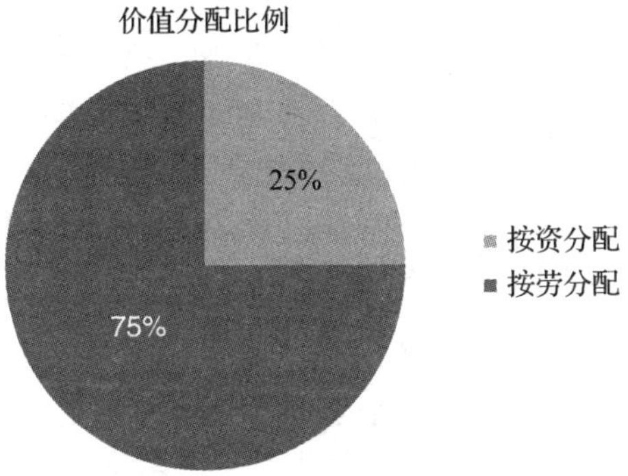

图 2-9　华为价值分配比例

三、总结与发展

总而言之，华为所遵从的是与知识密集型相连接的“知本主义”的分配体系，在价值分配机制中倾向于“出知者”，从而集中了大量优秀人才；员工可以借助华为来实现自身的价值，创造出价值，建构了华为员工与企业之间的利益共同体。华为通过弹性的薪资制度将个人的福利与价值创造紧密地连接起来，使用客观的价值评价体系确保价值分配的合理化。华为的价值分配体系形成了员工是企业主人的事实，客观上促进了每一位员工更加努力工作。华为改变了传统的雇用人才的做法，实现了人才雇用资本，这种价值分配制度也是华为保持长期竞争力的保证。

（资料来源：笔者根据多方资料整理而成）

①綦鲁明，谈俊．华为员工持股制度的经验与启示［J］．全球化，2018（12）：107-115+134.

②王艺明．从华为经验看社会主义公有制和按劳分配的新实现形式［J］．财经智库，2019，4（4）：27-41+141.

三、追求成就保持平衡

在现代的企业组织结构中，各项事务的主要负责人员就是员工，他们可以推动企业提高绩效从而实现可持续发展；员工之间良好的关系可以使企业内部的协作更加融洽，从而更有效率地实现所制定的目标。良性的员工关系可以促进企业的发展，对于员工和企业组织之间关系的协调与加强是目前要深刻考虑并且着手解决的问题。企业应该时刻关注内部员工的工作状况和心理变化，鼓励员工及时提出建议，并且企业也要做出相应的反馈。人力资源管理过程中的员工关系也尤为重要，加强管理可以打破一些壁垒，从而更好地实现相互之间的有效沟通。

首先，目前有一些企业将重点放到自身绩效和利润上，对于工资的发放机制不完善，使员工的利益遭受损失；其次，因为员工作为个体，也拥有独立思考的能力和情感需求，对于过长的劳动时长及工作量会产生疲倦，企业却从自身的角度出发盲目追求绩效增加，而不关注员工的身体状况，长期以来使员工产生抱怨情绪，工作效率也会有所下降；最后，由于高层目光短浅，只追求近期的经济效益，忽视了员工之间关系的培养，员工对于企业文化和理念理解不透彻，缺乏基本的责任感，产生只要自己达到绩效目标便是完成工作的想法，不考虑团队合作和企业的长期发展，不利于形成健康的工作环境。

企业想要长远发展，企业精神是非常重要的。企业要主动、深入地理解员工的想法，可以一对一或者一对多进行交流。也可以定时举办一些活动来增强员工之间的熟悉度和感情；企业要保证人员的流动在可承受范围之内，管理层的管理水平和综合素质在此时显得尤为重要；在公司内部也可以建设员工休息室、活动室、食堂等，提供便利的服务，增强企业员工的幸福感。要对企业本身的发展和员工的前途进行有效性的规划，使员工可以在企业这个平台上充分发挥自己的特长，以便使员工更好地为企业服务，增强工作激情，提高整体的工作效率，获得更多的经营利润。

企业的氛围往往可以体现这个企业的发展前景和员工能力，当员工和企业之间、员工与员工之间有着和谐可持续的关系时，员工彼此之间的关系会加强，凝聚力也会提升。这种凝聚力形成的精神和企业文化一致，从而可以充分利用企业资源提高效率。通过合理的组织结构规范员工的行为，逐渐形成与企业目标一致的三观，而且上级与下级之间可以进行良好的交流，对于工作的安排差错会降低；下级可以很好地理解上级布置的任务，同时也能在第一时间将自己的任务进度进行汇报，由于详细的规章制度和责任制度的制定，也会减少责任的推卸，每一个员工都会尽心做好自己的工作。管理层与员工的交流也可以增强彼此之间的感情，从而加强自身的归属感，最大限度地减少内部人员的流失。企业与员工之间平衡的关系也可以让团队中的每一个人都能够以企业利润最大化为导向，这对于团队的稳定和企业发展都有一定的利处。

章末案例

盒马鲜生成功之处

一、公司简介

盒马鲜生是阿里巴巴针对线下超市重构的一种新零售业态，是集超市、菜市场和餐饮店于一体的新零售集合体。盒马鲜生建立之前在阿里巴巴内部筹备了两年多，2019 年入选了“2019 福布斯榜中国最具创新力企业榜”，2020 年在新经济名单中排名前 50。消费者既可以在线下的实体店进行购买，也可以在线上盒马鲜生 App 进行点单，盒马鲜生最大的竞争力是快速送货。阿里巴巴为盒马鲜生的消费者提供了会员服务，因为支付宝和淘宝在网购中的便利性，盒马鲜生的消费者可以通过支付宝进行注册，企业则通过大数据为用户提供附近商店的商品查询，所推出的软件也可以收集消费者的购物信息，从而为不同类型的顾客提供差异性服务和个性化推荐。盒马鲜生从创建以来线上用户的转化率和用户黏性都非常高，主要针对的消费对象是办公室场景所针对的轻餐和便利店、晚上大多数时间都待在家里面的家庭用户、在周末时间会带着孩子一起去超市的家庭等。它本身在价格上面也有一定的优势，因为所销售的产品都是蔬菜供应地直接提供的，和行业中其他企业相比省去了中间的环节；在运输的过程中也是直接冷链加上精细的包装，整体价格约低于市场价格10%；当天的蔬菜等如果销售不完则会在晚上直接销毁。由于供应商不用单独额外支付费用，所以盒马鲜生将节省下来的钱直接补贴到消费者身上，从而保证了它即使在微薄的利润之下也可以继续运营。

它致力于给消费者提供一站式的社区化零售体验中心。由于新冠肺炎疫情的影响，越来越多的人采用了线上的购物模式，盒马鲜生在疫情期间新用户的注册量大大提升。和传统的配送模式相比，盒马鲜生的模式则将线上线下更好地融合，不断进行模式创新和转型，根据市场中消费者的需求及时调整自身的经营方式，更好地满足消费者需求。阿里巴巴之所以推出盒马鲜生，是因为电商的竞争压力越来越大，阿里巴巴本身的流量资源被其他平台所分散；而随着人们经济水平的提高，线上的购物已经不能满足消费者的需求，他们对于线下的沉浸式服务体验越来越渴望。盒马鲜生的主要消费群体为90后，他们对于商品本身就追求高质量、个性化，所以阿里巴巴的零售方式就要与时俱进。

二、盒马鲜生

由于新冠肺炎疫情的影响，新零售行业出现了新的商机，之后线上线下互相融合的新零售模式将会越来越流行。盒马鲜生使消费者在看到新鲜真实商品的同时也可以进行线上购买，完成了一种零接触的购买模式。它通过大数据的支持实现了货物和人之间最细化的匹配，消费者在选购之后可以在30分钟之内拿到商品，企业将线上与线下的资源进行了充分的交换与整合。盒马鲜生的市场定位主要是“吃”，可以给消费者提供充分的个性化服务。盒马鲜生主要的购买者是18～30岁的人群，以80后、90后居多，随着都市节奏的加快，越来越多的上班族在下班之后不愿意去菜市场买菜，盒马鲜生由于它自身的快捷便利性获得越来越多人的偏爱。我国生鲜电商交易的规模如图2-10所示，盒马鲜生男女购买比例如图2-11所示。

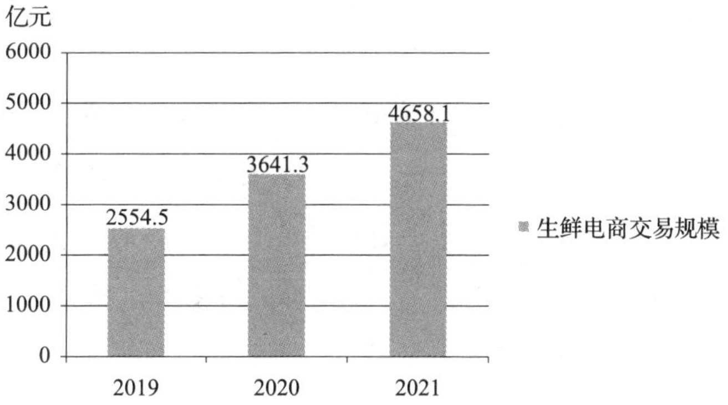

图 2-10　我国生鲜电商交易的规模

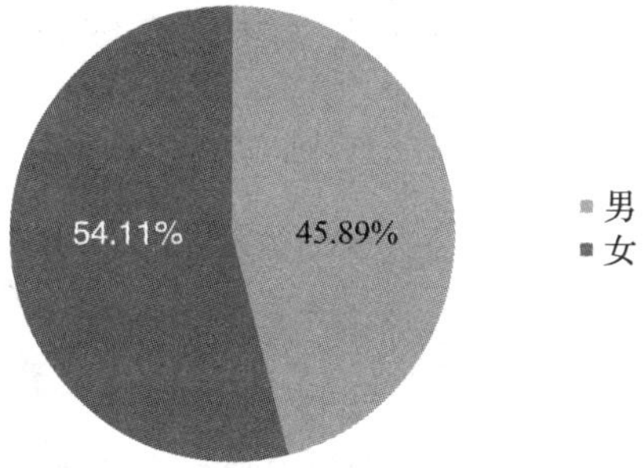

图 2-11　盒马鲜生男女购买比例

随着经济的发展，人们对于生活质量有着越来越高的需求，对于生鲜类的产品需求增多，一个美观合理的数字化场景可以增大消费者对服务和产品的感知能力，从而会增加重复购买的频率，盒马鲜生就是通过构造数字化的购买服务场景增加了消费者的购买意愿。盒马鲜生将线下的体验门店作为基础，在服务和产品生产的过程中融入了数字化技术，在线下的门店中将数字化技术的服务场景作为基础来吸引消费者，消费者到店绑定支付宝就可以成为它的会员。产品的包装则采用气调保鲜的方式，在保证卫生的基础之上也增加了它的便利性，对产品即使不添加防腐剂也可以增加它的保质期，它所采用的这个设计和传统的相比有卫生安全系数更高、能耗小、操作方便等特征。盒马鲜生本身的定位便是提供外卖和生鲜食品，为消费者提供一站式的体验与服务，随时满足其对于“吃”的需求，提高消费者的生活品质；它通过线下的体验式购买为线上的销售进行引流，生鲜产品是它的主打产品，店内也支持某些产品进行现买现做，增加了自身的便利性，且所销售的产品可以保证它的优质新鲜。盒马鲜生的购买界面简约合理，结构清晰，对于进行销售的产品表达直观，在购买流程的设计上与市面上相比较为成熟。由于所打造的这个 App 目的性较强，进入界面的用户一般都是选择购买某种商品，所以成交率也比其他 App 高；在 App 上将美食作为中心建立一个用户的社群，消费者在购买过程中可以进行交流从而提升购物体验。线上线下的结合可以更好地促进消费者的购买欲望并满足他们的需求，它的销售和物流配送都有一定的流程标准，可以让消费者放心购买。由于所针对的客户群体较特殊，他们对于时间和价格比较不敏感而且用户量大，和价格相比更加关注的是购买体验和产品的品质，因此最大限度地减少配送时间能够给消费者提供更加高质量的体验。即使是线下的店铺在付款时也没有收银员，使用线上支付，减少了购买者支付的等待时间。盒马鲜生使用自己的技术优势进行迭代，以便为消费者提供更加丰富的品种类型、更好的用户体验感以及购买过程中的多场景体验，满足了消费者的需求，增加了消费者的忠诚度。

它的可控性较强，因为它本身属于阿里巴巴集团，并不需要和其他企业进行商业上的合作，当经营过程中遇到相关问题时可以及时地进行反映与解决，所以运行的效率更高。在销售过程中所获得的大数据都集中到公司本身，通过对数据的分析和利用，对于消费者的需求进行精准的定位，可以实现更多利润的创造。对于新零售模式的采取，阿里巴巴内部的团队积极性被调动，团队在经营过程中可以学习到新知识，在“三板斧”的人才管理模式基础之上扩大员工的发展前景。

盒马鲜生通过数字化的场景增加了消费者的感知价值，所提供的服务场景象征物和氛围感在消费者评价中具有较高的美誉度，也就是说提供的服务场景可以满足消费者的预期，消费者愿意继续在这个场景下进行购买。当消费者对产品的信任度达到一定程度时，也会主动将其推荐给身边的朋友，从而在巩固老顾客的基础之上吸引到新顾客。盒马鲜生通过构建“场景化营销”策略使自身服务的价值达到最大化，它和传统的超市比较最大的特点就是超市内部有着专门的就餐区和加工区，可以解决消费者买回家不会正确处理海鲜的问题，也可以使消费者购买到平价优质的产品，从而增加了消费者的购物体验，进而获得了消费者对其产品的偏好和信任；在超市内部也是 Wi-Fi 全覆盖、自助结账等，增加了消费者的自主性，从而丰富了自主购物体验；对于消费者所购买的产品一直采用无条件退货的策略，因为生鲜本身的性质对于品质过程的把控比较困难，所以为了最大化地减少消费者的损失将所有的不确定风险转移到了自己身上，并且承诺只要商品有不新鲜、破损等情况都可以退货退款。盒马鲜生还建立了一个完善的售后服务体系，对于消费者提供的建议会及时进行处理，这种售后服务形式也吸引了众多顾客，进一步提高了客户黏性。不同地区的盒马鲜生超市定价也不同，主要是根据当地的消费习惯和消费水平进行产品的差别定价，在保证获得利润的同时也提高了其在市场上的竞争力。盒马鲜生在线下通过场景重构和完善的物流链保护了消费者的权益；在信息收集技术成熟的基础之上了解各消费群体的需求偏好，对消费者采用了个性化的营销策略。

目前，盒马鲜生所提供的产品已经涉及了牛奶、肉类、蔬菜等九大品类，主要推出的就是“鲜”，每天所销售的产品都当天运输，所以产品的质量在一定程度上是有保证的。为了一直保证产品的品质，防止销售过期产品，它将每一天的鲜奶用不同颜色的瓶子进行盛放，这种做法也满足了消费者的需求，受到了广大消费者的欢迎。盒马鲜生已经形成了自己独特的品牌体系，比如盒马日日鲜、盒马工坊等，所打造品牌的立足点便是给消费者寻找到当季的产品；盒马鲜生将重点放在了提高用户的体验上面，通过一系列的更新迭代更好地维护和消费者之间的联系，在积累大量客户的基础之上增进和客户之间的联系，深入了解消费者对于产品和服务的需求，为客户的拓展和留存打下了一定的基础，从而建立起一个完整的购物闭环体系。线上App中的盒区生活，用户可以在群聊中进行讨论，后台可以收集相应的数据进行更加准确的经营，因为进入社群的都是已经进行过购买的客户，他们的需求与建议更加的精准，更容易实现货物变现的目标，老客户也会通过活动的链接等让身边的好友了解到相关信息，从而可以进行引流；通过消费者之间的交流可以在一定程度上提高客户的黏性，增强和客户之间的关系，进行精细化的运营，可以在满足消费者对于产品表达欲望的同时，将盒马鲜生安利给更多的人群，提高产品的忠诚度。

盒马鲜生将客户进行群体的细分，根据马斯洛需求理论对不同层次的客户进行科学的分析，针对社会的精英制定相应的高品质服务策略，在满足他们基本的生理需求之外尽量满足精神上的享受；细分之后对客户分别宣传自身的经营理念，从而建立和他们之间的联系，在线下的零售店中也实行不同种类的宣传。生鲜的供需关系尤为重要，在最初主要的群体是年轻人，逐渐地扩张到精英群体，盒马鲜生线下的优质服务也吸引了大多数的消费者，使用线上的流量及口碑传播将盒马鲜生的形象展现到大众的视野中。盒马鲜生内部具有创新力、动态变化、异质性等特征，可以很好地将线下店铺和仓库进行同步，从而保证了货源。

在新零售行业工作的员工要对大数据技术、物联网、智能化设备等进行掌握。盒马鲜生运营的环节要求员工对于大数据物联网等智能设备有一定的了解，但因为门店的用人比较紧张，所招聘的员工能力参差不齐，之后便出现了岗位需求和人员之间不匹配的情况，即使在短期内可以给企业带来更多的经营利润，但却不利于长期的发展，从本质上来说是造成了资源的浪费，进行员工培训的成本逐渐提升；加上对于新零售的经营处在一个初级探索阶段，所以对于招聘的理念和重要性等理解得不到位，制定相关制度时会出现一定的缺陷，并不能真正地将实际要求和特点进行匹配。一套完整的人力资源管理方案对于盒马鲜生来说是必要的，正确地处理好员工和企业之间的关系，便于减少在发展过程中所造成的招聘和培训成本的浪费；在知识上对员工进行定期培训，可以平衡经营中人才的专业性需求。正确地选择经过系统化培训的员工，可以保证自己招聘的合理性，提高员工的整体素质，从而实现企业和员工的共赢。

三、总结与发展

综上所述，盒马鲜生作为阿里巴巴旗下的品牌，可以在产生最低成本的基础上把线下的客户引流到线上，从而增加客户的黏性。随着生活水平的提高，人们越来越重视过程的体验性，因此在线上宣传增加流量的基础之上，线下丰富的购物场景也是必不可少的。通过沉浸式的购物体验可以提高消费者对产品的满意度，从而增加回购的频率。一个优秀的产品从最初的设计场景开始，就会充分考虑到消费者的需求并对未来的市场进行预测。

（资料来源：笔者根据多方资料整理而成）

①单良．盒马鲜生“新零售”商业模式创新及对策建议——基于 Osterwalder 模型［J］．商业经济研究，2019（13）：104-106.

②王凤玲，易李麒．新零售模式下企业员工招聘问题及对策研究——以盒马鲜生企业为例［J］．中小企业管理与科技（中旬刊），2021（11）：116-118.

本章小结

一个企业要想长期发展，产品的质量和价值是根本，也是重中之重。消费者选择产品本质上就是选择产品所能带来的价值，所以根据市场的变化及时完善自身产品的功能、提高价值，可以提高企业在市场中的竞争实力，企业通过自身产品价值的提高，增加消费者对所生产产品的认可度。培养长期的顾客忠诚度反馈机制是必不可少的，在市场中通常可以用售后服务体系来实现。完善的售后服务可以使消费者心里产生被重视的感觉，久而久之会对企业产品产生依赖，对未来客户的拓展也有一定的好处。企业的发展要有理念进行支撑，在企业文化指导之下，企业要和员工建立良好的关系，从而实现共赢和长久发展。

第三章 精·穿越周期而不衰

学习要点

- 企业提高管理水平的方法
- 企业整合精炼业务的方法
- 认识到核心技术之于隐形冠军的重要性
- 了解未来发展的方向

精，是精细，是精炼，是精通，是精约。作为隐形冠军，如何让企业长久地在行业内保持领先的状态是每一个隐形冠军都无法回避的问题。而专精特新中的“精”便能帮助隐形冠军平稳度过企业的发展周期，获得长久的健康发展。本文将从管理、业务、技术及公司发展四个方面来具体讨论隐形冠军是如何做到专精特新中的“精”的。

基础理论的创新，源头技术的创新，往往是具有最大的不确定性的。人家说三年不鸣，一鸣惊人，事实上真正做原创，可能你要坐十年冷板凳。

——科大讯飞董事长　刘庆峰

开篇案例

科大讯飞：人工智能的“无冕之王”

一、公司简介

科大讯飞，全名科大讯飞股份有限公司，总部设在安徽合肥。科大讯飞的前身是在1999年创立的安徽中科大讯飞科技信息有限公司，在2014年更名为科大讯飞股份有限公司。目前，该公司已在深圳交易所主板挂牌上市。科大讯飞一直深耕于人工智能行业，专攻于智能语音技术的研发，是一家创新型科技公司。尽管科大讯飞战略转型还不足十年，但企业的发展潜力不容小觑：2017年，科大讯飞已进入由麻省理工学院所评选的“全球最聪明的公司”前五十强；2019年，公司入选“福布斯最具创新力企业榜”。中国市场七成以上的语音技术均由科大讯飞提供支撑——在金融、保险、电信等一些主流行业，这一比例有的甚至超过了90%，是国内人工智能领域一流的上市企业。

二、技术成果

人工智能被许多人称为改变未来的颠覆性科技，而深度学习技术则是促进人工智能发展的颠覆性科技。科大讯飞是中国业内最早接触深度学习技术并着手进行研发工作的研究团队。2011年，科大讯飞就开始把深度神经网络技术（DNN）成功运用于中文语音识别应用领域，并透过语音云网络平台提交给众多研究开发人员应用。同时，科大讯飞的研究团队也成功研发出了新一代端到端语音识别操作系统并全网上线，再一次确保了科大讯飞中国语音识别领域全球领先者的地位。

科大讯飞发明了引领性的新型语音识别框架——深度全序列卷积神经网络（DFCNN），进一步提高语言转写的准确度，并推动了语言辨识技术的发展。但在此之前，最好的语音识别系统采用的是双向长短时记忆体网络（LSTM），不过，这一网络系统也面临着训练复杂性高、自动解码时间长的问题，尤其在工业界的即时辨识网络系统中很难使用。

而在另一边，科大讯飞已经于五年前悄悄启动了对下一代端到端语音识别系统的开发。研究每一代人以储备新一代技术，这也是科大讯飞对科技发展的基本要求。于是，在上一代技术 DFCNN 还未完善之时，科大讯飞就已开始研发更新一代人的端到端智能语音系统了。它也被看作未来智能语音的主要技术架构。思想非常简洁，但是简洁背后也逃不过“字越少，事越大”的规律。该技术思想原本就在翻译任务中起到了重要作用，而将端到端技术运用于语言方面的研发中也是一个个顶尖团队所尝试的方向，但是其成效却一直都不能敌过非端到端技术。在科大讯飞，光构建端到端智能的语音管理系统，研发团队就用了整整两年。

三、长期主义

当下，中国正是处在第四次工业革命的大潮下，长期主义的必要性不言而喻，这也正是中国的科技公司跨越周期，到达新浪潮之巅的不二法门。

科大讯飞就是其中之一。从一家 AI 语音助手公司变成了一家 AI 领军公司，科大讯飞面向市场的产品标签和市场价值不断地在变化，并且也越发深刻。凡此种种，都离不开科大讯飞一贯坚持的长期主义策略驱动。科大讯飞一方面维持了良好的成长势头，一方面把眼光转向了新科技、新领域、新场景——一面是短期内业务，一面是长远发展，在长远主义驱使下的长短线并重，也变成了它立身的根本。

1. 领先布局

两年前，为了完成让自动化机器人走进每个家庭生活的梦想，科大讯飞和中国科学院合作建立自动化机器人国家关键技术合作实验室，并实现了部分的阶段性科技储备，如康复训练功能的外骨骼自动化机器人已研制出原型机，模拟体育运动的四脚机械狗已步入设计阶段，智能行驶车辆、高精度的导航模组等已步入小批量生产发展阶段。

另外，科大讯飞还和北师大共同承办了“脑科学与类脑研究”2030重点建设项目“中国学龄儿童脑智发育队列调查”，并和北京市安定医院联合建立了权威的抑郁症多模态知识库等。这也表明，在“讯飞超脑2030计划”尚未启动以前，科大讯飞就已建立起了初步的产学研系统，为今后的科技探索和应用发展打好了基础，并开展了多维度布局。

2. 战略规划

根据“讯飞超脑2030行动计划”，科大讯飞也对战略做足了策划，并确定了3个主要推进阶段，意在有效地促使人工智能机器人进入千万家：第一阶段，科大讯飞将致力于仿生学人工智能机器人的本体科技、多模态认知与表现科技，以及主动交谈科技，并推出了软硬一体人工智能机器人可培养的宠物玩具和专业虚拟人家居；第二阶段，科大讯飞将专注于多传感器融合的运动控制技术、多模态情感认知与可持续教学科技以及深化认知的理解与使用科技，并推出适应旅行的外骨骼人工智能机器人和陪伴虚拟人家居；第三阶段，科大讯飞将攻坚发展复杂的情景融合分析决策与柔性驱动技术、跨模态融合主动学习技能和常识推理与情感分析决策关键技术，并推出懂认知会学习的陪伴自动化人工智能机器人系统和可以主动学习的虚拟人。

在“三阶段”的策略上，从核心技术掌握到新产品推出，科大讯飞逐步确定了发展目标，并逐步把长远规划推向落地。

3. AI 服务

就产业表现来说，科大讯飞的产品主义还表现在对人的服务能力上，与虚拟人家族在客服、医护、偶像、教育等领域深入耦合合作，给行业成长带来了切实助力；而宠物机器人则通过自主交流、场景认知和理解等技能，增加了陪伴体验；青少年心理抑郁症筛查平台将免费向全社会开放。就信息发布产业而言，科大讯飞显然更加重视AI的业务价值，从而构建起了AI服务市场、为客户服务的可持续发展系统，把AI业务价值不断引入全社会。总而言之，做好前期布局、确定落地标准、关注价值回报，三个维度都可以从本次公布的“讯飞超脑二千零三十计划”上看出，这也是科大讯飞坚持长期主义的重要体现。

科大讯飞也正在奠定AI开发底座平台，并不断构筑系统性技术创新的底层力量。通过平台支撑，科大讯飞已完成了多语种技术发展的重大突破，已推出六十余个编程语言和融合、辨识、编译等五大能力，整体开发效能已提高了50%。2021年，科大讯飞已在国际NIST多语种识别竞赛中夺得了22个第一名。另外，根源于数字员工、企业服务等信息技术应用的发展，科大讯飞面对不同的业务情景都有大量业务积累，涵盖了教师、医院、消费者、智能城市、运营商、汽车智能业务等诸多应用领域，在短期内便建立起了专门的信息技术业务。不难看到，将这种科技实力和现场经验运用于虚拟人领域中，便可以很快打造出科大讯飞独特的国际市场发展核心优势和品牌空间。

四、总结与发展

勇闯科研的无人区，从科研到一项科技真正落地，人们对它的要求往往是严苛的。研发出新一代端到端语音识别系统，只是科研队伍不懈努力的第一步。引领团队不断提高公司语言识别的技术领先水平，并屹立在全球的前列是科大讯飞一直所做的不懈努力。寻找下一代人机交互的新方法，则是科大讯飞的终极使命。多模态技术，又叫深度学习多模态融合技术，即利用机器在文字、图形、语音、视频等多种应用领域中获取信息，并进行信号变换与融合，进而提高模型性能的技术。而在汽车人机交互领域，科大讯飞的汽车级视觉追踪科技让用户对视线立即进行唤醒交互，对视线所及均能掌控。同时，随着唇音融合等语音科技的创新性加入，拥有唇音免唤醒、唇音检出、唇音增强三个核心能力，开口讲话也可一语直达，即使是轻声细语，也可听得很清楚。

（资料来源：笔者根据多方资料整理而成）

①卫萌，涂凌云. 科大讯飞的人工智能之路［J］. 互联网经济，2016（Z2）：56-61.

②张欢. 科大讯飞　AI共生　探路AI产业数字新生态［N］. 中国信息周报，2021-11-08.

第一节　管理精细

企业管理是所有企业绕不开的一个重要话题，隐形冠军对企业管理水平的要求甚至更高。除了传统意义上的流程管理、制度管理之外，隐形冠军的管理还存在于精良产品和效益提升上。另外，从某种角度来说，传统意义上的前两类管理最后同样也是服务于后两者的。

一、高效流程

流程管理是公司内部最基本的管理活动，在公司内部企业管理解决方案的研发与设计过程中，都应当以流程管理为基础，即做到规范业务流程、优化生产过程和再造过程，使公司内部管理体系更为合理和易于执行。公司的内部管控系统和公司流程管理有着密不可分的联系，因为公司流程管理是企业策略、理念、战略及更高效内部管理的重要载体。

实现流程管理是摆在公司眼前的一个刻不容缓、亟待解决的问题，也是公司全面改变以往传统模式，使公司内部管控跃上新台阶的需要。到现在，流程管理已成为整个管理体系的关键部分，目前的企业内部管控体系更多的是与层次制的分权机构体系相匹配，较少能适合于扁平化组织过程引导下的企业内部管控的成熟模型。

企业要实现流程化管理，需要完成以下步骤，如图 3-1 所示。

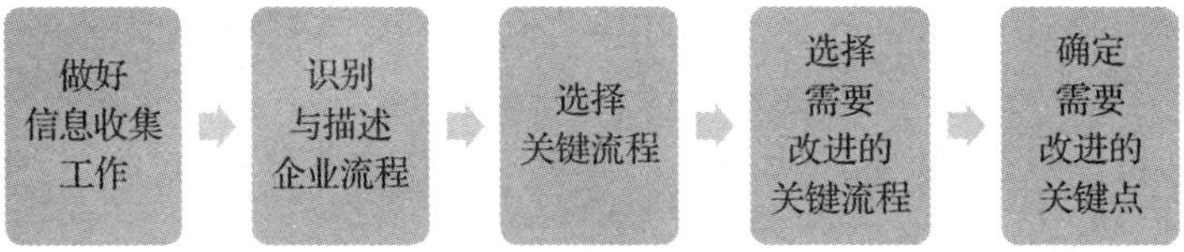

图 3-1　实现流程化管理的五大步骤

1. 做好信息收集工作

公司在确定原来的业务流程时，首先要获取大量的有关原来业务流程的信息。只有获取正确和翔实的资讯，业务流程优化与设计的实践者才可以充分认识企业自身流程，掌握企业业务流程的现状，找到自身业务流程中存在的问题，以便为今后工作的发展打下良好的基础。

2. 识别与描述企业流程

大多数实现了过程改善和设计管理的公司，在实现改进之前，通常都是以职能的形态实施设计管理的。企业在实施业务流程改造和设计之前，首先要认清企业中存在的业务流程问题，并以相应的方法显性化，以便找到企业业务流程中存在的问题，从而设计出新的业务流程或完善企业业务流程，以实现提高企业工作效率的目的。

3. 选择关键流程

一般情形下，在一家公司内部的子业务流程有成百上千个，而这种子业务流程一般也可以分成两类：第一类是围绕各部门线形组织而运作的子业务流程，在一个部分内完成投资，进而在这个部分内形成生产；第二类是跨职责业务流程，这类业务流程跨过了许多职能部门，而不是某个人对全部业务流程都负全责。因此我们所要选择的关键业务流程，应该是第二类跨职责业务流程。

4. 选择需要改进的关键流程

每个公司都有许多重要业务流程，但并不是每个重要业务流程都会出现问题，而且公司的资源有限，公司必须优先选择出现严重问题的重要业务流程加以完善。

5. 确定需要改进的关键点

当明确了必须进行的关键流程后，就必须对这些流程做出判断。每个业务流程都是由许多活动环构成的，而并不是每一环都必须完善。所以，必须找到这些流程中造成业绩不足的关键点，进而剖析产生问题的原因，以便进行业务流程的再设计。

流程管理系统并非一张单纯的流程图，也不是一条规范操作程序所能够解决及处理的问题，它是需要经过企业决策机构、职能管理者和执行层不断探索、不断提升来确定的，是具有企业人性化的管理思想的。

二、完善制度

所谓企业制度即公司管理制度，涉及公司领导与激励机制、战略思想、组织架构、公司文化方面的标准要求，甚至把公司本身也当作一个体系；狭义的公司规章制度，是指公司内部为进行规范化的生产经营管理所规定的各项措施、规范、准则和程度，一般包括了生产规章制度、人事管理、供应管理、财务管理等企业各类职能制度的总和。

对于隐形冠军而言，企业完善管理制度主要可以从以下几个方面入手，如图 3-2 所示。

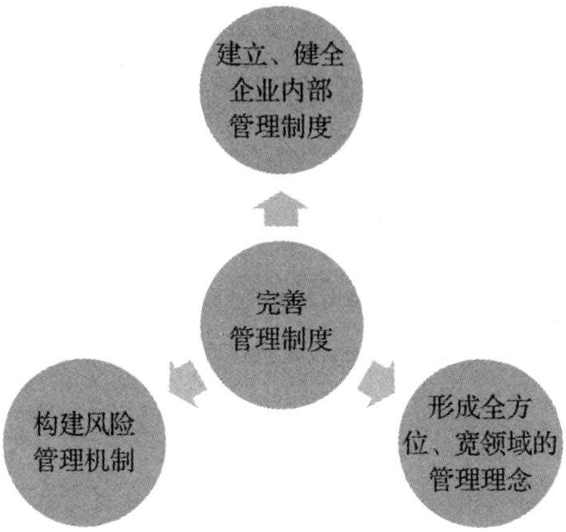

图 3-2 企业完善管理制度的几个方面

1. 建立、健全企业内部管理制度

公司的内部管理体系也是整个企业管理系统的主要部分，企业管理体系建立后必然会带动公司内部管理体系的建立。公司应建立、健全两种较为独立层级的公司内部管理制度系统。第一个层级为组织管理体系。该管理体系主要是为了防止风险、维护企业内部投资人的利益，为投资人服务的，与公司的内部所有权力构成相对应，并通过设置合理的受托、代理合同关系，确保公司外部投资者的利益能够获得公司内部委托人的有效保护。第二个层级则是责任制度。该制度主要是为企业管理者服务的，是为了帮助企业管理者实现向委托人所交付的内在管理责任，并且证明自己已经有效承担了受托责任，同时对于开发、维持和评价公司的内在管理系统有责任。层次化的内容管理主要是为确定各方关系人的权力与责任进行的，要求各个群体及个人的活动均处于其他人的监督与管理之下，以避免出现管理的真空地带及管理盲区，从而使内容管理的工作不致于流于形式、不起作用。

2. 形成全方位、宽领域的管理观念

作为企业整体管理系统的主要组成部分，企业内部管理工作也是一种更广义的概念，除了与财务有关的管理工作之外，对员工品德和价值观、人员能力训练、管理哲学、人事管理政策等的管理工作也是必不可少的。要在企业进行全面高效的内部管理工作，就需要从企业整体的视角来思考企业内部管理与工作问题，从企业的整体视角来界定和设计企业内部管理系统，突破传统企业内部管理体系的狭隘性，从企业局部的财务、财务管理等延伸至整体的企业治理权管理、企业资源与经营管理等系统，从而真正形成全面的企业内部管理体系。

3. 构建风险管理机制

企业应该对内剖析自己的优势和劣势、特长和短板，对外剖析外界的机遇和危险，思考自身的生存与机遇。风险分析不但要贯穿于企业战略目标制定的过程中，同时也要贯穿于企业日常的内部管理工作流程之中。要构建灵敏的信息系统和监测体系，对不利事项及主要的风险因素加以辨识、分析、评价和管理，以便当内在原因或外界的影响发生时，均能进行有效调节。企业管理者须向股东承诺，已通过风险评价程序执行了必要的风险评价，企业董事会必须通过审核委员会等机构对管理者的财务报告加以审查。企业的风险管理原则必须贯彻和渗透于企业管理的全过程。

精：穿越周期而不衰专栏 3-1

海尔集团：企业制度成为制胜法宝

一、公司简介

海尔集团，至今已有将近四十年的发展历程，是中国国内历史较为久远的家电企业之一。海尔集团是全球第四大白色家用电器生产商，同时也是中国国内消费电子百强公司之首。海尔旗下共有240多个企业法人单位，在全世界30余个国家设立了本土化的设计中心、生产基地和国际贸易公司，全国雇员数量已达到近5万人，着重发展了高新技术、制造业、国际贸易、金融服务4个支柱。海尔的9种产品销售在国内市场占有率均居于业界之首，3种产品在全球市场的占有率均居于业界前三位，在智慧家庭整合、互联网电器、互联网数字化、大型嵌入式集成电路、新型建筑材料等核心技术领域均居于世界领先水平，在全球市场表现出发展能力。“创新驱动”式的海尔集团将致力于向全世界市场消费者提出满足需要的方案，以达到公司和使用者相互之间的双赢目标。目前，海尔集团累计获得国家专利6189项（包括发明创造专利权819项），并享有软件著作权589项。在自主知识产权技术发展基石上，海尔还负责并参加了近百项标准的制定修改工作，其中海尔热水器的防电墙工艺技术、海尔洗衣机的双动力技术等还被列入IEC标准提案中，这也论证了海尔的技术创新水平已达到了全球级水准。海尔最早只专攻于家电冰箱领域，但培养了一套独特的公司管理模式——OEC管理模式。该模式受到了国内管理业界的高度重视和许多公司的学习模仿，并推动了海尔集团的快速发展。

二、管理制度

OEC管理制度是由海尔集团在1989年创建的企业管理方式，其中“O”代表Over all（全方位），“E”代表Everyone（每人）、Everything（每件事）、Everyday（每天），“C”代表Control（控制）、Clear（清理）。OEC管理的实质是将公司核心目标责任量化到个人，将每一项细小的目标责任都落在一个海尔工人的头上。海尔人习惯用这句话来总结它——“日事日毕，日清日高”，即“今天的工作需要当天做好，今天做好的事情需要比昨天更有质的提升，明天的目标需要比今天更高”。

1. 背景

海尔集团在创业初期，也一样存在着提高效率、增加效益的问题。在领会了现代管理思维的精华之后，针对当时海尔发展迅速的现实，张瑞敏从创业伊始就在车间流水线上分解作业环节，尽量减少无谓的、赘余的工作步骤，让每一条流水线、每一道工序上的工人的动作都实现了精简化，从而有效节省了制造时间，也大大提高了效率。

张瑞敏认为，公司在市场上所处的地位，就像是斜坡上的一个球体，它可以接受来自市场竞争的外界压力及由于员工懒惰所产生的内部阻力，但一旦没有止退力，地位就会下降。为了使青岛海尔控股公司在斜坡上（市场）处于应有的领导地位，并不断前进，永不下滑，加强内部的基础管理、增强市场止退能力就成为一个必要条件。这便是所谓的“球体定律”，也是 OEC 管理模式的思想源泉。

张瑞敏从科学思维中汲取了养分，更坚信优化生产过程、培养人才素质、形成有效机制以提升效率、提高效益的信念；在“吾日三省吾身”的传统自我约束方式中，张瑞敏悟到了“斜坡球体定律”，明白了强化内部控制的重要性，夯实了 OEC 管理方法的理论基础。为此，海尔明确提出了“日事日毕，日清日高”的企业管理工作号召，并发展出一种崭新的企业管理理论，即 OEC 管理制度。

2. 组成

OEC 管理制度主要由以下三个体系组成：目标体系—日清体系—激励机制。首先明确总体目标，日清是实现目标的基石，而日清的成果需要和正负激励相关才合理。

这其实是一种目标管理，总体目标是“日高”，即企业管理水平和公司整体综合素养水准乃至职工个性素养不断提升；而其基石是“日清”，也就使公司在日常管理工作中的每一件事情，都进入了秩序状况和控制状况。实现“日高”的目的和夯实“日清”的基石通过公司内每个人、每件事的具体活动流程而实现，从而使公司取得良好效益的总体目标。

三、总结与发展

OEC 管理制度给海尔集团带来了重大的经济效益和社会效益，并荣获我国民营企业制度创新的“金马奖”。此外，鉴于海尔集团的 OEC 管理制度有极强的可移植性，而且也是在企业建立初期所构建的制度，值得每一家初创公司学习和参考。

（资料来源：笔者根据多方资料整理而成）

①梁力东．浅析海尔 OEC 管理模式［J］．科教文汇，2008（6）：159.

②张梦妮．浅析管理移植过程——以海尔集团“OEC”管理模式为例［J］．现代营销，2019（11）：67-68.

三、精良产品

隐形冠军往往由于知名度不高及缺少大众关注，资本力量的加持明显不如那些站在聚光灯下的互联网企业。因此，对于想成为隐形冠军的企业而言，要想谋求企业的快速发展，唯一的出路就是精良产品，提升产品的竞争力。

事实上，绝大多数隐形冠军也是这么做的。许多人认为隐形冠军生产的应该都是高科技产品，这种说法基本上是没有问题的。但高科技不一定等同于新科技或者颠覆性创新，实际情况往往截然相反。大部分的技术创新都能在成熟的产品和工艺中找到根源，系统性的进步和成功的创新都是历史经验的延续。现实中，高科技往往与成熟技术相辅相成，为企业奠定未来发展的坚实基础。

全球化加速发展使技术完全成熟的产品可以在传统工业国家市场饱和的情况下开拓新的市场空间。在全球化的大熔炉下几乎不存在市场饱和的现象：一方面隐形冠军不必担心它们的市场进入衰退；另一方面它们也不必面对处在萌芽期时的高风险。绝大多数隐形冠军的生存基础相对稳定，超过 1/3 的隐形冠军认为自己正处于明显的增长期。

以新产品收入占比作为创新指标有其局限性，因为如何定义“新产品”并无定论。对于那些不进行批量生产，而是进行个性化生产的企业，如装备制造业，新产品比例没有意义。由于上述原因，尽管我们很难进行新产品比例的判定和比较，但是我们能够肯定，隐形冠军在产品方面极具创新力，不管其处在发展阶段市场还是成熟阶段市场。

提升产品竞争力，具体可以从以下几个方面入手，如图 3-3 所示。

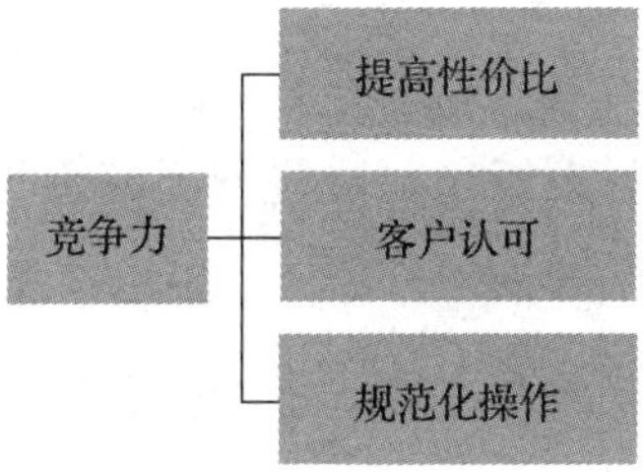

图 3-3　提升产品竞争力的几个方面

1. 尽最大可能提高性价比

对于隐形冠军而言，营销、高价优势是起不到任何作用的。因此，在隐形冠军的领域，任何一个东西，只有做到成本低，在同样价格的条件下让产品发挥的价值更大，才有市场占有率。要价廉，那就得从原料采购、制造加工、生产人工成本方面达到最优，以最少的投入制造出最大收益的产品，这样就能在同类产品中做到品质最优、最受欢迎。

2. 隐形冠军之所以是隐形冠军，最根本的是源自客户认可

隐形冠军的高品质产品来源于产品使用者的最佳使用体验。品质好是因为产品不仅满足了使用者的真实需求，更让其体验到了物超所值的高品质享受和体验，感受到了同样价格下高品质产品的超值享受。要做到这一点，那就得靠市场调查和产品工艺的改进，让产品符合使用者的真实需求。

3. 做到检验流程的规范化操作

在产品包装交付时做到全检无瑕才能通过，不能让有缺陷的产品流转到使用者手中，那样会造成对产品品质的坏印象和口碑误导。

四、效益提升

企业效益的高低，是企业的立身之本。企业的效益好，能够保证企业的运转正常，无论是自主研发、内部管理还是市场方面都能够有充足的资金支持；反之企业的效益不好，在这些方面都会受到限制，影响企业的未来发展。因此，如何提升企业的效益，是所有企业的必修课。

决定企业效益主要有两个方面——价格和生产力。价格受到许多因素的影响，但企业有一种方式一定能最大限度地提高价格，这种方式就是不断扩大企业的市场占有率甚至达到绝对优势的局面。当一家企业产品的市场占有率不断提高甚至在整个行业占有绝对优势时，那么企业所获得的议价能力就能不断增强，品牌价值此时也能开始浮现，企业可以逐渐掌握自由定价权；此时才会产生超高额的利润，并且几乎不会影响企业产品的销售量，这时企业就有足够的资金投入生产和研发当中。

提升企业效益的另一个途径就是提升企业的生产力。提升生产力主要有以下几种策略，如图 3-4 所示。

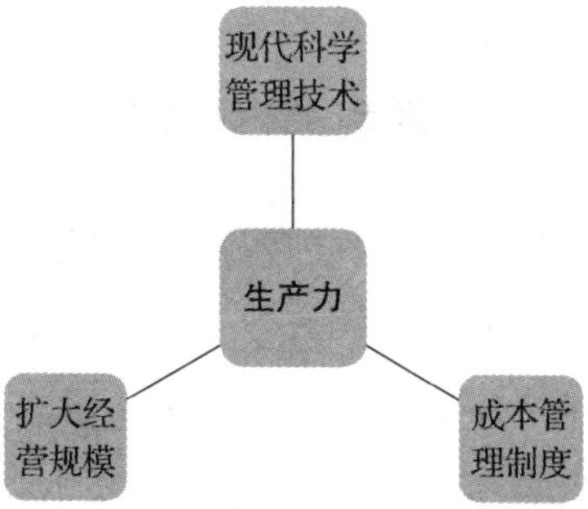

图 3-4　企业提升生产力的三种策略

1. 积极运用现代科学管理技术，向科学管理要效益

科学管理是企业永远的经营主题，是企业良性运转的关键保证；企业管理工作过程是否顺畅和高效将直接决定着整个企业管理工作的效果，从而影响着企业的经营效益。

2. 构建公司全面成本管理制度，向全面成本核算要效率

构建公司全面成本管理制度，即全员、全系统、全面实施成本管理制度；进一步强化对职工成本核算意识的培育与行为规范；发现并分解影响产品全部成本结构的各种因素；全面系统地实施成本核算责任制；运用完全成本管理中的合理方式，寻找降低成本提升空间和逐步减少生产完成的成本。

3. 针对企业自身特色，合理扩大公司的经营规模，向规模化要经济效益

目前，向大规模要效益的公司比比皆是。而针对自己公司如何拓展企业经营规模，需要兼顾多个因素，包括考察自己公司所处产业的特性和发展前景、考察自己公司的现实运营绩效、考察公司的盈利空间等，进行全面的调查、研究、分析和评价等。只有做好了这一切，方可确定能否向适当的大规模要效益。

第二节　业务精炼

在目前这个信息化、全球化高度发达的时代，除了专注于自身的核心业务，时代还给隐形冠军提出了更多的要求。信息化时代，隐形冠军应与大数据信息技术接轨，并在企业的生产管理中使用这一技术。全球化时代，隐形冠军的目光应不仅仅停留在国内，还要布局海外。除此之外，隐形冠军还需要学会如何规避企业所面对的风险，这样才能保证企业的长久稳定发展。

一、大数据应用

随着信息通信技术的快速发展，数据收集、存储、加工处理和开发应用能力不断提升，大数据应用规模迅速扩大，种类不断增多，在隐形冠军企业的生产经营过程中产生了多样化的应用场景。大数据不仅助力企业提质增效、降本增收，还在优化资源配置和实现社会多方收益共赢等方面发挥了重要的作用。对于隐形冠军而言，促进企业的大数据应用主要有以下几种方式，如图 3-5 所示。

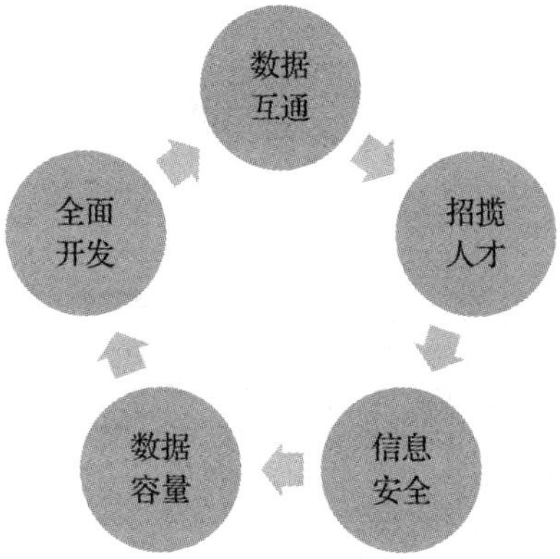

图 3-5　促进企业大数据应用的几种方式

1. 加强系统间的数据互通

公司与企业内部、公司内部各部门间乃至产品线上的不同设备间的信息系统都彼此独立，统计形式、架构也千差万别，同时大数据来源分散庞杂、规范不一，各个来源的大数据以不同的统计形式分散到了不同的大数据系统中。企业必须统一管理各系统的应用模式和界面，以做到网络的综合贯通，降低数据壁垒。

2. 招揽大数据人才

大数据分析人才是公司高效运用大数据分析开展产品运营的关键保证。如今大数据分析人才匮乏，不管在“量”上还是在“质”上都已无从应付巨大的、飞速创新迭代中的市场。如果企业能够吸引既懂生产工艺流程又懂大数据技术的复合型人才，将极大推动企业大数据技术应用的发展。

3. 加强信息安全保障

当前大数据分析的相关规范仍处在探索期，对全产业大数据分析的安全标准也还存在较多空白。同时，分布式储存方式对数据的保存也较为原始。公司也需要做好内部安全保护，有效保障用户隐私等重要个人信息的安全性，使不法分子没有机会利用相关漏洞实施非法操作，从而保证数据的共享流通。

4. 拓展数据容量

蓬勃发展的信息通信技术和网络科技及其他新兴应用需求的形成造成了信息数量爆发式增加，海量数据在创造更多机遇的同时也给传统的信息基础设施提出了前所未有的挑战。同时，由于存储体制仍为传统结构和储存成本昂贵等因素，数据存不下、流不动、用得不好的问题也愈演愈烈，这制约着数据积累。

5. 全面采集开发数据

虽然大数据分析技术对中小企业的生产运营已产生了重要的提质增效影响，但是由于各个类型中小企业正处在大数据分析运用的各个阶段，仍存在着各个阶段的问题与挑战，相对于服务业，农村经济和工业在大数据分析技术运用上尚处于发展初期。制造业企业在生产运营过程中所收集的制造业大数据在来源、构成上都比较复杂，存在着数据收集不充分、大数据发布应用范围不够广泛等问题，并且基于对信息安全问题的思考，部分中小企业也不愿意共享数据，从而限制了数据的公共流动。

精：穿越周期而不衰专栏 3-2

农夫山泉：用大数据卖矿泉水

一、公司简介

农夫山泉（NONGFU SPRING），全名农夫山泉股份有限公司，原“浙江省千岛湖养生堂饮用水有限公司”，其公司总部设在中国浙江省杭州市，系养生堂旗下全资控股公司。公司目前已在香港证券交易所上市；2019 年企业进入全球制造业企业 500 强；2020 年进入全球农产品加工业 100 强企业名单，综合排名第十八。

二、大数据应用

把自身定位为“大自然的搬运工”的农夫山泉，在国内有十几个水源地。农夫山泉产品从水灌装、配送、上架，一瓶超市售价为两块钱的 550ml 矿泉水，其中三毛钱就花费在了物流上。在农夫山泉里面，就存在着“搬上搬下，银子哗哗”的说法。而怎样通过不同的变量因素管理好自身的运输成本，就成为问题的核心。

根据现实情况，SAP 集团与农夫山泉合作进行了场景研究，并把很多数据的分析也加入其中。在没有大数据分析的事实支持时，农夫山泉在物流配送领域花费了不少冤枉钱。例如，一个小品相的商品（350ml 的矿泉水），当一个大中城市的销量预计不准确时，企业以往的处理方式一般是采取从较大区域调运的措施，来弥补终端货源的短缺。华北存货往华南运，运到半路的时候，却发现华东地区的存货实际有富余，从华东地区调运更方便、更便宜。但很快又发现对华南存货的预测有误差，华北短缺情况更为严重，于是华东存货就向华北地区运输。而此时，如果在太湖附近突发了一次重大污染事故，很可能在华东地区就出现了缺货现象。

这些没头苍蝇的现状，令农夫山泉头痛不已。在产品生产、库存、物流这条线上，农夫山泉非常希望通过大数据分析获取并解决三种顽症：一是解决产品生产与营销上的不均衡，精准获知该产什么，送多少；二是让400余家办事处、30个物流配送中心能够加入整个系统当中，从而建立一种动态网状结构，而不是单一的树状架构；三是将产品退换、残次等问题和生产基地能够实时连接起来。

在企业经营中，农夫山泉会先形成商品销售、市场费用、物流配送、产品、财务管理等的财务数据，而这部分财务数据一般都是先利用工具定期地提取到 SAP BW 或 Oracle DM，然后再通过 Business Object 呈现。而这种“展现”的流程一般需要24小时，也就是说，在24小时后，所有物流、资金流和信息流才能汇集在一起，并相互联系生成一个有价值的数据报表。当农夫山泉的月度财务数据累计超过3TB时，这样的增长速度将使农夫山泉每个月月度财务数据结算时间都要再推迟一年。更关键的是，如果农夫山泉的管理者仅依靠财务数据来检验以往的决定是不是合理，甚至不对过去已经发生的问题进行修正，仍然无法预见未来。

2011年，SAP集团发布了开创性的数据库系统平台 SAP Hana，而农夫山泉则作为世界第三个、亚洲第一个上线该系统的公司，于当年9月宣告系统对接成功。农夫山泉选用 SAP Hana 的主要目的只有一个——快些，再快些。在选用了 SAP Hana 后，同样统计量的运算速率就由过去的24小时减少到了0.67秒，并且几乎都能够获得实时计算结果，这就使许多不可能的事情都变成了可能。

三、发展与总结

近几年来，农夫山泉系统已采集了大批的历史数据。对于企业信息进行了大数据分析更新，以减少企业信息处理时间，生成包含很多资料且需要复杂的逻辑操作的商业报表也是个很费时费力的任务。但是，行业单位和企业领导决策部门人员也需要以最新的行业数据作为决策基础。随着行业的进一步拓展，实现财务数据的即时可视性，将成为企业长期发展壮大、提高效率和降低经营成本的关键所在。由于农夫山泉系统每天结算之前，都必须先做运费成本变动情况统计，所以货物运输核算涵盖的层面就特别宽，里面的逻辑运算也复杂而多变。在实施 SAP Hana 以前，整个系统往往要用 24 小时来运行这个运费报表，有时甚至生成不了这张报表。现在，这张运费报表仅需 37 秒钟就能够生成。由于使用了 SAP Hana 的触发机制，农夫山泉做到了真实的即时数据传递和数据同步。

（资料来源：笔者根据多方资料整理而成）

①施爱芬．大数据对企业物流成本的影响研究——基于农夫山泉的案例［J］．中国商论，2018（25）：15-16.

②赵奕．用大数据卖矿泉水［J］．中国企业家，2013（7）：94-95.

二、行业深挖

“精”这一个字，就是在要求企业将注意力放在企业的深度上而不是企业的宽度上。深度挖掘行业价值也是精练业务很重要的一环。隐形冠军作为细分领域的佼佼者，它们的成功便在于深度挖掘了细分领域的价值。那么，如何提高企业的深度，深挖行业价值呢？挖掘行业深度的三个方面如图 3-6 所示。

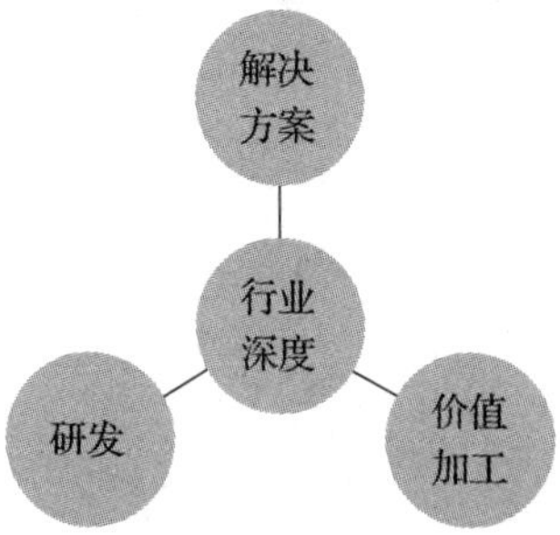

图 3-6 挖掘行业深度的三个方面

1. 解决方案

这一方面对于企业解决方案的完整性或者对于价值链的覆盖程度做出了要求，即供应商覆盖了客户价值链中的哪一部分。隐形冠军大多能精准定义细分市场并且为客户提供深度解决方案。他们给客户带来的并非一个单纯的商品，而是更深层次的解决方案。专注与深度研究相结合让隐形冠军成为细分领域的市场领袖。因此，做好解决方案深度的做法被证明是许多隐形冠军的主要增长动力。它们以自身的核心产品为基础，从下游客户或者上游供应商手中接管更多“价值创造链”的部分。

2. 价值加工

企业应当通过什么方式实现价值创造？它们的加工深度应该多深？企业在发展的过程中又是否需要外包呢？在这里，隐形冠军表现得有些与众不同。表 3-1 展示了隐形冠军关于价值创造深度和平均加工深度的重要指标。

表 3-1　价值创造深度和平均加工深度的指标

价值创造占营业额的百分比	42%
平均加工深度	50%
平均加工深度 >70%	24%
平均加工深度 40% ～ 70%	44%
平均加工深度 <40%	32%

价值创造是指在产品价格中除去成本之外的价值。这项指数以占营业额的比例来表示。从表中可见隐形冠军的价值创造深度超过了 40%，这一现象背后可能有两个原因：第一，隐形冠军的外包比例比较低；第二，隐

形冠军企业员工的工作附加值特别高。

隐形冠军对业务外包其实是普遍存在抵触心理的。有近一半的隐形冠军坚决反对最大化业务外包比例的战略，只有极少数赞成大范围的业务外包。总的来说，隐形冠军更偏向自主制造而不是外包。

一些企业之所以不喜欢业务外包，是因为对产品质量的严格要求，它们并不愿意委托给第三方公司来生产核心部件。它们一方面担忧失去了产品的独立性；另一方面又担忧专业技术知识的缺乏，尤其是当产品涉及技术开发外包的时候。对于隐形冠军来说，它们在产品研发领域也表现得十分审慎，不愿意进行合资甚至外包。正是基于上述的种种原因，企业核心业务更适合留在自身企业之内，即使存在成本劣势也在所不惜。但是，非核心服务的外包还是值得提倡的。例如，很多隐形冠军并没有自己的法律或财税部门，把类似这些非核心业务交给外部的专业公司。它们之所以会这样做正是因为术业有专攻，这些不构成其核心业务的工作可以交给更专业的人来做。

3. 研发

研发深度永远是公司商品的唯一性和竞争优势的根本所在。几乎所有企业都正努力在研发领域达到一定高度或者说达到非常优秀的行业创新深度。这里面有两个重要原因：第一是专业化的需要；第二是对知识产权的保护。高度专业化和精准的专注战略使市场中不会有其他公司对于相关专业领域有足够的知识储备来贡献有价值的东西。

三、全球开拓

摆在所有企业面前的趋势——加速的信息技术革命——带来经济的全球化，正在改变全球产业链。

成就中国制造过去辉煌的因素，如人口、资源、政策、出口等一系列红利，在中国制造“下半场”中将不再突出，新的经济引擎必将发生变化。很多人把人工智能、大数据等看作中国制造“下半场”的驱动力。在提升信息沟通效率、生产效率，资源整合效率上，人工智能、万物互联具有天然优势，在全球制造的“上半场”中已经显现出威力，但这不是中国制造升级的决定性因素，中国制造最大的引擎和驱动力仍旧取决于全球化战略的高度。

在某种意义上，专注战略使市场变小。对于市场占有者来说，聚焦细分市场带来的影响更为重要。即使是在一个很大的国家，它们的市场容量也可能很小。因此，企业还需要全球化成为公司第二个重要支柱，推动企业未来的发展。企业的发展无非存在两条路——深度与宽度。深度指的是企业的技术、产品，宽度指的就是市场。扩大宽度，也就是开拓全球市场。企业通过聚焦于一个精确的细分领域，活跃于世界各地，并在各个地区获得极高的市占比时，才能获得成功。

公司只有进入更广泛的世界领域内，才有机会成为世界市场的领先者。许多年前，只有大规模公司才有机会进行世界市场营销。贸易壁垒、烦琐的法规体系、履行商业合同的困难、资金和物流困难、不尽如人意的通信手段等，都让建设一种更加全球化的商业体系成为一个很麻烦和很昂贵的问题。但现如今，所有规模的大公司都有机会开展在世界范围内的市场营销。互联网公司在其中也做出了巨大的努力，而现代物流系统和金融体系的重要性也同样不能被忽视。

实际上，在一些隐形冠军的发展历程当中，企业全球化的路径在企业发展壮大初期就已经显现出来了。许多隐形冠军从一开始就在经营出口业务，并且从现在回顾过去，许多隐形冠军假如没有很早开始并坚持国际化，现在也不可能如此成功。

精：穿越周期而不衰专栏 3-3

福耀玻璃：国际市场开拓者

一、公司简介

福耀玻璃工业集团股份有限公司（以下简称福耀）诞生于中国福建，是目前世界规模最大的汽车玻璃供应商、财富全球五百强、中国十佳上市公司之一。福耀矢志为中国人做出一种真正属于自己的高质量玻璃，做好中国汽车制造业的重要配角，坚持“勤劳、朴实、学习、创新”的福耀核心价值观，坚定走独立自主、应用研究、开放包容的发展战略道路。

企业主要专营汽车玻璃和浮法玻璃，是中国国内目前最具规模、生产技术最高、出口量最大的汽车玻璃产品供应公司。依赖于中国国内对汽车玻璃存量市场的积极开拓，在过去十年间企业收入每年复合增长率均超过19%，净利润与收入增速同步，业绩增长颇为稳健。近几年来公司全球化战略转型，相继在俄罗斯、美国设立工厂，将目光瞄准海外市场。

二、市场开拓

福耀的国际市场拓展策略可总结为两个方面。一方面，利用国内低廉的生产成本，通过价格优势拓展国外市场；另一方面，不断地（尝试）在国外设置分支机构，以增进国内外联系和对市场变化的认识，在实践中学习，最后实现研产销全部都能够在国外实现的目的。利用低价开辟国外市场是自然而然的做法，但福耀仍然有自己独到的眼光。“福耀来到新的国度，必须学习当好‘配角’。”福耀董事长曹德旺就一语道破了福耀在开拓国外市场时的核心理念。

而且，美国福耀玻璃产业集团股份有限公司也通过不断尝试，在海外多个国家逐渐建立起多个研产销中心。而福耀也利用美国的销售处不断累积北美市场的信息，为日后重返美国发展做好准备。同样的，早在1997年曹德旺先生就访问过俄罗斯，他选择在俄罗斯先设立办事处，以增加对当地市场的认知，在14年之后才在俄罗斯建立了工厂。而经过现实与近距离的接触，福耀在迈向国际化的道路上虽然一路坎坷，但随着近两年在俄罗斯和美国的工厂逐步扭亏为盈，福耀摸着石头过河的国际化道路也慢慢走向了正轨。

人才国际化与人才本地化并重。福耀充分使用了国际化的中国人才。中国每年都有大批留学人员回国，他们在海外求学、交流时，对当地的人文、风俗习惯、科技发达程度等都更加熟悉，是中外文化连接的主要桥梁和纽带。福耀从国外的教育机构中大规模吸纳留学人员，促进了公司在当地的融入，也有力地促进了公司国际化策略的实施。而且，不管是在美国还是在俄罗斯，福耀都坚持吸收当地的人力资源，并进行本地化管理以解决因语言与文化所导致的沟通问题。福耀深感企业本土化是公司国际化的长久之计，所以还制订了为期三年的“国产化计划”，即用三年时间，让更多的美国工人走到企业管理人才和技术骨干的职位上，如开始实行以师带徒行动计划，3个月为一期，由国内的技术骨干带美国学徒。

福耀在国际化过程中成功的理念有许多，下面将阐述其中最基本，也最为重要的一些。

一是知己知彼。做好全面的研究，方可行稳致远。其核心，是要知己知彼，不打无准备之仗，特别是在一个陌生的国度、陌生的环境里，这么做显得格外重要。所以曹德旺出手十分谨慎，2014年才在美国大规模投资，距1995年的开始尝试足足过去了19年，而在俄罗斯投资方面，他也研究了 17 年。

二是多国本地化。制造业企业“走出去”的含义远远不只是将商品卖到海外去，还要促使企业融入世界各地的市场中，从工程设计到制造再到营销实行“本地化”，这样一方面能够增强商品在各地区市场的竞争性，另一方面又避免了各国政府对进出口商品的管制与控制。福耀以生产经营为先，在 70 多个国家加强国际市场与福耀的相互了解，等需求扩大才开始考虑建厂，建厂时积极雇用、培训本地人员，同时进行产品制造、管理方面的本地化，并针对不同国家、不同地区公司的特征，灵活地调整当地分支公司的架构、功能、人员待遇等，做到了在多国进行具有当地特色的本地化。

三、总结与发展

福耀在多年的事业发展中始终保留了较强的策略前瞻性，当其他同行还在盲目地进行海外拓展、只会用价格战搞倾销来抢占国际市场，并受到其他民族的排挤与管制而灰头土脸的时候，福耀以超前性的经营理念打开格局、稳扎稳打，逐渐在全球市场上站稳了脚跟。

（资料来源：笔者根据多方资料整理而成）

江梦婷．福耀玻璃国际化经营分析［J］．现代商业，2021（13）：38-40.

第三节　技术精通

技术之于隐形冠军的重要性已经不必多说，但如何保持细分领域内的技术领先状态，如何将技术成果转化为竞争优势，这两点值得隐形冠军们去好好学习。

一、突破核心技术

1. 什么是核心技术

核心技术是指隐形冠军给用户带来实质性利益的科技，其他的为普通应用技术。而关键技术通常对新生产的核心部件有直接的意义，主要表现在新产品的诞生、性能的提高、成本的下降等方面。技术优势产品具备的不可复制特性，是由公司通过对行业、市场和应用的深入洞察，和大环境下长期孕育而产生的，因此具有特殊的市场价值，甚至可以破解重大的市场问题。

2. 核心技术的特点

如图 3-7 所示，核心技术一般具有以下几大特性。

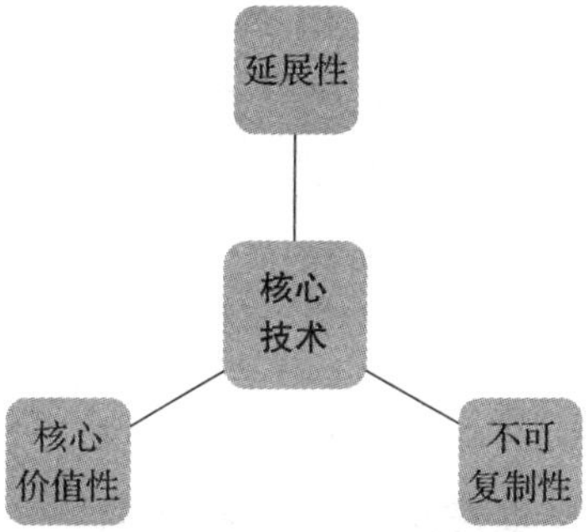

图 3-7　核心技术的几大特性

（1）延展性

科技资源是指企业经过较长时间积聚的一种先进的、产生巨大应用价值的科学技术和能力的集合，但并非一个个分散的科技或服务。核心技术是指一个公司能够开启多种不同类别产业潜在市场大门的技能，但毕竟公司最后交付顾客的是实际的商品，而不是单一的技术模块，所以科技支撑的产业领域也就直接决定着公司科技的终极价值，从而发展“未来的核心技术”，这就是许多隐形冠军的成功之道。

（2）核心价值性

只有核心技术才能够为企业带来实质性的利益。核心技术通常给产品的核心部件带来显著的变化，主要表现在新产品的诞生、性能的提高、生产成本的降低等方面。

（3）不可复制性

技术是公司其他具体产业的技术平台，是整个企业生产平台的基石。利用生产平台的往往是多个技术的集合，利用生产平台就达到了技术的终极价值，可以有效实现产业之间的技术资源共享，同时还有效地做到了对技术的保密。利用生产平台能够有效减少生产的成本、减少生产研发周期、提高产品质量。

3. 企业的具体措施

对企业而言：第一，应依据其所处的发展阶段，明确实现关键核心技术突破所需的核心要素；第二，应明确其复杂产品创新与技术突破的特征，采用多线产品共同创新，同时围绕产品或部件来实现关键核心技术集中突破的方法；第三，应重视领军人才、技术人才的引进与培育；第四，应重视“未来系统”的构建，以数字化系统实现对复杂庞大的企业集团的全面高效管理，以及对产业链和联盟组合的协同治理。

不过，尽管科技可以保证隐形冠军的绝对领先优势，但面对科技也要量力而行；从自身最具能力或最具潜在能力的生产环节深入发展下去，也同样可以形成绝对的竞争优势。在国内公司中，更应该提出科技上要以市场为引导，反对盲目的科技崇拜。对于隐形冠军而言，公司的发展尤其要以产品为引导，而不是全部以科技为引导，一定要追求核心技术最大限度地变现。科技是可以用来卖钱的，卖出去的科技才有价值。

精：穿越周期而不衰专栏 3-4

比亚迪：核心技术成就巅峰

一、公司简介

比亚迪，英文名称为 BYD，企业全名为比亚迪股份有限公司，总部设在中国广东深圳。公司目前已于香港、深圳两地上市。比亚迪是一家中国汽车企业，也是一家成名已久的充电电池生产商。目前已有员工超过 22 万人，公司营收和市值均超过千亿元。比亚迪本质上是一家科技创新公司，致力于用科技创新推动社会发展，助力实现“碳达峰，碳中和”的目标。比亚迪也饱受国内外业界的极高赞誉，并且连续六年当选“汽车行业最具价值中国品牌冠军”，是国内一流的上市企业。

二、核心技术

比亚迪的业务主要分为四大领域，分别是电池、电子、汽车和轨道交通，其中新能源汽车是目前该公司最热门的业务。而比亚迪新能源业务的蓬勃发展，离不开其在可再生能源车辆应用领域所拥有的众多技术。

IGBT（绝缘隔离栅双极型晶体管）是进行能量传递与转换的重要元件，俗称电力电子设备的“CPU”，它决定了车辆扭矩和输出功率。在此之前，IGBT 模块技术主要掌握在西门子、英飞凌等一众海外科技公司手中，使国内新能源汽车品牌受到严重制约。现如今，经过艰难漫长的技术突破，比亚迪已经拥有了自主研发而成的 IGBT 模块技术，也是国内唯一拥有完整 IGBT 产业链的车企。与此同时，对于比亚迪该技术的外供，目前国内 IGBT 市场海外科技巨头占据市场份额 81.4%，比亚迪市场占有率为 18%，具有较大的国产替代空间，市场前景明朗。

动力电池主要是为新能源车辆供应动力的蓄电池，不同于一般仅为车辆发动机启动的电池。动力电池主要是为车辆提供发动机的电源，是所有新能源车辆零部件中成本占比最大的部分，占据整车成本近 40%。2021 年 1～8 月，中国累计动力电池生产 111.5GWh，即便有这么高的产量，在中国清洁能源汽车领域高速增长的时候，动力电池的供给仍然非常紧缺。和中国其他清洁能源汽车公司不同的是，比亚迪有着专门属于自己的动力电池技术——刀片锂离子电池。刀片锂离子电池是指比亚迪于 2020 年发布的全新磷酸铁锂动力电池。但在此之前，因为许多企业为了要求更强劲的发动机和更长的续航时间，采用的都是能量密度较高而热稳定性却不好的三元锂电池，再加上中国清洁能源汽车自燃事故时有发生，中国清洁能源汽车的安全问题始终备受担忧。在此背景下，比亚迪成功研发出了续航与安全均可兼得的磷酸铁锂刀片电池，并经过一年时间验证，向全世界证明了其安全可靠性。比亚迪作为一个拥有前沿科技的优质动力电池厂商，已是新能源汽车整车厂所苦寻的优质资源。目前，比亚迪已经与特斯拉等同行业车企签署协议，执行刀片电池的外供计划，目前外供量仅占公司总出货量的 0.03%，拥有广阔的未来市场。

在汽车混动领域，比亚迪也有着自己的核心技术——DM-i 超级混动。比亚迪将旗下实现了世界上最高热效率的发动机作为中国混动车型的“心脏”，其 DM-i 超级混动科技的核心部件之一——骁云—插混专用 1.5L 高效发动机——可油可电的综合续航距离超 1245 千米，使消费者既能享受到燃油车的便利性，还能体验到插电混动技术所带来的超低油耗和超静谧的驾驶感受。

三、总结与发展

实际上，在汽车领域，相比于欧美国家从 19 世纪开始的悠久的造车历史，比亚迪乃至整个中国造车势力都处在一个“弯道超车”的状态。而

“弯道超车”所选择的赛道，就是新能源汽车。在中国，也有无数企业纷纷入局新能源汽车市场。比亚迪或许不是这一众造车新势力中知名度最高的那个，但有关新能源汽车的核心技术，比亚迪一定是掌握最多的，这也为比亚迪的稳定发展提供了重要保障。只要保持自身优势，相信未来比亚迪不仅能提升行业竞争力，还能带动整个行业一起发展。

（资料来源：笔者根据多方资料整理而成）

①章敬泰，甄文媛．比亚迪 DM-i：超级网红的“流量密码”［J］．汽车纵横，2022（1）：93-96.

②陈秀娟．比亚迪：携核心技术开启新征程［J］．汽车观察，2019（1）：76-77.

二、完善创新体系

创新不仅仅局限于技术和产品，还包括企业商业活动的许多方面。如图 3-8 所示，对于企业完善创新体系，大致可以从以下几个方面出发。

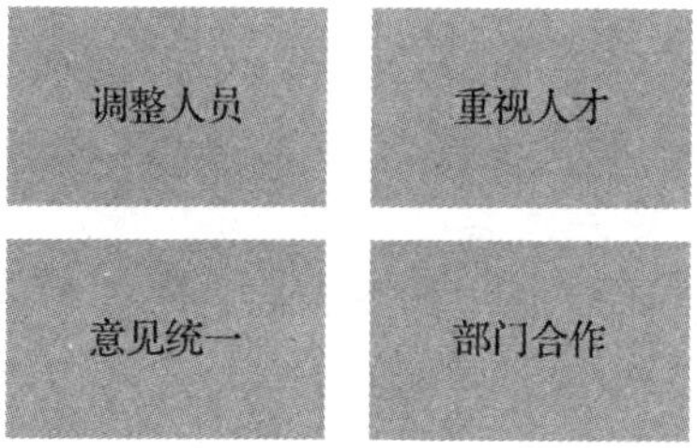

图 3-8　完善创新体系的几个方面

1. 调整人员

管理层也是创新的主要驱动力之一。经营者可以亲自掌管产品创新过程，这并不局限于公司的初创阶段或早期阶段，而是贯穿始终。这一点在专门制造单个商品的公司中表现得十分突出。哪怕是已经形成较大规模的多产品的企业，高层管理者介入创新管理也是寻常事。

企业经营者积极创业的先决条件，是对细节的深刻理解和长期以来对社会各种问题的了解程度。专注及对行业和科技的深入理解使其和顾客的密切关系、对科技的广泛认识变为可能。随着企业规模的增长和行业拓展，CEO 势必会越来越脱离具体的创新活动。公司有意识地通过分权式管理、分散化来应对这一趋势。这样，相对独立的各业务线负责人可以专注和深入他们从事的业务，并成为创新的重要推动力。

2. 重视人才

相比于其他企业，隐形冠军是凭借较小的技术研发资金和小规模团队实现创新的。大型企业倾向于“砸钱解决问题”，小企业只有有限的资金和较少的人员，必须精打细算。但事实证明，人数少的企业创新效率往往更高。创新力取决于员工的素质而不是人工的多少。一个人或少数几个人如何能把一家企业打造成一个细分领域的技术领头羊？答案就在于企业对于核心人才的重视和培养。在隐形冠军中，存在着许多倾其毕生精力致力于公司产品不断改进与再发展的科技专家，这一批人成为隐形冠军创新体系中的关键一环。

3. 意见统一

如果一个团队众志成城地往一个方向努力，那么企业的内耗会降到最低。战略成功的 90% 取决于落地实施，隐形冠军在这个方面优势明显。隐形冠军通常都比其他企业更加清楚自己的中长期目标是什么。持续的战略定位使它们更容易实施符合企业情况的创新战略。这一战略优势显著提升了企业效率，并且持续地扩大与竞争对手之间的竞争优势。

4. 部门合作

研发部门和公司内其他职能部门之间的协作对于公司成功创新有重要意义，尤其是与制造过程和营销流程有关的技术创新。

通常情况下，研发要靠近实际生产。同样的是，为使创新最大限度地满足顾客需要，技术创新和营销双方的协作同样十分关键。成功的创新需要研发、市场、销售、服务和制造部门非常紧密地合作，合作不顺利可能会对创新过程造成严重的影响。多数规模较小的公司其较粗放的内部分工与大企业相比在跨部门合作方面具有先天优势。

三、形成竞争优势

成功的企业能够创造并充分利用属于自己的独特的竞争优势。企业只有长时间地保持竞争对手无法比拟的优势，才能稳稳占据行业领先地位。

1. 什么是竞争优势

竞争优势必须满足以下三个条件。

一是对客户来说是重要的。

二是客户能切实感知到的。

三是保持不易被模仿的。

满足竞争优势的三个条件与竞争优势矩阵有离不开的关系。

如图 3-9 所示，竞争优势矩阵中包含大量信息，并且可以一目了然地看出企业的整体竞争优势。但在这里必须说明，这里展示的是绝大多数企业的竞争优势矩阵，不同企业的竞争优势矩阵会存在差别。

就以隐形冠军为例，隐形冠军的竞争优势十分明显。作为市场领导者，隐形冠军同时具备多项战略性优势。其中，产品质量、客户关系、按期交付、服务及经济效益这五个方面最为重要，因为这五个方面是客户认为非常关键的产品特征。同时，隐形冠军也具有高于竞争者的其他表现。除去以上这五个方面之外，隐形冠军在产品服务、系统集成和易用性等方面也遥遥领先于对手，只不过这些属性对客户的相对重要性较小。易用性是值得隐形冠军关注的一项产品属性，科技越复杂，客户对易用性的要求就越高。

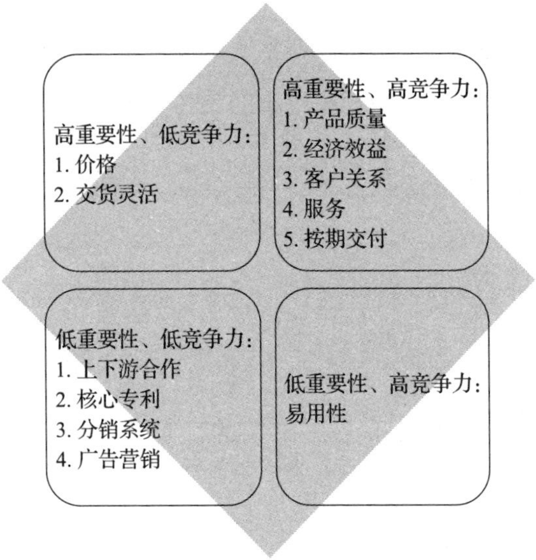

图 3-9　企业的竞争优势矩阵

2. 竞争优势的持久性

还是以隐形冠军为例。隐形冠军可以保持产品质量的优势地位，竞争对手无法对隐形冠军的产品优势构成实质性的威胁。在创新优势的加持下，隐形冠军的竞争优势同时也会进一步扩大。因此，许多企业可以借此拉大和竞争对手的差距。

许多人认为，隐形冠军的竞争地位正在日益受到更严峻的挑战，对此笔者不敢苟同，相反更倾向于认为隐形冠军在诸多方面的竞争优势反而变得更加牢固持久了。事实上，竞争对手比任何时候都更难以模仿隐形冠军的竞争优势。

3. 展现竞争优势

企业如果成为细分领域的翘楚，就难免会被外界寄予厚望。第一，人们都希望这位“世界冠军”展现出卓越的实力、精益求精的态度、开拓进取的精神，乃至于有人所不能的超人能力。第二，企业将有机会加入所谓的世界标杆项目中，并借机向世界展现其卓尔不群的领导能力。在理想状况下，企业会被视作能够交付标杆项目的唯一供应商，这对企业的宣传大有裨益。

因此，企业可以利用大量的标杆项目来展现自身的竞技优势。它们可以通过杰出的自身实力赢得标杆项目；而反过来，这些标杆项目又能给企业提供极好的宣传机遇，并印证这些已经被人们认识到的竞争优势，由此也将进一步给它们带来创新的机会。所以只要企业能够在竞争中维护好自身的优势地位，“实力—口碑—机遇”这种良性的循环就将一直延续下去。

第四节　发展精约

事实上，对于隐形冠军而言，发展核心技术，确定行业领先地位，只是企业发展的第一步。如何让企业的产业走向全球，企业是否需要收购或并购产业链相关企业，企业怎么面对资本的进入，都是隐形冠军需要思考的下一步。

一、收购优质企业

现如今，在商业市场中，收购逐渐成为常态，绝大多数的收购终将失败的偏见早已被打破。其实，这种偏见类似于一个“见光死效应”，并没有看到公司价值创造的实际。收购无疑是推动企业成长的重要机会，但成功与否在很大程度上取决于公司采用的收购方法和形式。

务实的并购是最稳妥的。市场调查研究表明，最成熟的收购方法是连续多次购买，一般一年最少进行一次，在十年内累计金额必须超过总市值的 30%，但任何一次买卖的总额都不能大于总市值的 1/3。

这种发现有着至关重要的意义，因为成功收购必须通过长期持续的交易培养相关能力，也必须通过实践逐步累积一系列能力。经过数年（常常会持续数年）务实的收购，公司将真正成为识别并购对象、精通商业谈判与整合艺术的行家里手。而实践次数太少的公司，即便面临着仅有的几次成交也很难做到。虽然俗话说熟能生巧，但我们的调查却表明，数量相对较少但规模却很大的成交常常会破坏公司的价值创新。

保持不断的并购能够防止“反思诅咒”。而且，它也能够提高企业自身的业务。但收购前和兼并后整合项目的能力并非与生俱来的，而是经过反复实践后才学会的。

精：穿越周期而不衰专栏 3-5

传化股份：全球纺织市场的成熟参与者

一、公司简介

传化股份，全名浙江传化股份有限公司，总部设在中国浙江省杭州市。公司创建 20 年来始终致力于纺纱品印花助剂的研发、设计、制造与应用，目前是中国国内最大的纺纱品印花助剂生产商。企业目前职工一千余人，其中大专以上学历过半，科研实力雄厚、生产系统完善、市场营销网络遍布全国。目前公司已在深圳股票交易所中小企业板上市，也同时是纺织品行业内的第一家上市公司。

二、海外收购

在传化股份一次并购的公告中，“强强联合”的表述惹人注意。作为国内纺织化学品龙头企业，传化股份的化工板块业务已是国内领军者，并维持着稳定的发展势头。

“此次试水收购海外优质企业，首先是传化自身发展到一定阶段，产生了通过一些收购整合快速提升国际市场份额和资源的强烈需求。”传化股份总裁周家海在接受 WZS 全媒体记者采访时表示，国际化是中国企业做大做强的必由之路，“在岸上学不会游泳，要下海才行”。

和以往并购案由合作中擦出火花作为起因不同，周家海透露，实力不弱的拓纳化学产品销售覆盖 75 个国家和地区，多年来均以传化股份竞争对手的身份出现，争夺订单。

据公告披露，拓纳化学是一个有限责任的私人公司，是一家总部设在荷兰的全球特种纺织化学品领先公司。该公司目前主要有三个核心的经营板块：纺织品加工解决方案——制造各种纺织化学品；数码印花——制造各类纺织品和地毯喷墨印刷所用增稠剂和助剂；化学品解决方案——生产种类繁多、广泛应用于制造业上的高性能化学品。

也因此，传化股份此次并购，不是大鱼吃小鱼，而是强强联手。纺织化学品领域的竞争至此已经走上了相对集中的道路，两家公司在国内外市场互有优势也各有一定的缺憾，联合才有双赢的结局。拓纳虽然业绩亮眼，但在亚洲市场的经营并不如人意。并且，其 30% 的原材料需要进口，成本比传化股份高很多。此外，拓纳化学此前的股东属财务投资者，传化股份则是战略投资者，更关注和支持其中长期内容培育。传化股份能顺利完成对这样一家经营良好的行业领先企业的并购，双方都希望未来能在战略上产生协同效应也是推动力之一。

此次并购案，从相中标的到发布公告，第一次“下海”的传化股份只花了 8 个月时间。双方签订了严格的保密协议，所有流程都按照国际并购的规则推进。世界是平的，互联网时代有多种交流方式。传化股份聘请了普华永道作为此次并购的第三方机构，同时在国内聘请了专职律师。

完成交割后，传化股份希望并购能为双方带来 1+1 大于 2 的最终效果，资源搭配，协同发展。公司未来在生产、技术、市场和战略方向上会有一些调整，但传化股份会充分尊重拓纳化学的经营者，在保证方向可控的前提下，为经营者提供最大的发挥空间。

三、总结与发展

并购只是一个开始，后期整合的顺利与否，才真正决定并购的价值。面对挑战，尤其是东西方文化的碰撞和交融，传化股份已经做好准备，并且很有信心通过后期一系列运营管理的整合，让传化股份并购拓纳化学成为中国企业收购优质外国公司的经典案例。

（资料来源：笔者根据多方资料整理而成）

申桂英．传化股份拟1.1亿欧元收购荷兰专用化学品公司［J］．精细与专用化学品，2016（24）：38.

二、对接资本市场

融资是所有企业战略中的重要支柱。稳健的融资是公司基业长青的重要前提，反之亦然。使用自有资金是最稳健的融资方式，但前提是企业能够维持高利润率。隐形冠军在这方面做得出类拔萃。隐形冠军自有资金比例相当高，在经济危机中可以提供足够的“弹药”。企业成长发展对资金并没有持续的高需求。如图3-10所示，本部分主要从三个方面介绍隐形冠军的融资事项。

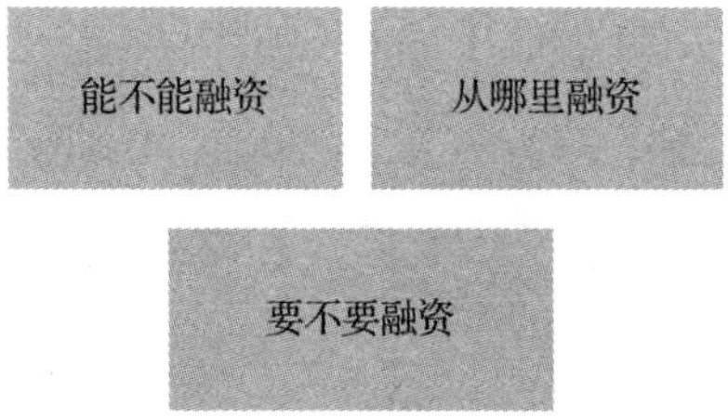

图3-10　融资事项的三个方面

1. 能不能融资

从长远看，一些企业一直保持高速发展并在未来仍将继续处在高速发展期，一般认为资金往往会构成公司发展的瓶颈。很多公司特别是一些年轻的公司认为资金是影响公司发展前景的稀缺资源之一。全球业务的拓展、全国营销网点的建设、研发活动的进行及产品设备的投入等都对公司的融资能力提出了更高的要求。在这些情形下，公司的融资能力在较大程度上决定着公司可以实施的策略。尤其是对于一些想成为隐形冠军的企业来说，融资能力可以有助于它们确立并保持市场主导地位，这一点至关重要。长期来看，对它们来说融资成本并不重要，企业能否获得战略发展空间才是最关键的。

2. 从哪里融资

隐形冠军在企业经营的各方面推崇自力更生，其中也包括融资。使用自有资金在过去绝对是隐形冠军最重要的融资渠道，将来也会是如此。大多数企业最重要的融资渠道都是通过企业本身的自有资金。相对而言，银行借贷的重要性明显下降了。与之相对，资本市场变得越来越重要。在过去，很少有中小企业会直接在资本市场进行融资；但在最近几年中，大量的中小企业选择在资本市场发债融资。很多情况下，资本市场的整体融资成本甚至比传统的银行借贷更高。许多企业选择在公开资本市场上融资的主要目的并不是获取更低的资金成本，而是降低对银行的依赖。

3. 要不要融资

许多企业对私募基金和上市这两种融资形式依然持有怀疑的态度（包括大多数的隐形冠军）。时至今日，我们还是发现许多企业的经营者对那些私募基金持怀疑态度。相对而言，他们更偏好于一些来自同行业或是长期关注相关产业发展的战略投资者。这一态度也正好体现了一些关注长远回报的企业与关注短期收益的私募基金公司之间在实质上的不同之处。下面的这段评论，正恰如其分地说明了这种潜在的不同之处："基金公司通常在入股五年以后才会选择退出，这与企业的长期战略是相违背的。企业长期经营的价值观和私募基金对于短期投资收益的渴望，永远站在了对立面。"

对于刚刚创立的企业而言，上市或者不上市一直以来都是个具有争论的议题。许多经营者所担心的上市带来的不良后果中有很特殊的一点，那就是面对客户及员工时的信息透明化。较好的利润，恰恰表明了公司并不依赖于某一项订单或项目；对于客户来说，盈利的供应商也更能保证供货的长期稳定。公告义务无疑是隐形冠军最头疼的由上市带来的副作用，这实在有违隐形冠军低调的调性。

平心而论，如果撇开上市公司的光环，用理性思维来审视上市的利弊，一些企业依靠其雄厚的造血实力及较高的自有资金率，其实不用指望上市。不上市的话，它的成长速度或许会比较慢一点，但相比于快速增长，公司的独立性就显得更加重要。从长期来说，新上市的企业的比例将越来越大。一旦企业增长到一定规模，上市是必经之路。

章末案例

新远科技

一、公司简介

新远科技，全名安徽新远科技股份有限公司。公司主体生产经营范围包括：研制、设计、生产、销售环氧树脂活性稀释剂系列产品、环氧树脂、融雪剂、印染助剂及工业副产盐等。新远科技是中国国家重点高新科技企业，全球著名的环氧树脂活性稀释剂服务企业。其母公司安徽恒远集团是中国国内固体环氧树脂工艺制造的重要龙头企业，拥有年产4.5万吨的固态环氧树脂工艺能力。新远科技目前年产约5.4万吨具有20多款自主知识产权的环氧树脂活性稀释剂制品，产品应用于复合材料、环氧硅烷偶联剂、油漆、胶黏剂、电工材料、电子罐封材料等多个应用领域。

新远科技主营环氧树脂活性稀释剂生产，是亚洲地区世界领先的环氧树脂活性稀释剂厂家，商品远销欧美、日韩、中东地区等国际市场。企业已连续承接了国家火炬计划、国家重大新产品开发、我国中小型企业技术创新基金等我国重点建设项目，以及高新科技产业化等多个国家级建设项目。

二、公司效益

在新远科技，很多商品的销售价格都是对手所无法企及的。也因此，在坊间便形成了新远科技是“产品价格杀手”的观点。事实上新远科技并非产品价格杀手，故意压低价格的公司也必然会变成行业的破坏者。而新远科技则是经过了不断的技术改造、技术迭代后，在工艺技术上大大降低了成本，并且还在产品价格上实行了“价值卡位”。一种产品要想持久地占有社会市场，必须防止新的竞争对手加入，所以制定价格战略就尤其关键。想进军稀释剂市场发展的公司，首先应该慎重考虑一下门槛，一旦比新远科技价格低就得不到利润，而产品价格高就卖不动。所以，采用适当的定价方式加以“卡位”，就会将大多数竞争对手拒之门外。

目前，新远科技常规产品销售的总利润率控制在5%～8%之间，而这些利润率已经超过了新远科技内外贸易总体利润率的50%。因此可以说，这是一个相对合理的利润率空间。而稀释液作为一种特别细分的商品，在世界每年的总需求量大约为21万吨。而新远科技在这一领域的年生产能力约为3.9万吨，占到了世界生产能力约两成；第二名和第三名则分别为泰国和美国的两个公司，而他们的生产能力相加也低于新远科技。如今，由于新远科技的稀释液系列产品已经远销欧美、日韩、中东地区等国际市场，因此新远科技下一步的发展战略重点会专注于稀释液生产，并且还将进一步开拓相关行业。毕竟，中国原有的环氧树脂领域已趋于饱和，而新远科技将在目前的发展规模下，实现不断的技术创新与升级。

三、海外发展

对众多隐形冠军而言，“走出去”“出海”是他们的战略目标，而海外市场则是一种具有无穷魅力的新市场。新远科技在这个方面当然也是志向高远。

十年前的新远科技，由于当时外贸部还没组建，所以只有一个人负责进出口行业的开拓。即使在今天，新远科技的外贸部也不足十人，而外贸部的产值却已超过了新远科技生产总值的三成。

新远科技的很多国外客户都来自全球五百强公司，他们带动了新远科技在管理理念、管控能力、生产技术、战略眼光等方面的提高，使新远科技在和海外公司签约后，供应链、物流、制造、物流管理等方面的水平都有了显著的提升。另外，新远科技的另一项成果是通过与国外企业不断沟通，准确获取市场数据，不但破解了市场的需求痛点，还激活了企业的产品创造思维；进而，促进了产品设计迭代，提高了盈利能力。

四、公司管理

在和众多隐形冠军交流时，人才一直是公司最紧缺的资源，没有之一。近年来，“技工荒”已变成中国工业发展的一个重要瓶颈，劳务市场上高端技术蓝领人员数量奇缺。

那么，新远科技是怎样在并不具有先天性优势的条件下引才、留才的呢？

首先，工资待遇等激励要落实。目前，新远科技职工的待遇一般是本地企业的 1.3 ～ 1.5 倍。城市企业赋予人员的巨大魅力，也远不只是工资待遇，还有各种资源、眼界、职业经验等根本无法计量的附加价值。

其次，为更多地吸引人才，新远科技设置了自身的人才培养梯队储备库（后备管理人员），但只有约 4% 的优秀者才能够加入这种梯队中。像很多公司一样，新远科技有自身的人员职业通道，包括工作人员分为经理序列、技能序列、操作序列，每个序列都有六个级别。而且，每位人员所在序列的薪资待遇都是公开透明化的，公司员工都能够一目了然地看到自身的职位与升迁路径。

再次，管理工作必须要“合乎社会人性”，而不是要求“改造社会人性”。新远科技的董事长程振朔特别强调这一条，是因为任何人都不愿意被管理、被掌控。一般而言，公司老板最高的权力是人事权和财务管理权，但在新远科技，任何管理人员都是非委任的，哪怕每一个车间主任都是经过选举上岗的，俗称为“赛马不相马”。而新远科技的所有主管职位都是三年一次任职，任期满后可以重新参加竞聘，但在同一个职位上的任职时间最多不得超过三次（九年）。

员工是社会服务者，而不是企业领导者，因此要建立和谐的公司文化。

最后，放下面子，就是里子。在新远科技的内部会议中，大家都要抛开面子，只谈实际问题，继而寻找解决问题的途径。

五、发展与总结

对于未来，新远科技有着“精准”的战略部署。新远科技定下的发展目标是到 2024 年，产值达到 50 亿元。但要达到这个目标，就必须有大规模的资金支持以整合行业中的相关资源。特别是对于精细化工这种资本密集型行业而言，IPO 上市无疑是促进公司做精做强、达成发展目标的重要动力。

新远科技，这样一个既能仰望星空，又能踏进实际的隐形冠军，想必也将同其他品牌那样，创新并继续致远。

（资料来源：笔者根据多方资料整理而成）

①安徽新远科技股份有限公司官网。

②佚名．新远新材料有限公司获毅达资本 1 亿元人民币投资［J］．热固性材料，2020（35）：17.

本章小结

本章将隐形冠军专精特新中的“精”分别从管理精细、业务精炼、技术精通和发展精约四个角度展开阐述。对于企业如何优化流程制度、提升业务水平、保持创新、拓展海外市场等问题均提出了指导性的意见，不论是对于目标是成为隐形冠军还是已经成为隐形冠军的企业，都具有一定的借鉴意义。

第四章

特：颠覆性创新+跨越式发展

学习要点

- 隐形冠军的几大特性
- 在细分领域企业应该如何行动
- 隐形冠军在市场中的特点
- 隐形冠军所具备的素质

特，是特别，是特点，是特色。专精特新中的“特”是隐形冠军赖以成功的根本。本章将从特色、特细、特高、特前四个角度入手，分析隐形冠军的特点及其发展历程的特别之处，使得新的隐形冠军以及想要成为隐形冠军的企业从中吸取经验，在所处行业中更进一步。

我们做每件事情，都要经得起时间和历史的考验。

——福耀玻璃工业集团股份有限公司

创始人、董事长　曹德旺

开篇案例

杰普特：激光“小巨人”

一、公司简介

杰普特，全名深圳市杰普特光电股份有限公司，总部设在中国广东省深圳市，企业已在上交所科创板挂牌。杰普特是一个由归国的留学人员参与设立并具有独立知识产权，集开发、制造、营销于一身的“国家级高新技术企业”，主要服务于开发、制造和营销激光器、激光/光学智能装置，以及光纤电子器件。该公司坚定走自主知识产权的路线，已申报了400余件发明专利及软件著作权。杰普特是我国第一家商用脉宽可调高输出功率光纤激光器产品厂商。杰普特也成功上榜我国第3批专精特新“小巨人”中小企业名录。专精特新“小巨人”这个称号由我国工业和信息化部审核命名，也是专精特新企业最高荣誉及最具权威的称号，显示出杰普特在先进制造领域的综合实力。自公司创建伊始，杰普特就肩负着“用领先的光技术创造价值并服务于人民”的使命，一直秉承“造就顾客，尊崇个性，崇尚优秀，协作合作”的公司核心价值观，继续探索进取、求真革新、诚实运营，为“做一个优秀的激光照明源方案供应商”的理想而奋斗。

二、发展背景

激光仪器，顾名思义就是能发出激光的设备。激光仪器的类型有很多，按工作媒介分，普通激光仪器又可分为气体激光器、固体激光器、半导体激光器和燃料激光器四大类。近年来又发明了自由电子激光器，而大功率激光器则往往以脉冲形态产生。

激光器相当于汽车中的发动机，技术含量极高，长期以来，该领域由欧美企业主导。在中国国内的激光器应用领域，国内厂家大多制造低功率激光器，高功率基本被海外公司垄断，因此杰普特自主研制了中国境内第一个商业化的高功率光纤激光器（MOPA 光纤激光器），成功突破了海外垄断，打败了日本的光学精密测试装置，取代了日本产品。目前，MOPA 脉冲光纤激光器出货量为世界第一，国内外市场占有率 70% 以上，杰普特成为联赢激光、大族激光、华工技术等激光装备生产公司的主要供货商。杰普特生产的激光调阻机，全国市场占有率第一名；光学精密测量设备，被美国 APPLE 选中，自此杰普特成为光学智能检测领域的隐形冠军。杰普特从 2006 年创立公司，到 2008 年推出第一台激光器，从实验室到量产花了一年多时间。试制过程中，最惨时一天烧掉 20 台激光器，每台 20 万元左右，但公司核心团队都没有失去信心。七年后，杰普特才开始盈利。杰普特这位“小巨人”，可以说是不鸣则已，一鸣惊人。

三、研发团队

自创立初期，人才结构就决定了杰普特是一家重人才、重研发的企业。从 2006 年黄董接触新加坡南洋理工大学的博士刘健（现担任公司总经理）后创办公司，发展到现在，公司共 1500 人，其中 40% 是研发技术人才，达到 600 多人，博士硕士近 70 人，成立了博士后工作站，公司可以内部培养博士后。杰普特每年用于研发的投入占销售收入的 10% ～ 15%，与华为的研发占比几乎一致，连续两年获得深圳最高荣誉——科技进步奖一等奖、二等奖，与华为交替排名。

杰普特的精英几乎都没有在公司工作的经历与经验，但都是在这个研究领域中的学霸，从学校一毕业就来到杰普特。正是这群人，通过第一性原理从物理学底层进行研究，拥有了强大的定制能力，掌握了在激光、精密量测、机器视觉与运动控制这四个方面的核心技术。相信拥有核心技术与高密度人才的杰普特未来能够成为一家伟大的世界级企业！

杰普特能够在深圳落地生根，诸多的海归博士愿意在这里实现人生梦想，与公司开放而有效的人才政策是密不可分的。此外，这些海归博士每年都有高额补贴，在满足了生活的基本品质要求之后，全力以赴研发出世界级的技术与产品成为他们心目中最大的梦想与骄傲。

四、公司发展

新冠肺炎疫情期间，对固态激光器的技术需求又有了一波利好，杰普特充分利用这一点，增加了固态激光器的生产能力，并完成了基础产品型号的工艺固化工作，进一步夯实了该生产线的后继发展能力。公司更于2020年第四季度引进了固体超快激光器技术，更进一步推动了激光器种类多元化的发展目标。同时，大功率光纤激光器的性能与质量也获得了市场的初步检验，其生产能力也随着惠州激光工业园的正式投入使用而得以高效提高，为公司继续开拓打下了基石。

杰普特受益于光伏、锂电、半导体、工业母机等新兴行业和领域的高速发展，在众多行业均成为“领头羊”。

光伏行业：杰普特为奥特维、迈为股份等光伏设备商提供激光核心部件，应用于开槽、裂片、钻孔。

锂电行业：杰普特的激光器已应用于锂电池极耳切割，其他激光器也得到了锂电制造头部客户的认可。

半导体行业：杰普特的激光器应用于半导体检测装备，进入这一领域的还有长川股份和精测电子，这一领域现有国产化率不足5%，成长空间巨大。面向正高速发展的硅光半导体行业，杰普特公司研发了硅光晶圆测试系统，并作为英特尔的供应商，将为其最领先的400G数据中心产品提供测试系统。

工业母机领域：未来国内传统机床行业的激光切割替代需求，将带来千亿级的市场空间。

光学智能/激光雷达领域：杰普特是APPLE、艾麦斯AMS、意法半导体的激光器供应商，还为全球领先的微光学解决方案公司艾麦斯AMS公司开发了VCSEL芯片测试系统，该产品将用于自动驾驶激光雷达。

“小巨人”杰普特专注创新，不断在研发上取得突破，核心激光器的研发管理工作已获得了重要进步，还在不断丰富基于核心优势产品MOPA脉冲光纤激光器研发的便携式激光清洗一体机。更多功率选择也使杰普特在该领域获得了市场领先优势。350W单模MOPA激光器商品已量产发售，500W多模MOPA激光器商品已获订货，2000W多模MOPA激光器商品已研发出样机，整体技术和销售额均领先于国内其他主要厂商。

凭借十多年的精耕细作，杰普特于2019年登陆上交所。其独立开发的MOPA脉冲光纤激光器，在国内外率先进行了批次制造与营销，有效弥补了国内外在该行业的技术缺口，主要客户有华工科技、泰德激光、联赢激光、光大激光等著名的激光设备厂家。公司已成为消费电子精密制造、半导体装备、光伏、新能源动力电池等领域不可或缺的“配套专家”。

五、总结与未来

近年来，激光行业总体需求持续增长，激光加工广泛应用于消费电子、新能源电池、光伏、汽车制造、被动元器件、半导体等多个行业的细分领域之中，得益于行业快速发展带来的红利，杰普特在多块业务方面均保持快速增长。杰普特在未来也将继续瞄准中高端应用场景，特别是紧跟产业的新增长战略，包括光伏产业的代表公司、新能源产业的供应链公司等。公司还将坚定“激光器+N”的产品定位方向：激光器＋脆性材料、激光器＋半导体材料行业，致力于把激光材料科技应用到更多的产业领域。

杰普特将秉承“激光光源”的产品定位，深耕上游技术核心激光光源工艺技术，着重破解重要激光技术物料与配件“卡脖子”问题。通过与3C、新能源、集成电路、半导体材质等重点产业标杆公司客户的深入合作，进行激光技术创新与产品“进口替代”，这家“小巨人”公司的前途一片光明。

（资料来源：笔者根据多方资料整理而成）

①林蔓. 杰普特：依赖大客户苹果 产品毛利率下滑［J］. 股市动态分析，2019（35）：38-39.

②中商产业研究院. 2021年中国激光器市场规模及发展前景预测分析［J］. 高科技与产业化，2021，27（3）：58-59.

第一节 够特色

企业要想成为隐形冠军，通常必须具备以下三大特性。

一、不可或缺性

一个企业想具备不可或缺性，首先就要进行系统集成化。系统集成本身是一个模糊的概念，内容包罗万象。用通俗的话来说，可以理解成是一个"全面的问题解决方案"。不管定义如何，如图4-1所示，系统集成的重要性日益提高毋庸置疑，这表现在许多方面。

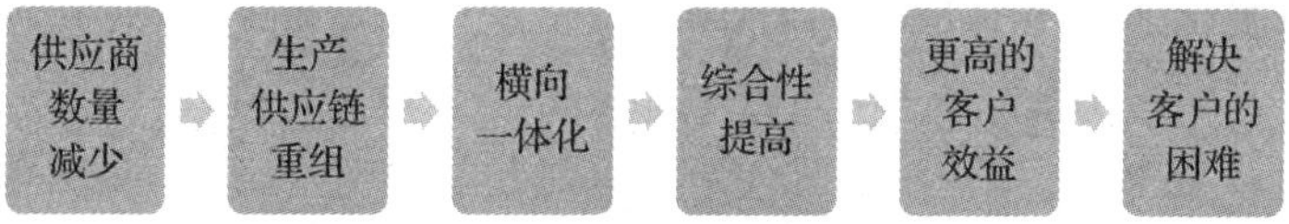

图4-1 系统集成的表现

①供应商数量减少：当用户需要厂商为其提供模块或是软件而并非单纯的产品服务时，就会发生供应商数量减少的情况，结果是供应链出现层级分化（一级、二级等）。位于供应链顶层的一级供货商必须可以提供集成化的生产体系。这种模式是现今汽车业的主导模式。在航空、机械制造、能源等领域层级化的供应链模式也变得越来越普遍。

②生产供应链重组：原来的生产型公司转变为单一的工程服务型公司，产品外包给其他公司。

③横向一体化：例如，一家手机制造厂商将业务拓展至芯片、电池、通信技术等领域，将公司的业务从产业链的其中一环拓展到整个产业链。

④综合性提高：这里的综合性有两重意思。一方面指由于软硬件融合而产生的更高的科技复杂度；另一方面指企业的科技溢出至其他的相关领域，综合性提高。

⑤更高的客户效益：隐形冠军可以通过优化并整合系统内各个部分，带来更高的客户效益。

⑥解决客户的困难。

系统集成能让企业覆盖整个价值创造链条，同时为提高客户体验和加强客户关系提供极好的机遇。因为，当一个客户从一个供应商处购买多种产品和服务时，相比于只购买单一产品的客户，他们已经很难去更换供应商了。进一步而言，对刚进入市场的企业来说，系统化行业的市场进入壁垒要比单一产品市场高得多。系统集成是一种对提升市场的进入壁垒和巩固市场领先地位十分有效的技术手段。此外，系统集成也似乎是行业头部公司发展的必由之路。而系统集成也对组织协调能力和企业综合实力等方面提出了高度的要求。通常情况下，头部公司比一些规模偏小的竞争对手更有机会获得应对复杂业务问题的力量。总而言之，系统集成或系统化的解决方案对于企业进一步巩固或拓展市场领先地位的作用是毋庸置疑的。

特：颠覆性创新＋跨越式发展专栏 4-1

立讯精密：苹果离不开的代工厂

一、公司简介

立讯精密，全名立讯精密工业股份有限公司，总部设在中国广东省东莞市，公司已在深交所上市。该企业是中国一家专注于接触器的研究开发、制造与营销的国家高新科技企业，产品销售重点运用在 3C（计算机、网络、网络消费电子产品）、汽车行业和网络通信设施等产业。目前，立讯精密的重点产品计算机接口的销售已经奠定了优势，台式电脑连接器产品的销售涵盖了全国 20% 份额的桌面计算机市场，并迅速拓展了笔记本接口的产品销售。公司现已研发出 DP、eDP、USB3.0、ESATA 等新型产品，并进行了销售。值得一提的是，苹果、华为等企业都是立讯精密的重要客户。立讯精密如今已是国内排行第一位、世界排名第八位的接头制造商。

二、不可或缺性

立讯精密成功打入苹果 AirPods 产业链绝非偶然。进入苹果产业链是很多工厂梦寐以求的愿望，在立讯精密成功上市后，开始大展拳脚，实行自己的并购布局。为向苹果提供相关业务，立讯精密已并购了好几家相关科技企业，包括高频通信连接线、Type-C 接头、精密连接器等配件制造商。

立讯精密首先进入的是苹果的配件供应链。早在 2011 年，立讯精密就已经有了几年的技术开发和行业经验，尽管对手数量众多，但依靠当时的技术实力，立讯精密成功获得了苹果的一部分配套服务代工订单，开始最主要做的是 MacBook 内部结构线、Pad 内部结构线、MacBook 电源线，以及 iPhone/iPad 的 Lighting 连接线等设备配套。很多人并不知道，苹果几年前的有线耳机 iPhone EarPods 就是立讯精密做的。立讯精密与苹果的这些配件代工合作为今后其进入苹果核心产业链奠定了基础。

从进入苹果配件产业链开始，立讯精密就遇到了配件产品的瓶颈，为了摆脱这个瓶颈，立讯精密做了很多准备——通过收购拓宽自己的市场。立讯精密进入苹果 AirPods 行业的关键点是在 2015 年，立讯精密通过并购苏州美特，开始进军声学行业。除此之外，立讯精密在研发上的投入也越来越大。

若要追溯立讯精密打入苹果AirPods供应链的主因，是立讯精密自身的学习性与发展性都特别强。立讯精密创办之初，便复制了富士康的成熟之道，并使立讯精密成功步入正轨。当立讯精密成功上市之后，便着手计划利用收购来涉足新领域、新科技和新产业。

除了立讯精密自身不断积累的实力之外，能够顺利进入苹果AirPods的主要供应链，还与苹果自己的产业链布局有关。基于把鸡蛋放在多个篮子里的道理，苹果有计划地培养自己的代工厂，不被某一家垄断，而与苹果有过合作经验并且本身实力强大的立讯精密自然就被苹果选中了。

三、总结与发展

立讯精密从无到有，从弱到强，从单一业务到多线业务。表面上看，立讯精密依靠的是行业发展风口，而真正依靠的，是踏实求进，认真做事的企业精神。纵观隐形冠军的发展历史，其发展轨迹和立讯精密的发展史很相似，就是一代代创业者都在摸爬滚打中使原来最薄弱的产业茁壮成长。就如同一家公司挺过艰难的创业初期一样，我国制造业也经过了最困难的空白初期，技术实力不断累积，工艺和装备也不断进步完善，如今中国已然成为世界上众多优秀制造商的选择。

（资料来源：笔者根据多方资料整理而成）

谢泽锋．立讯精密　中小板第一股的价值［J］．英才，2020（Z4）：52-53.

二、自主创新性

对于专注于一个领域的企业而言，科技水平是企业发展最为重要的保障。如果一家企业在细分领域内的科学技术遥遥领先，那么价值创造不在于生产，而在于创新和研发。客户看重企业在技术方面的领导力。一些隐形冠军为了能在将来保持技术上的领先地位，大约有40%的员工直接或间接地从事与研发相关的工作。

如图 4-2 所示，创新不仅仅局限于技术和产品，还包括隐形冠军商业活动的方方面面。

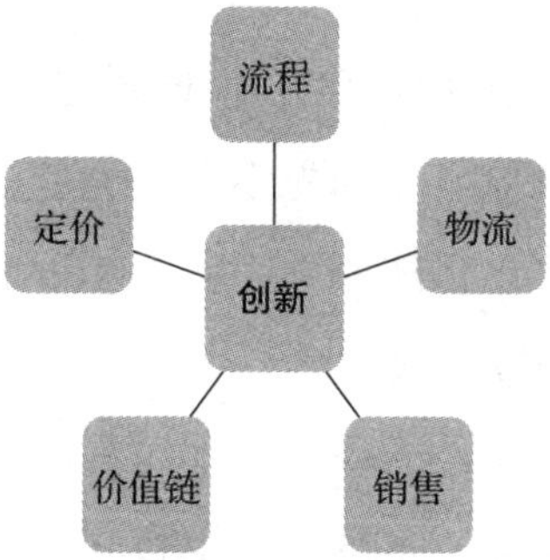

图 4-2　隐形冠军创新的几个方面

流程创新尤为重要。流程创新关注的重心不仅是成本，还涉及改善服务质量、减少响应时限、为顾客提供方便从而提高顾客价值的诸多方面。对很多隐形冠军而言，流程创新甚至比产品技术创新更为重要。虽然有些公司也是由流程驱动的，但是它们的核心技术力量却更多地在于对流程的持续优化上，而并非通过产品技术创新。

物流的改变也是一种能够减少客户成本的创新，并且在国际市场上成功的概率更大，相当多的隐形冠军成就于这些领域的创新或者借此实现业务的持续增长。

还有一些隐形冠军不仅在科技方面，而且在市场销售方面也具备很强的创新能力。它们致力于打造以客户为导向的组织，在此过程中摒弃了从前行业的通用产品目录，开发了针对不同行业的专用产品目录。这一转变使针对各个行业的沟通变得更有效，客户更加认同隐形冠军对行业的了解和专业性。如今，部分隐形冠军更进一步基于客户的历史购买行为和需求，为客户提供个性化产品目录。现代化信息技术的进步使这些解决方案无须太高的成本即可实现，互联网为类似的市场营销创新提供了肥沃的试验土壤。

创新还常常能够延伸至价值链。有的隐形冠军在大型建材市场里引入“店中店”的概念，目前已经有 700 余家这种形式的创新店铺。同期，在采用店中店模式的建材市场的销售额增长速度是那些没有店中店形态的建材市场的近 2.5 倍。

在提到创新的时候，人们通常不会想到定价，然而定价也可以有创新。吉祥航空是中国廉价航空业的先驱者，也是业内首家引入对托运行李额外付费的航空公司。许多传统航空公司也逐步采纳了这一定价策略，并且价格在过去几年中呈持续上涨态势。

然而，对于某些企业来说，设计也是一个很关键的创新方向。而怎样把功能与外形完美地融合起来也是一个很特殊的问题。对设计类的隐形冠军来说，它们的任务是将科技融入设计。

系统一体化同样也能带来巨大的创新业绩。对于汽车供应商领域的隐形冠军而言，这一创新系统能够打通照明技术、散热技术、气体动力学、行人保护及碰撞管理技术上的功能连接，在提高了客户效用的同时，通过简化流程降低成本。

简单化也是创新的一种，并呈现出多种形态。宜家家居的产品简单化使消费者自己就能把家具组装起来。这样既节约了生产成本，又降低了消费者的花销。尽管宜家家具的价格相比传统家具更加低廉，但是它依然实现了令人称奇的超过 10% 的毛利率。

上述例子表明了隐形冠军创新的多样性，以及创造的力量与方式的多元性和复杂性。一些行业领先者在过去数年内表现了其能力的强劲与持续，人们有足够的理由认为这个势头将延续下去。

三、路线独立性

“特”这个属性很重要的一个方面，就是路线要独立。隐形冠军就充分发挥了这一属性，因此这一部分的内容我们就以隐形冠军的视角来观察企业能够从哪些方面培养自身的路线独立性。当人们尝试去描述一家隐形冠军时，通常会用以下句式描述这家公司：该公司是 ×× 的专家。事实上，这句话就体现了隐形冠军的一个重要的特征——路线独立。

如图 4-3 所示，隐形冠军的路线独立性主要体现在以下四个方面。

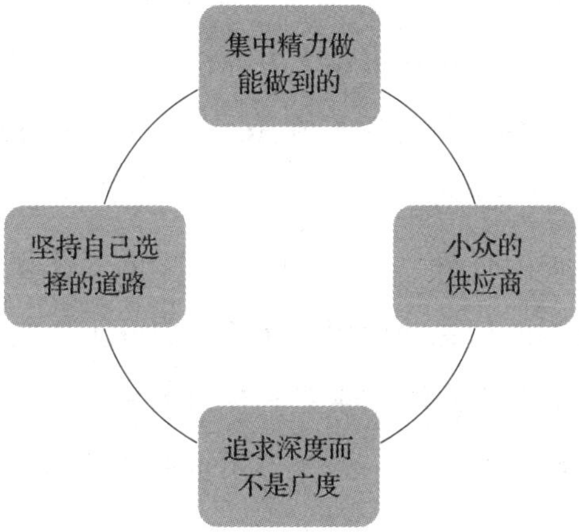

图 4-3 体现隐形冠军路线独立性的四个方面

隐形冠军通常是在集中精力做它们能做到的。集中专心和全球导向的结合是隐形冠军战略的核心特征。

隐形冠军最重要的核心之一便是追求深度而非广度，它们追求价值创造链的纵深，致力于服务窄应用市场而不是宽泛的大市场。

对于隐形冠军，我们通常会形容其为“专注于某个领域的小众供应商”。事实也确实如此，隐形冠军追求深度而非广度就决定了其只能服务于某一个特定领域。

对于隐形冠军而言，坚守自己选择的道路是毫无疑问的，这也是绝大多数隐形冠军的信条。然而规模较大的隐形冠军在其原先有限的市场中遭遇增长瓶颈时也会采用“软性”多样化。

甚至有些隐形冠军在创业初期是在刻意选择聚焦困难的技术。它们觉得简单、大众的东西并不具备广阔的发展空间，自身也不是很擅长处理简单的事情。但如果集中精力做困难的事情，那很可能在这一方面留给竞争对手的生存空间就十分有限了。

“路线独立”“专业专注”是取得市场领导地位的法宝，因为只有这样才能更好地贴近客户和市场，为客户带来更大的价值。

一般来说，专心与集中都必不可少，由此也可以说明隐形冠军对于自己的市场与专业领域的执着。而隐形冠军平均能领导市场 20 年以上。超过六成的隐形冠军上一次选择市场大方向已经是在 5 至 10 年前进行的了。与之同样，半数以上的隐形冠军早在 10 年前就已经决定了现行的基础技术走向。

对某个特定市场的坚持，反映了隐形冠军的专注程度与持久性。客户由此接收到一种强烈的信息，他们可能认为服务于他们的隐形冠军会继续将这项服务做下去。隐形冠军常常只有少量的客户，并且能长时间维持这种拥有少量客户的状态。选择一条人迹罕至的路走到极致，这就是隐形冠军最好的写照。

第二节　够特细

够特细，绝对离不开一个关键词——那就是“细分领域”。在一个细分领域中，一家企业是如何成为佼佼者的？本节将重点讨论企业的这一蜕变过程，并将这一过程主要分为三个阶段。

一、聚焦细分领域

通常来说，大企业靠规模经济统治市场，但产品容易趋同，缺乏创新，增长乏力。大企业若想深耕细分市场怎么办？就得换思维。因为做中低端产品的人，想的是如何降低成本；做相对高端产品的人，思考的是如何提高客户价值。所以，相比于各细分市场的隐形冠军而言，大企业要深耕细分市场，要用不同的产品满足不同群体的需要，这是十分困难的，而这正是体量相对较小的隐形冠军的优势。

对于刚刚创立的企业而言，资金体量较小，先立足于某个相对较小的市场，聚焦于某个特定的细分领域显然是更为合适的。另外，不仅是刚刚创立的企业会使用这一策略，许多在行业成名已久的隐形冠军也是这么做的。隐形冠军的全球市场规模分布如图 4-4 所示。

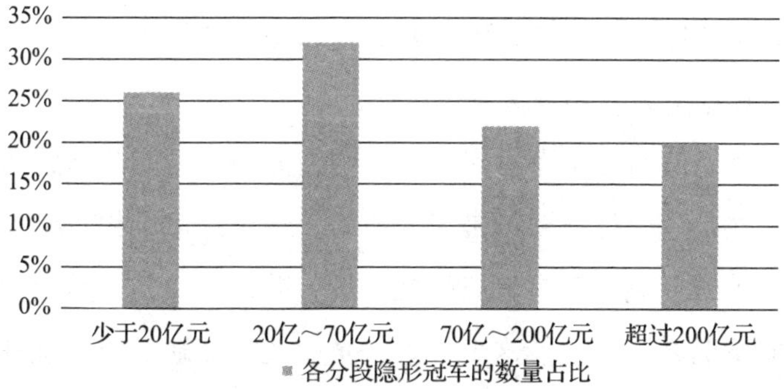

图 4-4　隐形冠军的全球市场规模分布

以隐形冠军为例，尽管许多隐形冠军的业务规模已经扩大了，客户规模发生了巨大的增加，但是超过半数的隐形冠军仍然是市场规模尚不足 70 亿元的非大型企业。相对有限的企业规模、研发人员及资金储备都让许多隐形冠军坚定地聚焦一个领域然后全力发展。

事实上，划分市场界限和评价市场规模都非常困难。市场概念通常并非一维的，而是多维的。因此，即便是隐形冠军，在企业发展的某些阶段也依然摸不清自己的定位，无法确认企业的注意力应该放在哪里。在成为行业内的领头羊之前，许多企业市场往往是很分散的，它会在不同的领域内遇到不同的竞争者。有些企业刚刚进入行业，虽然存在很大一部分竞争者，但它的实力已经足以成为这个行业的霸主。因此，企业想要着力于多个行业，在多个细分领域上多线并进是不够现实的。企业在战略上要进行差异化竞争，选择聚焦细分领域，在局部市场建立优势。事实上，对于许多企业而言，如今的现状是跟大企业比不了品牌，跟小微企业拼不了价格，中小企业要在夹缝中生存是一件很难的事，一定要聚焦细分领域，进行创新，形成差异化竞争优势。

聚焦细分领域，要有“春天播种，秋天收获”的心态。特别是在市场缩小的过程中，更应该进行持续性的人才培养和投入，要有足够的耐心。此外，企业要建立标准化的营销管控体系，形成可复制的经验，实现销售过程的标准化、流程化、可控化。中小企业往往在产品方面进行模仿复制，但这只是“形”的部分，更重要的精髓是内在的团队和文化部分，这才是企业最具竞争力的部分。

另外，由于市场开拓尚不完全，某些细分领域可能缺乏透明度。这在很多时候往往是一个优势，正是因为该细分领域的市场相对模糊，那么处于该细分领域的企业很容易就能掌握市场、贴近客户，这是企业在细分领域最理想的情况之一。凭借这个长处，企业就能在缺乏准确统计数据的情况下，准确辨识市场动向并做出及时应对。

特：颠覆性创新 + 跨越式发展专栏 4-2

利亚德：聚焦 LED

一、公司简介

利亚德，全名利亚德光电股份有限公司，总部位于北京市中关村科技园区海淀园，并在深圳市设有多个生产制造基地。公司已在深圳证券交易所正式上市。该公司的名字来源于其公司管理理念“利亚于德”，不仅将目标放于中国，利亚德同时希望能将其文化覆盖全球，致力于成就世界顶尖企业。利亚德主要经营 LED 产品，业务涵盖了 LED 产品的设计、制造、销售及服务，该公司也以技术研发与产品更新为根基持续发展。利亚德致力于搭建一个集文化、科技于一体的发展大平台以打造更好的商业模式。而凭借其优秀的业绩及在科技领域做出的创新，利亚德在国内获得了极高赞誉，曾多次获得奖项，是国内一流的上市企业。

二、聚焦领域

利亚德的主营业务覆盖了LED显示屏的智慧展示、VR视觉体验、文旅新产业等方面，而其中的智慧展示是该企业的专营业务。智慧展示方面的产品数量众多，包含了LED小间距电视、LED大屏拼接墙、会议一体机和LED显示器等。在VR视觉体验方面，该公司主要为其他VR应用产业提出解决问题的思路和方法。而文旅新产业也往往和夜游经济密切相关，主要业务在于提供旅游景点项目的灯光服务，解决客户的照明需求，以光电产品展示文化背景以吸引游客的关注，而这在一定程度上也和利亚德的主业智能显示相结合。近些年各级政府主导了诸多亮化城市景观的市场，相关的需求增长较快。利亚德借机承接了许多大规模的城市亮化活动，这也让利亚德在该板块收获了巨大的利益，成为行业龙头企业。从市场前景分析，利亚德占有很大优势。从LED大屏市场分析，由于公司成立时间早，在LED行业内算是领先的企业；在小间距LED市场上率先取得了技术上的突破；再加上启动资金充足，在已经形成寡头竞争格局的市场上，利亚德无疑处于主导地位。

除此之外，利亚德还具有一项行业顶尖的技术——Mirco LED技术。利亚德克服了Mirco LED最大的技术难题——巨量转移，也在其他诸如倒装芯片、驱动控制等地方取得了可喜的成就，进一步研发出了优秀的技术。目前，利亚德小间距电视的销售在国内乃至全球都处于领先地位，占有巨大的竞争优势。但目前的中国市场对中小间距商业屏存在着更多的新要求，涉及智慧城市工程、轨道交通、会议厅、生产控制室等诸多与人民生活密切相关的新型基建工程项目。在这样的大环境下，商业的发展也获得了巨大的动力。

三、总结与发展

利亚德无论从营收还是净利润来看都要超出业内其他竞争对手很多，其中利亚德的规模效应也为此打下了良好的基础，让利亚德获得了超过同行的巨大优势。而作为龙头企业，我们几乎可以预见只要未来行业欣欣向荣，利亚德也必将获得良好的机遇与发展。

（资料来源：笔者根据多方资料整理而成）

李兴然．利亚德：LED 产业逐步回暖　渠道下沉再渗透［J］．股市动态分析，2021（13）：42-43.

二、坚持细分领域

上文已经提到，当企业已经确定了自身所属的细分领域时，想要成为该领域的佼佼者，最为关键的一步便是进行差异化改进。差异化改进主要侧重于提升行业竞争力，在产品、业务甚至经营管理模式等几个关键的方面进行改进。差异化改进还包括企业赢得市场份额的手段，比如企业的定价策略，这虽然相比创新显得并不具备很大的吸引力，但依然是业绩改善的一种关键工具。

在这里，我们来看看一家传统的服装设计公司是如何进行差异化改进，从而扭转公司的颓势的，如图 4-5 所示，某公司差异化改进的步骤主要从以下三个方面进行。

该公司的第一步行动是整合零售渠道。公司利用旗下的品牌门店、大卖场、专卖店和独立网点等大量拓展零售网点。十年内，公司的门店数量增加了接近两倍，打通了所有电商渠道，并贡献了七成的销售收入。通过零售渠道，能够更好地掌控消费者和品牌相互交流的方式。零售的增加也实现了毛利率的提升，这主要归功于减少品牌对渠道的依赖性，减少直接面对零售店的中介商利益并且增加对批发商顾客的议价力量等。

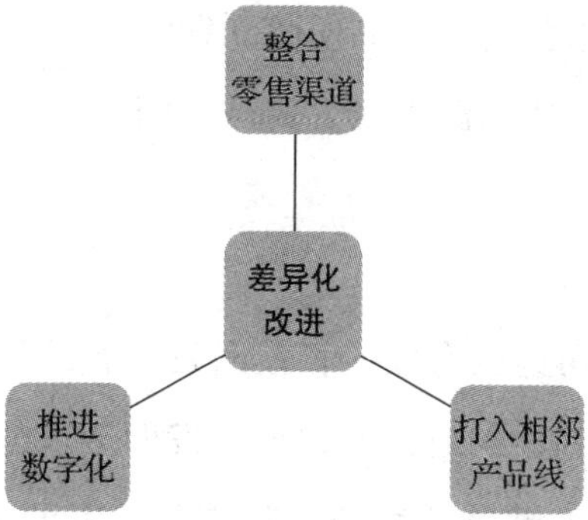

图 4-5　某公司差异化改进的三大步骤

接着，该公司又推动了数字化零售创业的风潮，致力于将社交媒体作为公司和顾客互动的重要工具。公司的主要目标是为品牌带来无缝连接的实体店与数字渠道的互动功能。

另外，公司还运用品牌优势打入相邻的产品线。十年前，配饰和童装仅占公司总收入的三成。十年后，这些品类产品对公司总收入的贡献已提高到了接近一半。此外，公司还成功引进了高利润的美妆商品，对公司总收入的贡献也已提高到了 7%。

要真正实现差异化并不简单，这在公司能够脱颖而出的所有细分领域都相当艰难，也时常令很多企业感到困惑与迷茫。即便在细分领域发现了能够从中获利的新技术、新趋势，将它落到实处也并没有想象中的那样简单。差异化要求着眼长期。那么，企业是否加强了差异化呢？可从以下几个角度加以分析。

如图 4-6 所示，加强差异化可以拆分为三个问题。

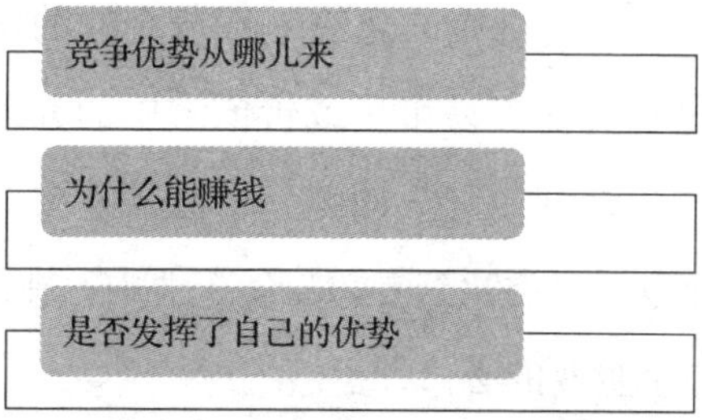

图 4-6　加强差异化的三个问题

竞争优势从哪里来？企业是如何赚到钱的？

公司的竞争优势主要来源于以下两个方面。

1. 技术优势

技术优势是在公司进行有效的科技研发创新的基础上实现的。技术优势一开始往往是公司创始人或技术人员的发明创造，慢慢到了公司发展后期，当技术研发创新能够给这家公司带来足够强的生命力或发展空间时，技术研发创新就变成了该公司的王牌——技术优势。公司竞争力的核心在于产品的技术指标领先性，只有这样公司才能在激烈的市场竞争中持续经营、脱颖而出。

2. 营销优势

对于另外一些公司而言，营销能力才是公司的核心竞争优势。这些公司的创始人，不管是以前的销售员还是经销商，都深深地感受到市场营销的强大推动力。因此，当他们自己创业时，往往会非常重视营销能力和营销优势的构建。毕竟在公司的基因里认为，一个产品就算技术上有很大优势，但是如果没有消费者愿意为此埋单，那还是一文不值。

那么，企业有没有发挥自身的优势呢？

当分析为何中国的综合性集团公司发展势头如此良好时，可以看到，这些公司的发展策略根本不同。他们会平均每 18 个月进军一次新的细分领域。大部分的时间都在进行并购，还有一部分企业的发展源于对某个行业的退出，而不是通过在其他交易市场或价值链中的并购。通过更深入的研究发现，每个并购过程都利用着集团某一个至关重要的能力，尽管这并不非常明显。这一方面也可以类比到专精特新企业中，在细分领域如何将优势转化为利润，是每一个企业的必修课。

三、引领细分领域

在做到了聚焦、坚持一个细分领域之后，想要引领该细分领域，其核心在于能否与该细分领域的客户保持紧密的关系。

就以隐形冠军为例，隐形冠军与它们的客户保持紧密的互动关系。有些隐形冠军提供复合的产品和配套项目乃至系统解决方案，这决定了它们向客户出售的不是流程化的产品，而是定制的解决方案。在定制过程中需要与客户进行深入和充分的沟通。与个性化需求和销售目标相配套的是直接营销的方式方法。与客户保持更广泛持久的合作关系当然是最明智的选择。出于类似的原因，隐形冠军偏向于利用本国的子公司而不是进口商和代理人来发展国外市场。直销模式也是隐形冠军与消费者之间保持关联的主要方法，这不仅给它们提供了方便，还能够共同获取大量可用的消费者反馈信息。

良好供应关系的体现如图 4-7 所示。

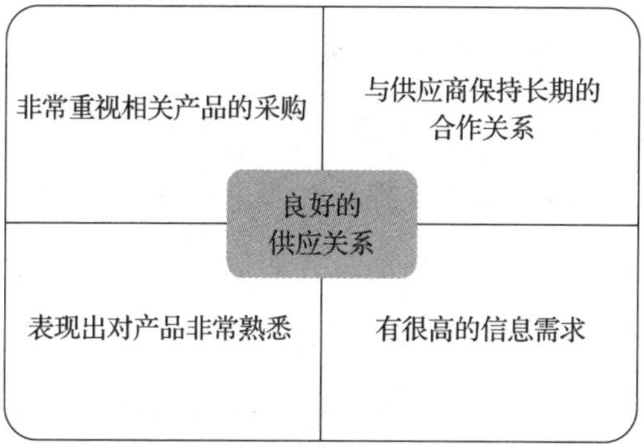

图 4-7　良好供应关系的体现

大约有 2/3 的客户：

①非常重视相关产品的采购；

②与供应商保持长期的合作关系；

③表现出对产品非常熟悉；

④有很高的信息需求。

对于隐形冠军的客户而言，定期购买与一次性购买两者所占比例大致相同。原因在于隐形冠军覆盖的产品线非常长，从需要定期购买的产品到极少购买的资本货物。这种多样性也体现在产品的使用寿命上。几乎一半的隐形冠军所提供的产品使用寿命超过 10 年，只有 13% 的企业销售纯消耗品。

一个行之有效的做法是去中心化的组织结构。许多隐形冠军由多个部门组成，有时甚至采用独立法人的形式，由每个分子公司分别专门服务一个特定的客户群。在组织设计方面，这些相对独立的部门或企业基本上都能够实现自立，并具备一个公司的大部分职责，如开发、制造和营销产品等。这样做的主要目的就是拉近和顾客间的距离，从而使公司全部的资源都用于满足顾客的需要。去中心化在组织内部可以下沉到项目层级，即以一个相对独立的小公司的经营方式来经营一个项目。每个项目经理需要具备一家企业管理者应有的所有能力。每个新项目都会成立一个项目组。项目组的运行方式与一家小公司并无差别，每个项目组成员都对项目全局了如指掌，从而使企业可以与客户建立特别紧密的联系。

最后，迎合特别严苛或者困难的客户的要求，换言之，以顶级客户为导向。这类客户总是特别苛刻，提出最高的要求并迫使供应商不得不持续提高自己的产品和服务质量。然而，顶级客户同时也是最好的背书人。隐形冠军要把公司奋斗的目标明确为成为目标行业领域中所有顶级客户的供应商（无论客户身在何处）。如果一家供应商能够向行业顶级客户持久供货，让世界上最苛刻的客户满意，那它要征服市场中的其他公司就变得容易得多。和容易满足的客户不同，挑剔的客户从不满意，总是需要更好的商品和服务，而这也正是促使公司持续向前发展的原动力。从这个意义上来说，顶级客户是隐形冠军的创新伙伴。

要想在细分领域保持领先地位，就需要得到顶级客户的认可并与之长期合作下去。以顶级客户为导向，企业才能引领整个细分市场。

第三节　够特高

在市场竞争中，隐形冠军一般具有以下三大优势。

一、高利润

在介绍隐形冠军高利润率的特性前，我们先来讨论一下市场份额与利润率的关系。

市场份额和利润率之间是存在因果关系还是仅仅只有相关性，众说纷纭，但笔者认为市场份额和市场领导地位本身并不重要，重要的是它们是优质的还是劣质的。这个概念可以用图 4-8 来说明。

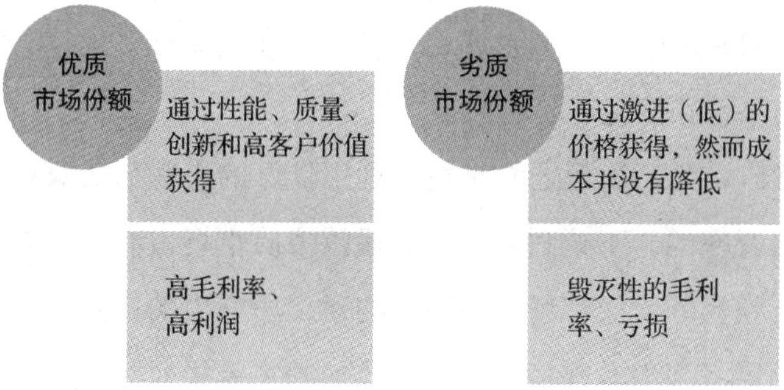

图 4-8　优质和劣质市场占有率

优质的市场份额是那些通过卓越的性能、品质、创新和服务而“赢得”的市场份额。市场主导地位并非通过不惜代价的降价取得的，而是通过增加顾客价值实现的。在这期间，企业往往可以保持“健康”的毛利率，甚至有可能进一步提升毛利率。形成鲜明对比的是主要依靠降价和诸如特价促销活动等各种变相降价实现的劣质的市场份额，与此同时又不具备低价战略所需的成本优势——这是一个决定性的条件。劣质市场份额只能依靠短期不切实际的降价获取，无法长久维持，同时它也会造成长期收益下降，但更有可能的情形是产品价格导致损失——产品价格相对成本而言过低。但是值得注意的是，低价本身不构成劣质的市场份额。如果一家企业能够以低成本为前提实施低价战略，维持健康的毛利率，那么它获得的也是优质的市场份额。

那么，企业在这种情况下是如何应对的呢？既然企业不能通过低价或侵入性的产品价格战来占据交易市场，只是以优异的产品性能获胜，那么公司只能在产品、技术、服务、品牌等方面做文章。就拿隐形冠军来说，根据我们的经验及与企业经营者之间的交流，我们可以推测隐形冠军在通常情况下可以有 10% ～ 15% 的价格溢价。而特别强大的隐形冠军所能够要求的价格溢价甚至还会更多。隐形冠军能够比竞争者拿到更好的价格，因为哪怕是在最强势的顾客面前，它也同样拥有不可小觑的议价能力。所以，隐形冠军的市场占有率大体上都是良性的，即拥有较高收益的市场占有率。隐形冠军不仅是市场发展领先者，同样也能够实现较高的市场发展价值，其结果也必然是丰厚的回报。

我们可以认为，隐形冠军是通过利用良好的表现形式取得市场主导地位和市场占有率的，不顾利益获得或保持劣质市场占有率的做法往往是被隐形冠军所抛弃的。而市场领袖地位的建立所凭借的则是公司建立在市场基础之上的经济实力，并将盈利作为公司的主要经营目标。假如人们同时看到了营业收入与市场地位的变动，就会看到隐形冠军发展得特别好。它的经济规模明显变大，且发展势头强劲，从而提高了自身相对于强大对手的优势地位。

二、高市占比

对于市场占有率这一定义各企业有许多不同的认知。那么，应该如何定义市场领导地位呢？行业领导者地位的确立又是由什么因素决定的呢？对于这些问题，都有两个相同的答案——一些人觉得应该取决于市场销量，而一些人觉得是销售额。目前而言，企业应该更注重于价值维度的市场份额，从价格导向的角度来观察市场领导力。这和过去通过销量来界定市场主导地位的普遍方式截然不同，这两个维度之间是有很大区别的。

特别有意思的是，隐形冠军对市场领导者的理解已经超出了简单地对市场占有率的关心。事实上，隐形冠军绝不仅以高市场占有率来界定市场领导者，还同时重视高市场占有率背后的内涵与因素。它们都相信自己首先是在技术和品质上的国际市场领袖，而销售额和销量则是次要的。国际市场领袖首先必须有新技术开发和产品品质等特质。由此可见，隐形冠军国际市场领袖的基础就在于长期优势。

隐形冠军市场规模的扩大，尤其是随着全球化的迅速增长及其在有关领域的拓展，都超出了人们的想象范围。隐形冠军在这个变化更大的世界市场里不但站稳了脚跟，还明显拥有了领先地位。这种情况表明，隐形冠军的市场地位大大增强了。我们觉得最关键的因素还是持续创新，关于这一点我们已经在第三章具体展开过讨论。隐形冠军坚持不懈地维护、巩固了其市场领袖的地位，并用此证明来自各地的竞争者都无法对它构成威胁。

市场占有者的策略核心就是统治市场，这也是一般企业所无法模仿的。占有某个市场，最安全的方法就是从一开始就自己创造这个市场。理想的市场状况是，这样一个市场之前并不存在，只是当新的商品诞生以后，它才随之出现和释放出活力。而且，还需要更长期地维护商品的唯一性。所以，一定要避免同类品牌的出现和模仿，以及持续捍卫和提升产品的竞争优势。如图 4-9 所示，有多种不同的方法可以保持产品的独特性。

此外，还必须刻意地限量供应产品。众所周知，不少奢侈品品牌均遵循这一方针。事实上，许多细分领域市场占领者不得不克制其增长潜力，独特性的最大敌人就是销量扩张太快。

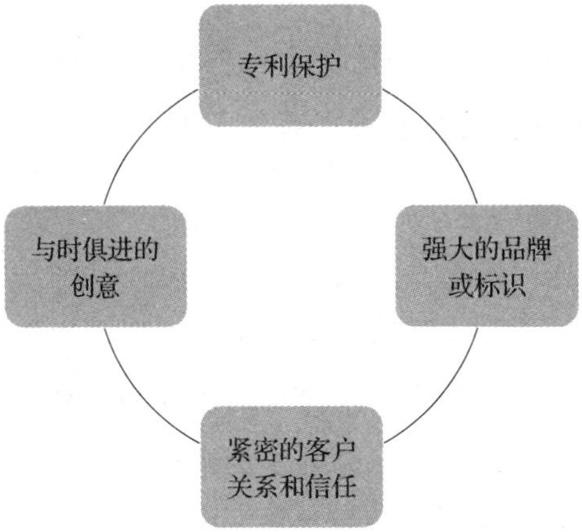

图 4-9　保持产品独特性的多种方法

市场占有者的关系营销战略也值得人们学习。它们一直竭诚服务企业的忠诚顾客。这些企业往往有着忠诚的消费者群，即使企业要给产品提价，消费者群里的成员也会持续购买。长久成功的市场占有者往往是足够明智、专业、稳妥的，可以帮助或维持住企业的客户。这对其他企业来说是有参考价值的，因为细分行业有的时候会影响企业增长的能力。企业在规模和深度之间的选择有点像“鱼与熊掌，不可兼得”，而企业完全掌握的细分行业则绝对是企业挡住竞争的最有效的保护伞。

特：颠覆性创新 + 跨越式发展专栏 4-3

海康威视：安防领域的“绝对领主”

一、公司简介

海康威视，全名杭州海康威视数字技术股份有限公司，总部设在浙江省杭州市，公司已在深圳交易所上市，是一个中国安全软件产品销售和业务解决措施供应商，具备业界遥遥领先的自主技术与可持续开发能力。其主要供应摄像头 / 智慧球机、光端机、DVR/DVS/ 板卡、互联网存储器、视频综合服务平台、中心人力资源管理软件等安防产品，并面对金融、公共安全、电讯、交通运输、司法、教育、电力、水利等多个服务行业，推出适合的细分软件产品和专门的业务破解措施。

二、占领市场

海康威视能够占领市场主要有以下几个原因。

一是国内安防系统建设处于快速发展阶段，后续需求较大。安全系统的主要功能为事前预防，即震慑和预防犯罪活动，并协助事后调查取证。国际上对安全产业普遍具有很大的关注度，并且近十年来由于威胁、意外事件不断出现，对于安全的要求也在不断提高。曾经，传统安全企业主要集中在欧美国家，而新型安全企业聚集在东亚。传统的安全巨头企业，均是综合型安全公司，服务型收入占比高；但在中国，安全行业服务型收入比例却偏低。现在，在全球的视频监测领域，中国安全产品占有率已突破了 20%，而海康威视通过几年的不懈努力，在世界安全领域中的排名已逐渐提高。而由于中国经济快速提升以及人口基数较大，安防产品需求较大，市场的增长空间也较大。

二是产业政策扶持龙头企业发展壮大。安防视频监控也是中国当前的电子信息产业发展重点之一，目前我国已经颁布了许多扶持政策，其中最主要的就是《中国安防行业“十四五”发展规划（2021—2025）》（以下简称《规划》）。《规划》提出，到“十四五”时期实现安防行业的高速增长，其中安防视频子行业增速有望超过 20%，实现产业规模翻一番的总体目标。因此，海康威视加大了对重点中小企业的科技扶持与指导，帮助一些骨干企业向产业链上转化，培养一些公司作为行业技术发展的领军人物与主导力量。海康威视作为安防视频产业的龙头企业，优先受益于政策的扶持。

三是寡头竞争模式有利于公司发展。近年来安防视频中高端产品市场完成了一个洗牌的过程，产业集中度大幅提高，形成了海康威视和大华股份两家公司寡头垄断的市场格局。据我们估算，在大型重点项目中，两者的份额比例合计在50%左右。行业龙头企业不断加大研发投入自主，并向综合解决方案提供商转型，技术实力越发雄厚，且重视品牌培育，因此盈利能力高于普通业者，市场集中度再次向两家公司集中。另外，目前两家龙头企业之间是一种竞争合作关系，这种关系有利于双方市场地位的进一步巩固。

四是迅速抢占前端市场，占得先机。按照产品来分类，安防视频市场可以细分为前端市场和后端市场。目前，在后端市场，海康威视已经和大华集团一起构成了寡头垄断的局面，议价能力较强，但市场份额相对固定，收入增长主要靠行业需求增长。而前端市场目前还非常分散，各家公司都在抢夺市场份额。近两年，海康威视依靠自身的龙头地位优势以及技术优势，大力发展前端产品，在分散的前端市场已抢得先机。

五是行业壁垒较高，公司技术优势明显。目前安防视频监控系统已实现从第一代技术向第二代技术的过渡。第一代视频监控系统是以VCR为代表的闭路电视监控系统，但因为其使用了视频电缆的模拟方式传送，且一般传播距离也不会太远，因此只适用于小范围监视，已经难以满足市场需求。第二代技术则是以DVR为核心系统。相比于第一代，DVR核心技术的优势是将模拟视频信号数字化并储存在设备中，这就带来了记录时间长、节约成本等诸多优势。但此项技术要求较高，也就意味着目前安防视频行业的技术壁垒较高，可以有效阻止小企业瓜分市场。

三、总结与发展

未来，海康威视前端产品销售收入占比仍将增加，而前端产品销售也将成为企业未来的主要增长点。从需求面上看，发达国家前端、后端产品的比例通常为3：1，虽然近三年公司前端产品销售得到了飞速发展，但比例却仍旧较低，略高于1：1。从这个角度来看，即使未来后端市场无增长，前端市场仍旧有较大的需求空间。公司也将利用自身的技术优势和先发优势，抢占前端产品的市场份额。海康威视作为安防领域的佼佼者，各方面都非常出色，如果公司能够抓住新一代技术的机遇，不断升级产品，保持现在的高市占比，相信在安防领域能再上一层楼。

（资料来源：笔者根据多方资料整理而成）

代文佳．海康威视成长性的案例研究［D］．沈阳：沈阳工业大学，2021.

三、高抵抗力

我们很容易看到隐形冠军具有很强的抵御风险能力，即使是在新冠肺炎疫情的影响下，受到的打击也相对较小。在技术创新中取胜，在细分领域掌握了绝对的话语权，都将使隐形冠军企业具备更大的经营弹性和对抗风险的实力。

隐形冠军企业的本质特征让它们在对抗风险的能力上会更强。隐形冠军具有韧性的三大原因如图4-10所示。

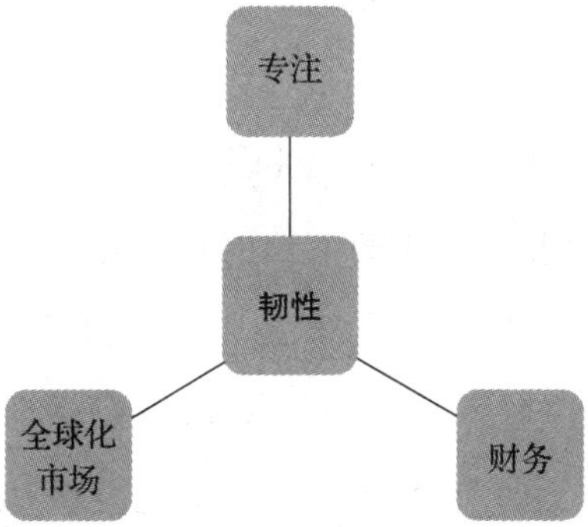

图4-10　隐形冠军具有韧性的三大原因

首先，小公司自身的特点就是专注、公司抗风险的能力很强，但是易守难攻加上小公司的所属行业市场范围并不广，而且一般都不是大公司来颠覆，如果更小的公司追不上或者大公司也看不上，那小公司的优势地位将会更加稳固。

其次，财务相对稳定。它们通常不会做非常冒进的投入，更多地依靠自己的资本来实现发展，杠杆比率相对降低。我们曾了解了中国隐形冠军受新冠肺炎疫情影响的发展状况，发现它们只是在销量上会受到影响或者只是会发展速度放缓。这些公司如果不会发生资金流紧张的状况，在疫情过后将会迎来全新的发展机遇。

最后，由于全球性金融市场让隐形冠军企业的资金相对容易转移，而它们所面对的市场风险也会相对转移，所以一个地方出现的经济危机也并非全部致命，因为它们通常都能够很迅速地恢复。

在疫情背景下，隐形冠军又该怎么应对？笔者相信，假如隐形冠军原来的全球化基础比较好，那么在下一阶段仍是可以占据主动的。公司必须做出的更多是重新调整结构、权重和调配资源的比例。企业做到极致的时候，实质上更专注的是服务用户，而不是与对手竞争。

重要的洞见并不总是关乎宏观大势或重大颠覆。日复一日地为客户提供服务并及时响应他们的需求，是面对趋势的最大挑战之一。长期的胜利可能是因为正确掌握了产业发展趋势，保持了灵活性，适时地抓住了机会并合理调整了资源，而且比竞争对手动作更快。

隐形冠军需要选对区域、客户群和微观细分市场，并要重新分配企业当前的内部资源，以把握差异化的增长前景与趋势。

老牌的隐形冠军能否存活下来甚至走向更加繁荣？奥秘究竟是什么？其中一点就在于它是不是能够认识和突破传统公司墨守成规的管理模式。而这往往需要公司有远见卓识，而且乐意及早积极地采取行动，即要在形势还没有明确之际就着手行动。多数公司都由于担忧其核心业务受挫，并不会想方设法地为顾客创造全新的商品和服务。因此由于动作太快而死亡的企业非常罕见，而由于动作太慢而死亡的企业却经常见到。

第四节　够特前

已经成为隐形冠军的企业，通常具备以下三种能力。

一、制定行业标准

专精特新企业有一个重要的特征是企业能够参与行业标准的制定。因为专精特新企业所处的各个细分领域中产业发展尚未完善，一般而言还没有一个统一的全国性的产业行业标准。因此在这些行业里，大部分的行业标准都是由该细分领域的几个领头企业共同制定的，而这些企业的领先技术就是它们的优势。故对于想成为专精特新的企业来说，参与制定行业标准是企业进阶发展的重要目标。

如图 4-11 所示，隐形冠军对于行业标准的制定主要分为三个阶段。

图 4-11　隐形冠军发展的三个阶段

第一个阶段，创建企业标准。

在有些领域，因为种种原因技术标准缺乏统一，又或者产生了创新性的产品的一些特殊应用领域，就不可能有现成的行业标准。从某种意义上说，抢市场就是抢行业标准。企业要是新市场或者新产业、新品类的开拓者，就必须抢先建立新技术标准，让后来者和模仿者面对标准壁垒。

抢先树立企业技术标准，最主要的意义就是通过树立技术标准，擎起业界旗帜，引导产业发展趋势，同时也是在消费者心目中抢占行业领导者形象。

第二个阶段，促进国家标准制定。

产业和品类发展到了一定阶段，产业必将标准化，而国标也必将制定。国标凭什么出台？借鉴外国标准，又考查国内实际情况，是目前国家标准出台的大致依据。不用说，行业标准的出台对于行业内的领军企业尤为有益。领军企业往往因为领先而有条件地主导或者能够负责行业标准的出台工作，把原来自己的企业标准变成国家标准。

第三个阶段，超越国标标准。

国家标准是隐形冠军所必须遵守的最低标准，达到国家标准水平并不是什么可以炫耀的事情。不过，实际中的很多企业却将其标准视为最高要求来实施，因为它们将标准的最高门槛当作了“免死金牌”，一股脑儿地在低端低质国际交易市场上压生产成本、拼产品价格，而从不去试图用标准化、优质、高价值赢取消费者市场。这恰恰是机遇。当大家都以达到国家标准为荣时，隐形冠军却经营公司的更高标准。差异化就是竞争的第一大法宝。标准化才是最合理的差异化，谁第一个用世界领先的标准制造高质量的商品，谁就能得到广大消费者的信任，就能在商场独占鳌头。

从某种意义上讲，标准比科学技术自身更关键。掌握了标准，就有话语权，就有主动权，也就具备了更强的竞争性。

如图 4-12 所示，企业参与制定国家标准和行业标准的意义和价值有以下几点。

1. 提升战略和形象

近年来，不少企业意识到了积极参与国际行业标准制定的意义，以及行业标准对企业形象推广的重要意义。它们由此达成了合作共识：一流的企业做规范，二流的企业做品牌，三流的企业做产品。标准能够更有效地避免无序竞争，从而淘汰不符合标准的公司，提升公平竞争门槛，从而提高公司在整个业界的声誉。

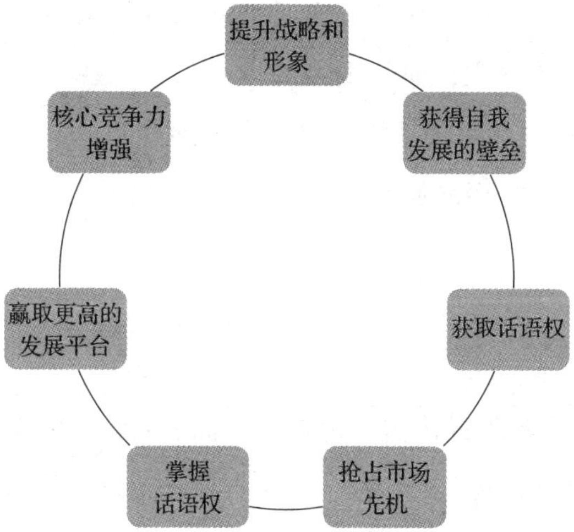

图 4-12　企业参与制定国家标准和行业标准的意义和价值

2. 获得自我发展的壁垒

外界和顾客通常有这样的印象：凡是参与制定行业标准的公司，其规模虽不一定列在业界首位，但也必然在单品种或部分品类上达到了最前列水平，在科技或工艺方面也建立了自己的独特性。得标准者先得天下。如果得到标准制定权，企业就得到了一个绝好的维护自身发展利益的壁垒，也获得了在国内、海外市场上攻城略地的有力武器。

3. 获取话语权

谁掌控行业规则的“制定权”，谁就掌握“话语权”，谁就是“领袖”，而身为顺从者，只能被动追随。得“国际标准”或许未必得世界，但得

“国际标准”必定能变成破除多种技术贸易壁垒的“利器”。

4. 抢占市场先机

制定标准流程相当漫长，通常都在一年以上。参加标准制定的公司可以在生产方面占据先机，比如一个参数的选择，从很小的方面而言，可以影响一家公司的存亡；而从很大的方面而言，甚至决定一个产业的发展。公司在编写行业标准过程中，发出了企业的呼声，掌握了行业标准内容，及时使客户了解产品质量和业务动态，在国际投标中也能抢占市场先机。

5. 掌握话语权

企业参与行业标准的制定，可在行业标准制定时的建言中，提出有益于自身企业发展的标准术语名称、技术指标等建议，从而掌握行业标准制定的话语权。

6. 赢取更高的发展平台

通过积极参与和指导标准的出台，在推动产业发展的同时，又可以及时调整企业发展方针等。发出自己公司的声音，在新标准的制定过程中占领“制高点”，便可为自己的公司的发展与壮大提供更高平台，并在与同种商品的争夺中，获取先机。

7. 核心竞争力增强

在市场竞争中，比人脉、价值、品质的同时，公司的品牌及投资前景更值得关注。公司积极参与行业标准制定，证明了公司在细分领域中的领导优势。

特：颠覆性创新＋跨越式发展专栏 4-4

伊莱特：行业标准制定者

一、公司简介

伊莱特，全名伊莱特能源装备股份有限公司，总部位于山东省济南市。企业有一个营销公司、七个生产事业部、七个管理中心、一个上海分厂、一个济宁分厂、一个西班牙分厂，是一个以“锻造”为主业，并开展多元化生产业务的铸造公司，主要生产产品包括盘类、环类、筒身及异型锻造，以及耐磨的钢球、钢段、磨棍、管件和棒体，产品主要运用在风电、核能、特高压、石油化工、海军工程、机械制造、矿山等领域。

伊莱特在洁净燃料、化石燃料、重型武器，以及矿山开发等应用领域都拥有着巨大的市场影响力，而且在风能领域，一直是中国工信部风电法兰单项冠军示范公司，并有着多个 8-15MW 机型的生产业绩；在核能应用领域，在全球范围内一直保持有直径 15.8 米超大锻环的生产纪录；在管道法兰领域，已具有超过 20 年的出口经历，并取得了世界八国船级社的认可；在矿山研磨领域，已是多个世界五百强矿山企业的研磨介质稳定供货商；在行业发展、组织规范制定上，已参加过风电环形锻件、锻轧钢球、特高压管塔法兰、锻轧式大型筒体等八个规范的编写和制定，其市场地位可见一斑。

二、公司发展

近些年来，随着大力发展，风能发电已成为我国政府倡导的政策方针，伊莱特快速反应，将市场策略“由外转内”，短时间内便在同行业中崭露头角，迅速成为山东省生产风电法兰的龙头企业。传统产业要想保持利润，有两个路子，要么制造技术附加值更高的高精尖商品，要么向细节要效率，进行精细化生产管理，以节省成本。伊莱特紧盯着全球风电市场变化，主动技术创新，企业力争保持世界领先，新企业的累计销售收入已近8亿元人民币。

同时，伊莱特还进行优化生产流程管控，力求打造出风电配件品牌，以质制胜。公司还聘请了业内最具权威性的专家学者，严控设备生产线上的不通过率，实行“零瑕疵”的制造，仅用一个月时间，设备维护成本就降低了30%～40%，机器的有效工作时限也提高了30%左右。

国家能源局2012年颁布《风力发电机组　环形锻件》为行业标准，作为目前风电法兰的最高标准，制定过程中就有伊莱特的参与。同时，由全国锻压学会举办的“锻压行业三大团体标准编制启动会”在伊莱特举行，伊莱特成为主体机构，并参与了《风力发电机组 整锻塔架法兰 制造标准》《锻—轧式大型环形锻件通用技术条件》及《锻—轧式大型筒形锻件通用技术条件》三个团体标准的制定。2020年，这三个团体标准完成制定、正式发布。

近年来，伊莱特积极实施质量第一、顾客至上的经营策略，积极建设并健全了产品质量管理体系，已经过联邦德国TUV的ISO 9001质量管理体系认可、CE认证，英国NQA ISO 14001环保标准和美国OHSAS 18001职业健康卫生安全管理体系认可，并取得了国际特殊设备压力管路元件（A类）制造许可证，得到了全球风电巨商丹麦维斯塔斯（VESTAS）、法国歌美飒（GAMESA）等国际知名风能商的生产认可，被确定为LM叶片法兰欧洲供货商。伊莱特还经过了国际电力（北京）商品认定管理中心的商品认定及我国船级社的认可，商品已远销欧美、日韩和东南亚20多个发达国家和地区。伊莱特目前已经成为国内知名的热轧耐磨钢球供应商，年产钢球20万吨，产品涵盖DIA20-180mm各规格尺寸，以定制级的原材料、高度自动化的设备、先进的复合热处理工艺、严格的质量控制等优势保证产品质量，客户遍布亚洲、欧洲、美洲、中东及非洲各大矿山。能够参与制定行业标准，标志着伊莱特在发展过程中的标准化水平得到了进一步提升，企业实力也登上了更高的台阶。

三、总结与发展

近年来，伊莱特在国内耐磨钢球、风电环锻件、锻轧式大型环锻件筒锻件等行业的出色表现有目共睹。公司还积极参与制定行业标准，除了更好地规范自身的工艺流程和产品质量外，也有责任、有义务引领行业的高水平、高质量发展。相信伊莱特在我国装备制造、风力发电、矿山研磨等领域能够做出应有的成绩和贡献，在中国乃至全世界装备制造行业树立典范。

（资料来源：笔者根据多方资料整理而成）

佚名．与用户合作　重达150t的异型环锻件研制成功［J］．世界制造技术与装备市场，2021（1）：14.

二、拥有核心技术专利

在世界范围内只有1/3的企业拥有专利，其中又只有3/4被投入商用。就算在隐形冠军中，专利的使用也存在很大的差异。另外，在积极从事研发的隐形冠军中，仅有1/3申报专利来保护其创新成果。其中的原因有很多，最重要的原因是一些隐形冠军困扰于申请专利过程中的高昂费用及漫长时间。其他原因还有它们担心专利在面对强大的竞争对手或者在陌生的司法管辖区未必能够起到应有的保护作用；同时它们担心申报专利可能会泄露相关的技术秘密。

但是，众所周知，企业申请专利不单单是为了自己使用，有时也当作阻碍竞争对手的预防措施。一些企业认为专利的排他性带来的经济效益很重要；还有一些企业申请专利的主要动机是预防竞争。企业申请专利的目的还包括获取专利授权收入和交叉许可证，后者或许对隐形冠军更为重要。

有不少隐形冠军，对它们来说专利具有特别重大的意义，相应地，它们的研发强度也极高。这部分企业占整体的比例大约为1/13。我们比较隐形冠军和大型企业在专利方面的表现，得到了很有启发性的结果。图 4-13 和 4-14 展示了两个关键指标。

图 4-13 中的数据表明，与技术领先的大型企业相比，隐形冠军展现出更胜一筹的创新能力。小型企业的人均专利研发强度比大型企业的高，这并不是什么新闻，然而我们在这里看到的差距之大的确令人吃惊。大型企业中，每 1000 名员工的专利产出为 6 个，而隐形冠军达到 31 个。在专利产出这个指标上，隐形冠军是大型企业的 5 倍。隐形冠军的专利产出与大型企业相比也呈现出巨大差异，少数创新能力超强的隐形冠军在人均专利数量的表现令人刮目相看。

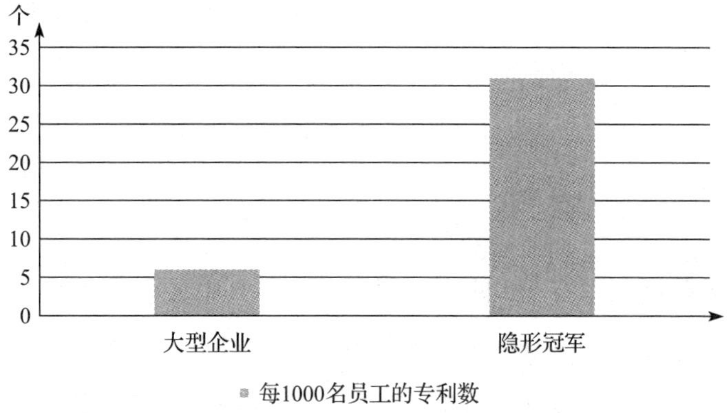

图 4-13　隐形冠军和大型企业的人均专利数比较

如图 4-14 所示，平均每项专利所投入的研发费用也大不相同。隐形冠军平均每个专利的研发费用不足 400 万元，而大型企业需要花费接近 2000 万元。每项专利蕴含多少市场潜力不得而知。

隐形冠军能够占领细分领域，与其坚持创新、掌握先进的核心技术、拥有细分领域关键的专利分不开。许多隐形冠军的绝大部分的销售额来自少则 1 项多则 5 项专利保护的产品。因此，企业要把创新及相关专利视为企业核心能力，集中注意力谋求创新发展。为了盈利的最大化，专利最好能够更多地服务大众市场而不是一个特定的高端细分市场。另外，企业还要着力于保护企业自身的专利。没有专利保护，产品技术很容易被竞争对手模仿。企业要对侵害它专利权的竞争对手绝不姑息，并且最好在企业创立初期就着手打造严谨的专业的侵权防范团队。

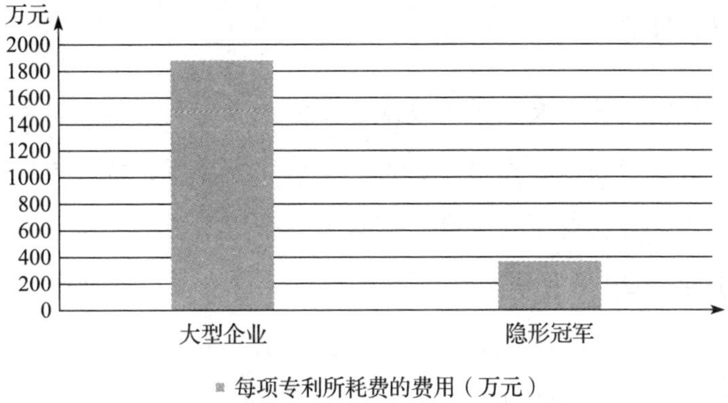

图 4-14　每项专利所耗费的平均费用比较

特：颠覆性创新 + 跨越式发展专栏 4-5

格力电器：掌握核心科技

一、公司简介

格力电器，全称珠海格力电器股份有限公司，总部设在广东省珠海市，是格力集团旗下的子公司。该公司成立于 1991 年，于 1996 年 11 月 18 日在深圳证券交易所主板上市。格力电器是一个经营产业多元化、掌握独家尖端技术的全球知名的产业公司，旗下除珠海格力家用电器控股公司以外，还设有 TOSOT、晶弘两大知名品牌，其中 TOSOT 主营生活电器，晶弘则专攻冰箱业务。格力电器既是一个在国内专门制造家用消费家电的企业，同时又是一个规模巨大的制造业装备生产商，产品涉及中高端装备、精密模具、冷冻冷藏装置、家用电器、热压缩器、电容、半导体器件等制造业设备。2020 年，格力电器再次荣登《财富》全球五百强、福布斯“全球企业二千强”，分别位列榜单第 436 位和第 246 位。格力电器以“致力创造生活”为企业愿景，以“让全球爱上中国造”为企业口号，致力于打造一个具有中国特色的制造业世界品牌，是国内一流的上市企业。

二、核心技术

第一，格力电器拥有强劲的技术开发能力和专利优势。格力电器一直保持并掌握着核心技术，相对于其对手美的和奥克斯，格力电器已经掌握了绝对的技术优势。关于这一点，从格力电器所掌握的发明专利数量就可见一斑：截至2020年年底，格力电器已申请的专利超过7万件，并连续五年名列国内发明专利授权量的前十，同时也是中国家电产业唯一进入前十强的国内企业；而奥克斯集团的现有专利数却不足1万件，差距十分明显。对比国外的知名空调品牌如三星、LG等，格力电器的专利质量数值指标也在三家中位列第一，面对海外的空调巨头，公司依然占据技术优势。在格力电器的9万名现有员工中，研发人员的比例高达1/6，有1/3以上的员工是一线技术人员，这在家电行业服务、销售人员占大多数的背景下显得极为难得。2017—2020年，格力电器用于技术研发的项目经费累计已超过200亿元，足见公司对于科技技术的重视。目前，格力电器的空调研发总部已成为全世界研究人员最多、规模最大的空调研发中心，此外还拥有四个研发基地，15个研究所，接近1000个实验室。卓越的技术成果给格力空调带来了诸多优势。例如，在产品质量上，格力空调的维修率仅为万分之三，既减少了消费者的维修支出，增加了产品的使用年限，又给公司节约了维修成本。2020年，格力电器再次重磅宣布，格力空调的保修期延长至十年，深得消费者的青睐。

第二，由于掌握了核心技术，格力电器还拥有良好的产业产能布局。首先，与国内其他家用电器企业不同的是，格力电器拥有核心部件的自研自制能力：2020年格力压缩机、电机及驱动器等十余件产品实现自研自制，获得国际领先地位。格力电器的产业涉及产品研发、家电及家电零部件的制造、家电销售和家电维修服务，形成了完整的产业闭环结构。其次，为确保供应商的质量稳定性，格力电器还设置了多个原料供货渠道，既是应对相对较高的供货成本，又坚持“不把鸡蛋放在同一个篮子里”，也同时与多个配套的原料行业及龙头企业形成了长久的战略合作关系，渠道资源丰富。2020年，国际政治经济形势发生剧烈变化，部分来自国外的家电零部件供应显著下降，给国内绝大多数家电品牌带来了产量下降的不利影响，而格力电器凭借其较为完善的产业布局，实现了对某些敏感部件的自产及其他部件的等效替代，极大程度上减少了外部不利条件的冲击。在产能方面，公司进一步完善了产品产能区域布局，在各生产基地增设了上游零部件的生产工厂，降低了运输成本，增强了上下游供应链的稳定性，最大限度地提高了生产效率。

三、总结与发展

总的来看，对格力电器的未来，市场上是比较看好的：因为格力集团有注重于长期价值投资的著名资本公司高瓴资本的长期资本投资背书，它们在2019年花418亿元入股格力集团，其中200亿元还是融资，可以说418亿元带融资的资金的机会成本是非常高的，代价很大。不得不说，高瓴资本是相当看好格力集团的发展前景的。我们相信手中拥有众多核心科技的格力集团，一定能够长远健康发展。

（资料来源：笔者根据多方资料整理而成）

张越．格力　掌握核心科技［J］．中国信息化，2016（2）：63-65.

三、具备行业判断力

行业判断力主要包括两个方面，一个是选择行业，另一个是分析行业所处的阶段。

选择行业主要从两个维度出发。第一是从企业自身视角出发。第一章已经提到，在如今全民创业的时代，兴趣为王，所以兴趣是选择行业的一个重要因素。另外，不同于互联网企业的“万丈高楼平地起”，本书所讨论的是具有专精特新特质的企业，因此企业选择一个细分领域要根据企业自身特点出发，发挥企业的优势选择行业。第二是从行业的视角出发。公司在分析一个行业时，尤其要注意行业中是否存在行业的绝对领导者（比如隐形冠军）。如果存在，公司就要十分谨慎，甚至需要考虑调整公司的主营方向。在具体的业务层面，公司业务应该尽量避开行业领导者的业务范围。另外，如果公司的产业与巨头公司的上下游相关，就也有可能成为巨头的竞争对手。之所以建议公司在行业选择上避开巨头公司，是因为巨头公司有充足的资金、资源来进行人才引进、团队结构及进行业务方向、产品品类的调整。公司甚至可能面临团队中某些重要人物被行业领导者挖走的危机。一个刚创办的新公司如果试图与巨头公司竞争，那么新公司未来发展走向衰弱的概率就会极高。

每个行业大概都要经历三个阶段：竞争早期、竞争中期和竞争后期。

一个行业能够兴起，通常是因为发明了一个新技术或者新产品，满足了用户的需求。竞争早期，大家拼的是什么？是产品。因为发明了新产品，这个时候还没有竞争对手，所以用户就会蜂拥而至。在竞争早期的特点是产品为王，因为别人没法在短时间内仿造和竞争，产品稀缺，生产商就成了强势的一方，因此在交易中，生产商说了算。在竞争早期进入这个行业，公司是具有重大发展机遇的。

紧接着，行业就会进入第二个阶段。要知道，没有什么东西是别人做不出来的，只不过是时间长短、难度高低、成本多少的问题。一个新产品一旦被发明，经过一段时间，一定会有很多竞争对手出现。慢慢地，供给开始大于需求了，这个时候就进入了行业的中期。竞争中期，大家拼的是什么呢？是渠道。当供给大于需求的时候，就不是生产商说了算了，而是那些能把产品卖给用户的人说了算。如果企业想在这个时期进入这个行业，仅仅拥有先进的技术是不够的，还需要有能力建立很强的渠道。

最后，行业的渠道商会越来越多。这个时候供需关系又发生了变化，产品同质化很严重，渠道也很分散，选择权就会从渠道商手上进一步往前交，交到消费者手上。消费者可以在众多渠道和产品之间做选择了。这时就进入了竞争后期。在这个时期，争夺渠道已经没用了，必须开始争夺消费者的心。所以，一个行业不讲产品本身，而开始讲消费者故事的时候，这个行业就已经进入了竞争后期了。这个时候，公司就没有必要进入这个行业了，应该考虑重新选择一个行业。

章末案例

之江有机硅：小而精的成长

一、公司简介

之江有机硅，全名杭州之江有机硅化工有限公司，总部设在浙江省杭州市。之江有机硅是原国家经贸委第一批确定的三个硅酮结构胶制造民营企业之一，国家高新技术企业，公司制造的“金鼠”牌硅酮密封胶被评为中国名牌产品，“金鼠”品牌标志被认证为中国驰名商标。公司制造的“金鼠”牌硅酮、丁基、聚硫系列产品不但在国内得到了普遍的使用，而且同时远销美洲、欧盟、南洋、中东等区域，在国际上也具有很大的影响力和声誉。产品在俄罗斯联邦大厦、法兰克福机场、鸟巢、北京电视中心、上海世博中心、广州维多利大厦等著名工程中应用，获得了用户的高度评价。

二、背景补充

硅酮构造胶，是一款中性、稳定、专门为建筑物幕墙工程中的构件黏结装配而设计的构造胶。可以在很宽的温度条件下很容易地挤压应用，并依靠压缩空气中的水分而凝固为质量优异、耐久的高模量、高弹性的硅酮橡胶。

构造胶和非结构胶在各领域中有着明显差异：构造胶硬度最高（压缩强度 >65MPa，钢—钢正拉黏结强度 >30MPa，抗剪强度 >18MPa），能经受很大压力，且耐老化、耐疲劳、耐氧化，在预期寿命内性质比较稳定，适合用于对承载强力的结构件的黏结；非结构胶硬度较低、持久性较差，只能进行一般、临时性质的构件黏结、密封、加固，而无法进行结构件黏结。建筑工程使用时间通常在 50 年以上，由于建筑构件承载着很多复杂应力，直接关乎个人的生命安全、财产安全，因此黏结胶种通常要选择构造胶。而构造胶在建筑工程中使用较普遍，主要进行建筑构件的密封、锚固、黏结、修补等，如黏钢，粘碳纤维材料，动力线，裂缝的补强、封堵，裂缝修复，道钉黏结，表面保护，混凝土黏结等。

三、发展历程

之江有机硅创始人兼董事长何永富，是 20 世纪 90 年代创业浪潮中的一员。1995 年冬天，何永富参加了一场同学聚会，一位老同学在聊天中无意间提到了一款产品，瞬间吸引了何永富。听完同学对产品的描述后，何永富感到，这似乎是一个合适的创业方向。这款产品，正是“硅酮接缝密封胶”。

20 世纪 90 年代初期，硅酮胶是典型的“进口代替型”产业，当时中国还没有相关企业涉足该领域。但是随着改革开放，中国建筑外墙的装饰理念逐渐转变，高楼大厦在北京、广州、深圳等地拔地而起，中国市场对硅酮胶的需求量日益增大。在硅酮胶这个行业里，本土生产厂家的供应能力似乎很有限，市场上出现了供不应求的情况。而高端的产品都来自外资品牌，但在价格上，当时外资品牌的硅酮胶报价贵得离谱，进口的密封胶价格甚至达到每吨 40 万元。

供求之间的矛盾，恰恰让何永富看到了进入市场的巨大空间。他认为，硅酮胶产业参与的难度并不高，但纵深方向很深，需要的地方也很多。“我们参与进去，只要好好做，逐渐积累能力，一定会大有前途。”时机到了，何永富毅然决然做出了辞职的决定。他要以最快的速度，进入硅酮胶这一领域。拿出家里东拼西凑的50多万元，何永富成立了之江有机硅。尽管50多万元的投资在当时看来是一笔大数目，可依然不足以购入心仪的设备，只能买二手的旧设备。作为“门外汉”，何永富对化学一窍不通，而最令他发愁的就是为企业找到合适的科技人才。尽管硅酮胶的生产原理并不复杂，但要将理论转化为具有生产能力的产品却不容易。在多次打听之下，何永富终于发现了一个刚刚从中国化学工业部成都有机硅研究管理中心研究室副主任岗位退役下来的老专家。

人、财、物凑齐后，1996年5月18号，之江有机硅的第一桶密封胶出厂。通过整个团队的钻研和努力，经过数十个日夜的连续奋战，JS-222中性胶通过试制，成功投产。这一年恰好是鼠年，因此，创业团队决定把产品商标注册为“金鼠”。之江有机硅，这位中国未来密封胶行业的隐形冠军，终于艰难起步了。

四、地位确立

就公司的发展规律而言，一家新生公司要进入下一个阶段，必然会经历产品线的跃升。这种跃升通常只有两条路径，要么是拓宽产品线，由单一产品发展为多产品；要么是通过向产业深处发展，拥有具备市场竞争力的核心产品。经过一番深思熟虑之后，企业决定先向下挖掘产品深度，打造小而精的产业业态。这样一来，摆在之江有机硅面前的道路就清晰多了。JS-222只是硅酮胶里的入门级产品，之江有机硅必须打造更具市场影响力的新产品。

此时整个之江有机硅团队，已经对硅酮胶行业有了更深的了解，信息来源也更加广泛。因此，这个新的核心产品方向很快就确定了下来。在所有建筑用硅酮胶品类当中，最为走俏的是一种叫作“结构密封胶”的品类，但当时国内市场上的结构密封胶几乎为外国产品所垄断，不服气的何永富决定就由此入手，拿下这个新产品，推动之江有机硅迈上一个新的台阶。

所谓的结构密封胶，依然是硅酮胶的一种。不过，和 JS-222 这类接缝胶相比，结构密封胶在性能上有一个突出的特点，那就是它的强度非常之高，能承受很大重量所带来的荷载，主要用在承受强力的结构件黏结上。从 20 世纪 90 年代后期开始，中国市场对于结构胶产品的需求开始猛增。作为结构胶直接用户的幕墙公司，对结构胶有着一系列要求。除了要确保足够的抗拉扯、防扯离、防剪切等黏结强度以外，为确保施工进度，这些公司还对结构胶有一些施工指标规定，包括胶水从液体过渡到固态的固化时限；但当投入日常应用后，就必须确保在固化黏结状态的结构胶耐腐蚀、抗老化、抗疲劳，同时，这些特性也应该在预计寿命内保持稳定。

尽管困难，但之江有机硅的技术部门还是坚持几乎以“寸进”的节奏来进行结构胶的研发试制。他们在每一个环节上进行尝试，一步步摸索工艺，一有结论便立刻通过试验把可以确定的部分固定下来。令人惊讶的是，这个方法尽管发展较慢，但是生产出的结构胶，质量和安全性却越来越高，从凝固温度到耐拉扯、防扯离、防剪切等黏结强度这些硬指标，慢慢都赶上了外国品牌。1997 年冬天，之江有机硅的结构胶产品终于试制成功。12 月 30 日，这款称为 JS-6000 的单组份硅酮结构密封胶在浙江通过了国家级技术鉴定。

随后，之江有机硅开始筹备一个新计划，进入了硅酮结构胶领域的之江有机硅，现在要进一步深化自己的产品体系，为此，这个年轻公司准备开发双组份结构胶，争取再拿下一城。有了公司生产部门的配合，在技术部门的努力下，大的难题一步步被攻克了。而后，在经历了产品性能实验、工艺验证等诸多流程后，1998 年，之江有机硅在双组份结构胶上的第一个品种出现了——JS-8000 硅酮结构密封胶。JS-8000 的问世，给杭州之江有机硅化工有限公司的竞争力增加了强有力的一笔。而何永富在推进之江有机硅向产业的纵深前进的时候，同时也在关注着这两款产品在业界的进展。从这一年的 7 月开始，之江的成绩开始出现，先是获得了中国建筑金属结构协会铝门窗幕墙委员会颁发的“硅酮结构胶生产科研定点企业”

证书；就在双组份胶项目最为艰苦的时期，之江的JS-6000结构胶又获得了原国家经贸委的认定；而仅过了几个月，JS-8000一问世就通过了省级技术鉴定。

最重要的转折点出现在这一年的冬天。1998年12月7日，在北京人民大会堂的产品推广会上，之江有机硅闪亮登场。在这一次由全国化工建材协调组、建设部科技发展中心主持召开的产品推广会上，之江有机硅展出了自己的两款结构胶产品，向来自全国的100多家建设单位的业主和经销商进行介绍。而就在同一天，之江的JS-6000、JS-8000单双组份建筑用硅酮结构胶通过了原国家经贸委的产品认定，成为国内三家首批具备硅酮结构胶生产与销售资格的企业之一。

五、业务拓展

汽车胶是胶黏剂的另一细分领域，对于擅长建筑胶的之江有机硅来说，这是一个新的挑战。但不同的是，多年来的胶黏剂行业经验赋予了何永富进军新细分领域的信心。在这项产品的开发上，之江有机硅与中科大进行合作，组建了产学研相结合的项目。

2003年，之江有机硅生产出了第一桶汽车胶。可销往何处成了当时团队最头疼的问题。之江有机硅决定从本土车企入手，选择的第一家客户正是同为浙江民营企业代表的吉利。凭借过硬的产品质量及与吉利相似的创业经历，之江有机硅最终赢得了吉利的订单。随后几年，之江有机硅又先后进入高铁、轨道交通、新能源汽车等领域，与中车集团、比亚迪、零跑汽车、小鹏汽车、北京现代、北汽、上汽、一汽等一系列企业建立了稳定的供应关系，为轨道交通客户提供隔音降噪、汽车轻量化等密封黏结创新解决方案，并得到了客户的一致好评。

很快，得益于产品的质量稳定，之江有机硅的汽车胶产品开始走向海外市场，这又是一次充满自信的正面较量。随着海外部的成立，之江有机硅的国际化道路越走越宽阔。之江有机硅的目标是希望卖出去的不仅是产品，更能创立出真正驰名于行业内的品牌。于是，一个全新的商标品牌“FINOTECH”成立了。围绕这一品牌，之江有机硅重新设计了配套的产品包装、使用说明、产品手册等，并邀请隐形冠军之父“赫尔曼·西蒙”教授团队为公司做了“全球化拓展战略”的咨询。从区域布局、资源分配、客户定位、产品线选择入手，之江有机硅对海外每个细分市场的竞争优势和目标客户都做了分析，使各类产品所缺少的海外认证和规范都完备了起来。

截至目前，之江有机硅的海外市场足迹已经遍布全球60几个国家，拥有海外经销商20余家，并且在瑞士设立了分公司，拥有海外本土员工和外派员工相结合的国际化团队，销售额突破10亿元，成为国内有机硅密封胶行业内拥有国际化战略布局的领先者。

六、总结与发展

在进一步明确了自身定位之后，之江有机硅提出向隐形冠军迈进的战略：整个公司应该基于胶黏剂专业，在胶黏剂这个大领域里进行产业布局。

公司一直坚持用世界最先进的工艺与设备提高产品口碑。到过之江有机硅的人见到科研大楼和生产设施时都会眼前一亮，是因为之江有机硅不断引入国际上最先进、最智能的生产设施。为什么投入巨资去引进这些设备？答案是之江有机硅坚持长期主义，要做“百年企业”，所以企业舍得投资，为客户负责，用最优秀的工艺和设备制造让客户放心的密封胶产品。正因为公司一切的发展都是围绕密封胶产品品质进行的，所以之江有机硅不会纠结于是否拥有自主研发的生产设备。之江有机硅专注于有机化学方面，对密封胶的配方有足够的自信。

同时，之江有机硅保持开放、多方共赢、创新的思维，和上下游、国际同行保持紧密的战略合作关系，拥有更宽的国际化视野和更广的创新理念。比如之江有机硅与赫尔曼·西蒙教授达成了长期的合作，他曾多次造访之江有机硅，与何永富展开深入交流。对于之江有机硅，赫尔曼·西蒙教授如是评价："它的优势在于其核心专业知识和价值驱动因子，并坚信专注和创新比盲目的多元化更有效。由于其专注，之江有机硅在密封胶的一些领域处于领先地位。"

在人才方面，之江有机硅近五年和普华永道合作，先后进行了治理架构、组织架构、人力资源项目的合作，为人才的成长提供了平台和土壤。人才的吸引、留住、培养是一个永远的话题，必须采用长短期和不同的激励机制组合来留住人员和培养员工的能力，唯有不断进行技术创新方可确保公司的可持续发展。

（资料来源：笔者根据多方资料整理而成）

①杨波. 之江有机硅　中国的隐形冠军企业［J］. 中国建筑装饰装修，2013（11）：38-43.

②唐斌. 十年磨一剑——杭州之江有机硅"金鼠"密封胶荣获"中国名牌"侧记［J］. 中国建筑金属结构，2006（12）：20-22.

本章小结

本章对于隐形冠军企业专精特新中的"特"展开了研究，主要从够特色、够特细、够特高、够特前四个方面进行阐述。内容上主要分析了隐形冠军的三大基本特性，在细分领域上的发展步骤及隐形冠军的"三高"优势和每一个隐形冠军所具备的三大能力。本章在对市场上已存在的隐形冠军进行了举例论证，描述了隐形冠军所具备的特性的同时，也对一个企业如何成为隐形冠军提供了行之有效的具体建议，值得读者细细思考。

第五章 新：持续处于竞争优势

学习要点

- 商业领域的新业态
- 隐形冠军采取的新模式
- 各自的细分市场新产业
- 技术带来进步和开拓市场

新，是新声、新貌、新鲜，亦是新业态、新模式、新产业、新技术。本章节从四种当下最新颖的行业形态、营销模式、产业技术入手，详细列举并论证如何持续创新、追新与超新，争取使企业的状态一直处于竞争的优势。

第一是创新。在数字经济时代，新产品的迭代速度都以月，甚至以天为单位，大公司也需要非常快速和敏捷地迭代。在全球新一轮产业革命的面前，新科技带来了重新洗牌的机会。过去，中国企业主要是新技术的跟随者，但今天需要成为新技术的驱动者和贡献者，与全球合作伙伴一起协同发展。

——腾讯公司董事会主席兼首席执行官　马化腾

开篇案例

天合光能从专业走向一体

一、公司简介

天合光能股份有限公司（以下简称天合光能）成立于1997年，是一家全球领先的光伏智慧能源整体解决方案提供商。天合光能在全球布局下游生态链，为客户提供开发、融资、设计、施工、运维等一站式系统集成解决方案。在光伏平价时代到来后，天合光能为了更好地抓住行业发展的机遇并拓宽自身的融资渠道，于2020年登陆A股科创板，成为首家在科创板上市的光伏企业。作为一家深耕光伏领域20多年的组件龙头企业，天合光能持续的研发投入、品牌建设和渠道推广是其核心竞争力之所在，也是其在竞争愈加激烈的光伏行业中脱颖而出的底气。

二、业态与产业布局

天合光能主要开展光伏系统和智慧能源两大业务，向下拓展更多盈利空间。企业的光伏系统服务，主要涉及光伏电站设计、服务和光伏系统生产；光伏技术产品主要分为跟踪技术、水面漂浮技术和分布式光伏系统等，主要面向户用和工用两种不同的分布式光伏领域，先后研发出了“天合富家”和“天合蓝天”两大产品；智慧电力服务领域则重点涉及光伏发电技术及运维、电源云服务和储能服务，主要是公司针对自身的主营业务进行的一些配套运维服务。

光伏行业的产业链历来存在专业化和一体化两条路线，天合光能是行业内少见的专业化坚持者，但是最终也转向了一体化。首先是因为响应市场需求，当下海外市场对绿色供应链、多元化的要求已成为大趋势，打造自身绿色供应链是头部企业发展中的必选项；其次是因为处于对下一轮技术创新的关注，从全产业链来看，硅料、硅片的降碳空间最大，未来品质、碳排相关要求也会更高，对源头、底层技术创新的关注也是天合光能向上布局的主要动力。天合光能光伏制造端可大致分为硅料、硅片、电池及组件四个环节。2021 年，天合组件出货量全球排名第二，仅次于隆基绿能，而晶澳科技、晶科能源则紧随其后。但相比于其他三家“硅片 + 电池 + 组件”的产能布局，天合光能的产能链仅覆盖“电池 + 组件”两端。2022 年天合光能“一体化”得非常彻底，不仅向上布局硅片，甚至还覆盖了多晶硅及其原材料工业硅，向下除扩充已有的电池、组件产能外，还包括体量不小的辅材。天合光能在光伏制造端的产能结构由“两端”变为“四端全覆盖”，外加工业硅、辅材两端相关产能。

三、新技术、新产品、新模式

在科技方面，天合光能较早开展了光电产品的研究开发与制造服务，形成了强有力的研究队伍，累积了一大批拥有自主知识产权的先进技术，并具有光电科学研究与技术发达国家重点实验室，长期保持着业内领先的科技优势。天合光能凭借突出的技术创新和丰硕的技术创新成果，获得了 2020 年我国科学技术发明奖二等奖，是中国光电科技领域内第一个荣获科学技术发明奖的企业。

在产品方面，天合光能围绕客户需求和行业领先的技术优势，不断进行产品创新。首先是光伏跟踪支架，2018 年天合光能成功并购西班牙著名的光伏跟踪支架公司 Nclave Renewable S.L.（以下简称 Nclave）51% 的股权，正式进军跟踪支架领域，并于 2020 年收购该公司剩余 49% 的股权。Nclave 的母公司成立于 1961 年，是全球首批光伏支架研发与制造企业，在品牌和技术方面有深厚的积累。通过该次并购，天合光能快速跻身全球跟踪支架行业前列。2020 年，天合光能的跟踪支架业务在全球市场份额约占4%，全球排名第八。今后，天合光能的全球跟踪支架渗透率将会进一步增加，随着智能跟踪支架解决方案在全球度电成本不断降低，这是太阳能光伏发电技术领域的企业降低度电成本的重要途径。天合光能的支架跟踪拥有自产5GW的年产能，创新、可靠、智能的天合光能跟踪智慧工厂保障了天合光能在支架跟踪的行业优势。其次是布局式光伏系统，天合光能于2017年开始前瞻性地布局分布式系统行业，并先后发布了“天合富家”和“天合蓝天”两种新品，主要是针对户用和工用两种不同的布局式光伏领域。借助天合品牌在光伏行业内的知名度和认可度，经过多年耕耘，天合光能在国内分布式系统领域积累了较强的渠道资源和品牌优势。天合光能在分布式光伏系统领域持续发力，2021年企业光伏系统出货量超过2GW，占全国分布式光伏新增装机比例约6.8%。最后是智慧能源，公司智能微网及多能系统业务方向较广，重点布局的板块是储能。天合光能在2014年成立了江苏天合储能有限公司（以下简称天合储能），开始了在储能技术、储能应用场景及储能人才等方面的布局。我国“双碳”目标提出后，天合储能加强了在储能电芯领域的布局，确立了“天合芯”战略定位，目前已完成150Ah、280Ah等储能电芯的样品开发。2021年，公司首次进入“中国储能系统集成商国内新增投运装机量top10榜单”，位列第十。

截至2022年5月，天合光能最能代表其在细分领域的作品是公司的210系列高功率产品，组件签单量已超12GW，得到了业内人士和市场的一致认可。另据统计，预计2022年年底，210mm硅片产能超220GW、210电池产能超过172GW、组件产能将达到130GW以上。在很多大型项目招标中，大组件的占比已经超过70%。对于当下的光伏电站市场而言，超高功率组件已经成为平价时代的主流选择。

与此同时，在工业数字化、智能化高速发展的大时代下，天合光能将积极打造企业数字化和智能化，通过推动企业管理模式和商业模式的数字化改造，不断提高业绩，降低经营成本，打开新的市场，使天合光能成为世界领先的光伏智慧电源系统与能源网络综合解决方案供应商。

四、公司管理

随着天合光能的国际化进一步加快，天合光能的人才将实现国际化。天合光能具备现代化经营队伍，吸纳了来自三十余个国家和地区的高级管理精英及业务开拓、营销、科技、设计、法律等方面的高精尖专业人士。天合光能也是目前世界上光电领域内全球化水平发展最快的企业之一。截至2022年年初，天合光能的电站服务范围覆盖了中国、加拿大等国家，同时有经验丰富的国际电站管理集团公司对电站经营及品控制度进行有效管理。2022年，天合光能为应对快速变化的市场环境，提升公司治理和经营管理的核心竞争力，启动了全方位管理变革工作。

五、总结与发展

天合光能之所以能够在光伏行业内保持领先地位，其成功离不开企业的规模化产业链布局、技术/产品/模式创新能力、卓越的管理团队三个方面。在产业链方面，天合光能形成了垂直一体化的产业规划，提高了竞争优势。在创新能力方面，天合光能拥有强大的研发团队并且致力于创新性研发、发展多元化产业布局、培育新的利润增长点、转型数字化的商业模式，为未来发展奠定基础。在管理队伍方面，天合光能通过吸纳国内外人才，顺应了企业国际化的优势，使企业具备优秀的管理人员队伍，能够更为贴近市场、对抗外部波动等经营风险，有效地保持在细分领域的竞争力，是国内一流的专精特新企业。

（资料来源：笔者根据多方资料整理而成）

①贺天瑞. 天合光能：大尺寸组件龙头的核心价值［J］. 股市动态分析，2022(10)：35-36.

②蒋秋霞. 天合光能：光伏行业长期战略坚守者［J］. 经理人，2022(1)：50-53.

第一节 新业态

新业态指的是不同产业之间的分化、融合、跨界和嫁接，具体而言是指产业的不断细分与归纳，企业内部及企业与企业之间的融合，行业与行业之间的跨界组合，以及新板块、新拼图之间的相互嫁接。

业态，具体而言是“业”与“态”，如图 5-1 所示。业，指产业、农业、工业、服务业，等等。态，指的是产业发展的形态。不同的细分目的带来不同的分类结果。例如，服务业按照服务类型的不同分为生活型服务业和生产型服务业，也可以按照服务行业的不同分为餐饮类服务业、金融型服务业、酒店型服务业等。

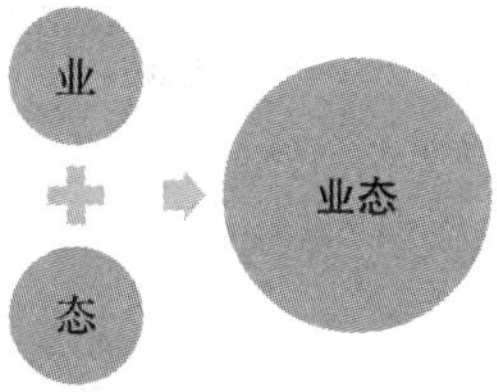

图 5-1　什么叫业态

新业态的形成有诸多方面的原因，但总的原因在于科技的进步、社会的发展和人民生活水平的提高。科技的进步表现在智能物联网的建设、行业应用 AI 赋能与专业的咨询与决策上。数字科技强化了人们的认知与决策能力，将人类的洞察力引入深层与深刻，为将来的智能社会与智慧生活构建了坚实的基石。社会的发展是政治的发展、经济的发展和文化的发展。伴随着国计民生意识的提高，全球经济的交流与交往日益向纵深发展，与此相伴的是文化的交流与交融，对话、合作、良性的竞争在各个商业个体之间早已成为共识。以上这些原因都将人类的集体智慧推向更为广阔的维度和空间，新业态由此应运而生。

新：持续处于竞争优势专栏 5-1

福州老城的新业态培育

福州，又称榕城，以榕树成群、阴凉蔽日而著称。福州老城始建于2000多年前（公元前202年），是东南沿海的重要交通枢纽，是近代马尾海战、船政学堂、五口通商的发生地，丰富的历史塑造了福州老城悠久的人文底蕴，建构了福州老城浓厚的历史情怀。福州老城保存完好的历史文化街区尤其多，尤以三坊七巷、上下杭、烟台山、于山、乌山闻名全国。拥有如此丰富的文化生态、历史素材的福州老城是怎样书写自己的特色篇章的呢？它主要从两点入手。

一、先保文脉，再护特色

福州老城的历史文脉主要有四个：三坊七巷、上下杭、朱紫坊和平潭综合实验区南北街。在此基础上，福州市确定了17个特色历史文化街区：鼓楼区的鳌峰坊、台江区的仓霞街区、台江区的南公园、仓山区的烟台山、仓山区的梁厝、晋安区的琯尾街、晋安区的福建协和大学近代历史建筑群、马尾区的船政文化、长乐区的和平街、福清市利桥、闽侯县的昙石山、闽侯县的徐家村、连江县的温麻、闽清县的梅城印记、罗源县的北门巷、永泰县的永阳古城。历史文脉和地区特色交相辉映，历史烘托了特色，特色彰显了历史，二者的结合让福州老城历史文化特色名城的影响力逐渐增强。2021年第44届世界遗产大会选择在福州老城召开和举行就是最好的例证。

二、特色为本，再造功能

时空转换，空间的固守为当下的人们崇古思今提供了联想的场域，但时间的快速发展却将人们拉回现实：数字时代，现代化的经济理念，活跃的人文环境，这一切的现实如何跟久远的时空互相应和？这就需要将现代的功能与特色的历史文化进行对接，商业适应文化，文化适应街区坊巷，街区坊巷适应四面八方的客人和当地的居民。由此，新业态的理念和培育工作开始如火如荼地展开。

福州老城的新业态培育首先重视经济活力与历史文化街区的对接、与传统的对接，并在此基础上根据当地的实际特色进行文化定位、考量和功能设计。以三坊七巷为例，三坊七巷是福州老城最成功的文化名片之一，它的成功首先就在于功能与文化的结合，经济与历史的对接。三坊七巷保留了福州老城完整的街巷格局和坊巷房屋，在鱼骨型的空间形态特征的指引下，分而利导各个局部空间的特色定位，有特色小吃区、文化特色区、创新创意区、休闲小憩区。区域的划分附之以相应的功能配备，让旅客既能观赏著名坊巷的历史面貌，又能亲口品尝当地的各种特色美食，还能目睹老宅新貌的当下变新。如今，三坊七巷早已闻名海内外，年接待游客总量通常都在一千多万人次。在这里，你既能品尝到现代新式餐饮，如星巴克的咖啡；又能走进博物馆听听历史的声音和古代的遗说；还能八卦一下近代福州老城著名家族之间的故事。这一切都成为三坊七巷的吸引力所在。其次在于人才的建设。历史文化名城的新业态设计需要多种专业型人才、复合型人才，在其中涉及的空间、文化、古建筑、园林等专业知识更需要跨学科人才的通力合作，才能有当下和将来业态的良性、长久、稳定的发展。政府和各管理部门更是对于某些地方特色工艺的泥塑匠人、石雕工人、木工等反映中国非物质文化遗产的匠人们进行大力的扶持和鼓励。

三、总结与发展

福州老城的新业态改造还存在一些挑战和困难，例如业态发展的同质化现象严重。云南丽江古城、成都宽窄巷、桂林古城等均存在相似度过多的情况——旅游资源未被充分合理利用和规划；专业技术型人才缺口巨大，老技艺、老匠人存在新旧青黄不接的状态；商业开发与文物保护之间的矛盾依旧突出。虽说有以上诸多的各类问题，但是福州老城的新业态创新有目共睹。它梳理了福州老城的清晰脉络；普及了历史的文化典故；更重要的是它开启了新业态的模式，将现代的流行商业模式与古城、古建、古文化有机结合。“数字福建”为新业态注入了科技感和未来感；艺术元素、非遗手工项目为游客带来了沉浸感和体验感，人才的引进和专业人才的培养为古城的新业态提供了永续的支持和保障。总之，新业态与福州老城的故事还在继续碰撞和书写，推陈出新，未来可期。

（资料来源：笔者根据多方资料整理而成）

郑姗姗．福州特色历史文化街区新业态培育研究［J］．厦门广播电视大学学报，2021（7）：37-42.

一、分化

中国的经济发展到现阶段，一方面与国际分工已经完全适应，另一方面国内的各种产业、经济结构尚处在调整、重构和提升阶段。许多优秀的品牌、企业想将自身的公司做到行业内最强，这就需要分而治之，分而化之。另一部分的企业则杀出重围，跳出传统竞争的路线，通过创新的技术或理念，通过对上下游资源的重新整合来做强做大。前者在小、精、专中下足百分之百的功夫，后者则在原来的基础上衍生、突变甚至重新开启新篇章。分化即属于前者。

分化的思维源于“精益化思维”。精益化，“精”指的是“精益求精”，“益”指的是“效益”和“有益”。效益包含经济效益、社会效益和文化效益，也指短期效益、中期效益和长期效益。精益求精的思维理念要求在企业运行的各方、社会经济主体参与的各方能够在一个集中点上全身心地投入，做好一件事，做好一份工，做好一个零部件。在这样的思维影响下，行业的分工被细化，产业的工种被分化，市场各主体的路径分而化之，从而更有目标性和针对性地分而治之，最终达到精益求精、尽善尽美的地步。以靠铝电解电容器发家的艾华集团为例，铝电解电容器是一个非常小众的行业，但它却是人们日常生活中必不可少的配备，它常常出现在电视机、空调、电脑、充电器等一系列我们日常生活所必需的电器用品中。艾华集团的起步是从手工作坊开始的，最终成为拥有完整产业链的上市公司。艾华集团在电容器这么小众和精深的领域中始终专注于已被分化出的电容器领域，专注于本行业，心无旁骛，执着地践行着精专的实业领域，不能不让同行者、与此有关领域的旁观者心生敬佩。

新：持续处于竞争优势专栏 5-2

艾华集团——“扫”出来的冠军

一、公司简介

诞生于1985年的湖南艾华集团股份有限公司（以下简称艾华）是一家以设计、开发、制造和销售铝电解电容器为核心，集电极箔与设备制造于一体的科技型企业集团。2020年，艾华实现营收25.17亿元，同比增长11.63%；营业利润4.43亿元，同比增长14.79%。冰冷的数字背后是艾华几十年如一日在电容器领域的深耕细作、精益求精。从3700元的手工作坊，再到产值效益上亿元的上市公司，艾华的冠军之旅勾起了人们的好奇。

二、专注做好一件事

1985—1990年五年时间，艾华的起步是从创始人艾立华的手工作坊开始的。人手少，艾立华与妻子收拾张罗一下即开张。时间紧凑，艾立华吃住都在车间。与所有创业者的创业故事一样，艾华的起步是条件简陋的，创始人是日月兼程、埋头苦干的。所幸的是，艾华的核心技术——电容器——在当时非常小众，鲜有竞争对手。创业初期的五年时间里，艾华每个月都在盈利。小本生意贵在坚持，逐渐地，小作坊的营业额开始从几千元到几万元，从几万元到几十万元、几百万元。艾立华不无感慨地对前来采访的记者说："创业这么多年，我没有一年是亏损的。坚持做好自己的主业太重要了，我就专注于做好电容器这一件事。"而艾立华口中所说的"专注"，被他坚持了几十年。

三、专注市场

从创业之初，艾华的创始人艾立华与妻子就明确了各自分工，艾立华抓技术和生产，妻子王安安抓销售和市场，二人就这样搭档至今。一路走来，二人对于市场均有一些属于艾华本身独到的销售经验。

首先，针对手工小作坊，瞄准客户群。创业之初的艾华因为是手工作坊，所以不适宜大步迈进的策略——不容易建立客户的信任感。本着地缘因素——家门口好办事的朴素情结——艾华从邻近的周边城市、乡镇、省份着手，开始慢速度的推销工作。艾立华本人更是觉得毛主席的"农村包围城市"是再正确不过的事。艾华的销售思路就源于此，更是得益于此。逐渐地，艾华凭借卓越的技术、良好的口碑取得了一个又一个订单，公司开始良性发展。

其次，立足大客户，放眼全中国。四川长虹曾是艾华费了九牛二虎之力、凭借过硬的技术拿下的大订单。但是有一年，四川长虹因全球的金融危机需要缩减供应商，艾华因此面临被裁剪的命运，艾立华做出了一个重要且大胆的决定——去长虹所在地四川绵阳办厂，倾尽全力、精准服务长虹这一家公司。愿望虽好，实践起来却是艰难险阻。原因无他，将所有的鸡蛋放在一个篮子里，无论是对于鸡蛋还是对于篮子都不是一件好事。当时的艾华只是一个中等规模的小民营企业，与长虹的合作显然有些底气不足。不过创始人艾立华与妻子并未气馁，他们在四川厂房的基础上，四处开源，寻找其他合作订单。这样一来，企业的投资风险分散转移，同时订单多元的结果是与长虹的合作开始有了底气。回过头来的艾华在与长虹谈判合作的时候顺风顺水，彼此都觉得对方是适合自己的合作伙伴。艾华的体量与格局由此又上了一个台阶。

四、“扫除”的大智慧

对于“干净”的极致追求，艾立华有一套自己的认知理念。首先，干净能滋生阳光、积极、向上的舒适空间，从而可以间接影响到心情、心念与信念，对和谐的氛围的塑造至关重要。其次，艾立华以身作则，自上而下推行大扫除，更是将此提升到“道”的境界，推行到管理的原则和高度，推行到每个生产的车间、工具等领域。至此，扫除不再仅仅是对于空间卫生的要求，更是对于人际关系，企业管理，工厂设备的清理、保存、守善和坚持理念的实践和映射。

五、总结与发展

艾华的成功源自艾立华的细心琢磨。艾立华的管理理论源自自己亲身的观察和总结，他能从细微之处发现员工工资绩效的问题，从而有针对性地解决和改进；他从来不固守在办公室，而是喜欢深入生产车间，发现问题、总结问题、解决问题。他通过观察厂房的树木由于拥挤而不能长高、长旺，从而得出分而治之、分别生长的“天目山原理”，对其他的分厂区别对待、个性处理，保留它们各自的精专项目，发挥出它们的长处和创造性，从而为集团贡献更多、更大的力量。

（资料来源：笔者根据多方资料整理而成）

杨光，辛国奇．“中国造隐形冠军”的9个传奇［M］．北京：企业管理出版社，2021.

二、融合

在目前数字化的环境背景下，融合主要指三个方面，如图5-2所示。

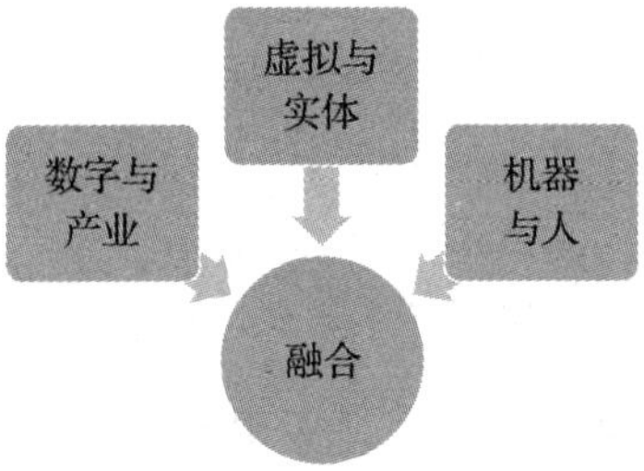

图 5-2　数字时代的融合

1. 数字与产业的融合

数字指的是以数据、数字为代表的知识和信息形成的经济模式，我们统称为数字经济。产业指的则是运用某种类型的经济手段配置资金、资源与劳动力的过程，它指的是一种行业，例如农业、服务业、金融业，等等。数字经济因其抽象性、深刻性和前瞻性而难以被大众所熟悉和掌握，在产业经济的运行过程中，更像是一只“看不见的手”在发挥着潜在的、深层次的作用和影响。如何将数字的潜在性转化为显像性，将数字的抽象性转变为实用性，是诸多企业家和学者探讨并研究的热门话题。以中国的乡村产业为例，近些年，国家和各级地方政府都非常重视和大力发展乡村产业经济，但数字经济与乡村产业的融合却尚处于起步阶段，一方面是由于乡村所在地的各种基础设施（尤其是涉及数字产业的）不完备，有一个亟待投入和完善的过程；另一方面则是由于数字经济的抽象性与乡村产业的多样性在融合方面面临着诸多需要实践操作才能解决的难题。以上问题只是融合过程中的冰山一角，实际的过程中因诸多的细节而导致的问题更是层出不穷、不胜枚举。这就需要专家和技术人员均付出足够多的耐心和努力，辅之以有关部门的配合和帮助，最终才能实现融合的目标。

2. 虚拟与实体的融合

新冠肺炎疫情突袭而至，实体经济遭受重创，以互联网为代表的网络经济却逆势上扬，是黯淡市场的一抹亮眼生机。以互联网为载体的数字经济、虚拟经济蓬勃发展，深刻影响人们的日常生活。在这种此消彼长的氛围中，实体经济力图寻求新的突破点，虚拟经济也日益开始合理规范并向实体倾斜和落地，二者之间融合的契机逐渐完备。这种融合表现在：宏观层面，数字技术与实体经济的深度融合；微观层面，新一代虚拟经济与实体经济体之间的相互融合。让互联网经济与工业实体经济之间不再是此消彼长、强弱区分的对立关系，而是让彼此成为互相成就、互相促进、双方合作共赢的关系。这对改善经济结构、促进经济架构高质量发展、产业经济良性循环均具有十分重要的意义。

3. 机器与人的融合

从工业社会发展至今，人与物之间的相处已形成一种微妙的关系，一方面，人对物的依赖超过以往任何一个时代，我们无法想象没有抽水马桶、智能手机、电饭煲和 App 点餐的一天；另一方面，手机成瘾综合征、懒人经济、宅经济、城市人心理疾病的上升似乎也与我们周遭的环境、使用的仪器、做着的工作有着密不可分的关系。的确，不知从何时起，人被工作逐渐异化，以为人就应该像一个机器一般一丝不苟、不能出错、不能逾规。这种物化和异化逐渐影响到人的精神生活和实际生活，人性中天真、美好、纯真和创造性的一面逐渐被磨平，由此产生的矛盾导致了一系列社会心理疾病的产生。在此背景下，只有让人与机器彼此归位，重新定位各自的角色和分工，才能为下一步的继续前行打下良好的基础。

三、跨界

什么是跨界？在回答这个问题之前，我们先来看看那些令人印象深刻的跨界合作。我们可以看到个人 IP 之间的跨界：央视名嘴与“口红一哥”——带货亿元，影视歌明星联手购物节——销量冠军，企业总裁与职场小白——携手共创热度话题。也可以看到不同领域之间的跨界：数字与家居碰撞——智能生活，体育与奢侈品合作——体育明星佩戴带货，奶制品与自行车品牌合作——运动项目与奶制品品牌的共赢。还可以看到不同模式之间的跨界：直播与扶贫的结合——为边缘群体发声、助力，火爆话题与自身品牌结合——扩大品牌话题度和影响力。各种可能性的跨界如图 5-3 所示。

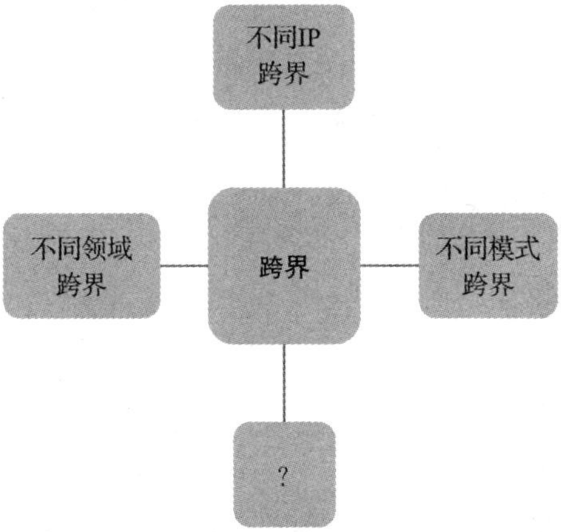

图 5-3　各种可能性的跨界

跨界背后的思维是可能性、多元性、兼容性和复合性。事物的解答思路有且不只有一种。当疫情来临的时刻，当人们面对世界局势的变幻莫测，当人们遥望远方畅想未来的不确定性时，解决这一切的唯一破题之道就是主动拥抱不确定，主动面对未知性和可能性。跨界思维即来源于此。跨界是主动出击的合作，是在差异性和多元性基础上的合作共赢，是在个性化的时代寻找普遍性、寻找共鸣的过程。我们从一些跨界合作的成功典范上可以看到，个性碰撞的火花激情四射，共同理念和情感的交融能够引发公众强烈的反响。

四、嫁接

嫁接，通常是指以一个项目或公司作为主体业务，采纳、对接、引入附属项目作为核心业务的组成部分之一。按照方式的不同，嫁接主要可分为：技术嫁接、人员（劳务）嫁接、营销模式嫁接、项目嫁接、公司嫁接等（见图 5-4）。

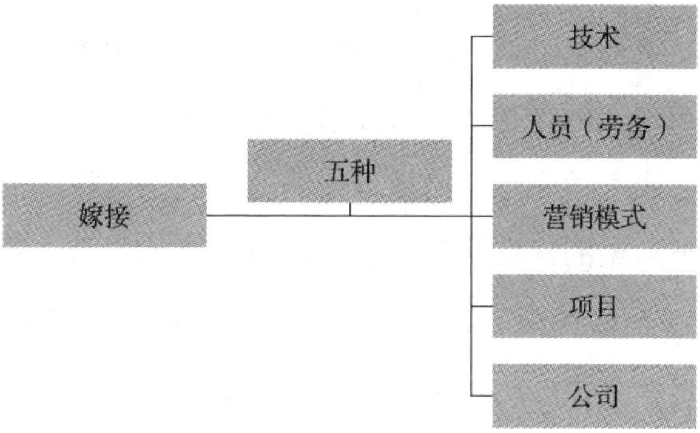

图 5-4　嫁接的五种分类

技术嫁接是目前最为常见的一种嫁接模式。随着现代化生活水平的提高，世界人口大幅增长，人们的受教育水平程度越来越高、范围越来越广。在此基础上，科技水平的发展速度不断加快，新技术和新应用不断推陈出新。这一方面使人们的生活方式发生了巨大的变化，另一方面也让人们措手不及，毕竟新技术、新应用、新事物从陌生到熟悉需要一个引领、学习和推广、接纳的过程。日常生活如此，商业领域更是如此。

人员（劳务）嫁接。新技术的诞生离不开人类的发明创造，同样的，无论嫁接任何技术、服务、项目或团队都离不开人员的操作和使用，这必然涉及人员的嫁接。人员大致分为行政人员和生产技术人员两种类型。前者主要负责嫁接过程中的沟通、协调、团队合作、人员组成等行政类工作；后者主要负责嫁接过程中的生产技术对接、演示、教导与实践。

营销模式嫁接。以电商为例。在日新月异的现代化经济环境下，商业营销模式也在不断转型、突破和升级。现代营销模式更多地借助了多媒体渠道、自媒体平台、电商平台、移动终端等，与传播模式的区别在于更加多元、方便和快捷。信息的传输速度得到了空前解放，信息的覆盖范围也达到了历史最高值，几乎可以覆盖全球；只要有网络覆盖的地方，就有信息可以抵达。在这种环境下，营销模式中的虚拟成分比重加大，人们未必需要看到实物、抵达实地、见到实际的销售人员才能决定下单购买，往往只需要图片、文字和影音就可以完成交易行为。传统型的企业主大部分都意识到现代营销模式的转变，纷纷谋求转型，谋求线上空间的发展。如何入门？如何开启线上销售？此时最方便的途径就是嫁接线上营销团队。术业有专攻。对于陌生的、有待开发的新领域，这不失为一条在短时期之内的权宜之计。对于那些尚未涉足电商领域，又对此很感兴趣的企业和品牌，嫁接团队是一个很好的试金石，既能根据嫁接后的市场状况做出相应调整，又能以最小的成本获取第一手的开发电商渠道的数据，可以一举两得。

除了以上嫁接方式以外，更大型的、涉及层面更广的嫁接合作一般指项目嫁接和公司嫁接。当然，项目越大，公司越大，嫁接的难度就越高，与此相对应的风险也递增。但优点在于能够填补企业的短板或空白，因此，一旦嫁接成功，也将为企业的版图扩张写下隆重的一笔，是公司发展不可或缺的一个环节。

第二节　新模式

世界每一天都在更新，人如此，市场如此，技术如此，模式亦如此。新模式的出现是为了配合新的变化，使生活在不同国家的人们均能享受到科技进步、人文发展、市场推陈出新带来的便利与福利。新模式是为了对接人与社会、人与技术，推动人类更好地面向未来、走向未来。因此，在创新的背后是各类生产要素的融合。融合的目的是更好地发展、可持续地发展；发展的目标是共享，共享员工、共享模式、共享技术、共享盈利理念，最终达到财富分配的最优化和共享化，使科技进步真正落实到人们的生活水平的增长速度上，实现人类的富裕与共赢（见图 5-5）。

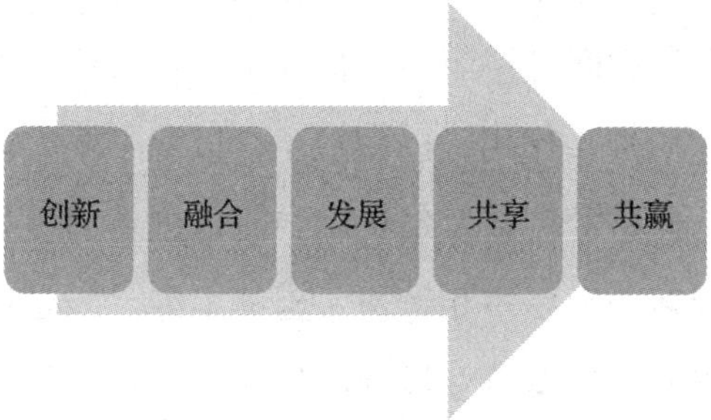

图 5-5　数字时代的新模式

一、创新融合

新，意味着与众不同，意味着突破局限，意味着引领和超前。创新是引领发展的第一动力，在推动经济社会各方面的发展、改善民生、提高人民生活质量方面发挥着重要作用。创新的核心层面是科技，只有科学技术的提升，才能在行业的专业领域内保持领先地位，从而保证生产力的发展和成果的转化率、优化率，强化各个环节的有机协调和组织，加强协同与配合。

融合则包含理念与现实的融合、科学技术与技术成果的融合、科技与商业的融合、商业与人文的融合、传统与现代的融合、现代与未来的融合、中国与国际的融合，等等，从而最终形成多维共振、优质生态、互惠互利的融合关系。创新融合的驱动力如图 5-6 所示。

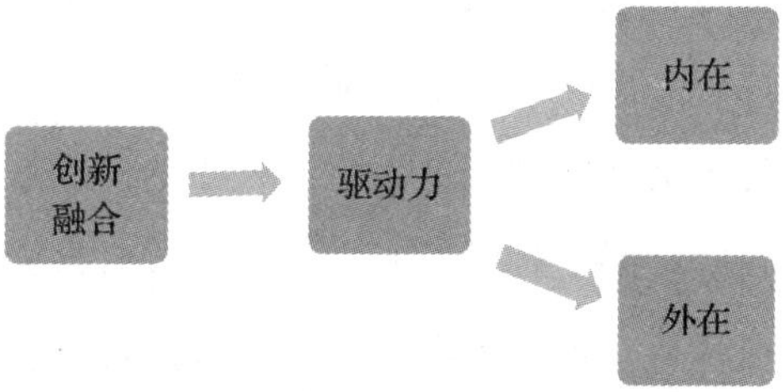

图 5-6　创新融合的驱动力

从市场的内在驱动力上看，创新融合的每个市场主体之间在创新的能力上存在差异，在驱动力上也存在差异，因此如果要形成多维共振、互惠互利的创新体系，融合的难度可想而知。要解决这一问题，一是隐形冠军要发挥创新型龙头企业的带头作用，以大带小，以强带弱，以高带低，形成互帮互助、互相学习促进的创新发展机制，制造创新的良好氛围，形成创新的孵化机制，让创新的火种争相传递、延绵不绝。二是创新型的龙头企业是推动本行业前进、引领本行业风潮的领航人，在本行业的市场资源配置上起关键性的作用，其中涉及的供应链、上游和下游产业链、协同配套的要素链更是有助于同属、同地区、同地理位置的大、中、小企业的共同融合与发展。三是筑巢引凤，吸引更多的高精尖技术人才、团队或公司的进驻，成为创新融合的主力军，并逐渐形成以点带面、以面带片的覆盖性局面。例如，长三角地区的城市群正在合力打造科学城、国家科学研究中心等多重创新载体，以上海及周边高校和科研机构为创新主力军，负责科技创新、科技传授、科学研究这三大板块，为创新融合不断输送新鲜血液和养分，从而让创新动力和活力保持生机，为数字时代的健康发展提供强有力的驱动力。四是提供资金扶持。创新技术的研发虽然速度空前，但从开始研发到实际落地，有的需要比较漫长的时间和耐心才能够出现，甚至还有可能面临研发失败的风险。这些都是创新道路上所必须付出的心血和努力、所必须克服的困难和险阻。所以创新的背后需要大量的、雄厚的资金支持。一般来说，金融产业是科技产业、创新产业的资本配置者，它对创新成果、人才、技术等都具有明显的市场导向作用。

从外在驱动力上看，创新融合体系的建立主要来源于市场驱动、政治政策驱动和人文环境驱动。市场驱动是由商业的逐利本性所造成的，市场协调配置各类资源，使各类资源的效率最大化、人才的使用最大化、生产资料使用的最优化。在创新融合的过程中，通过资源配置后带来的创新成果产生的市场效益大，产品利润高。政治政策驱动则是依托政策法规来引导市场规律向良性的方向发展，引导各市场主体之间的创新融合与协调。人文环境驱动指的是通过营造良好的创新融合空间和氛围，为创新融合提供宽松的人文环境，从而有利于创新融合的持续、健康发展。

二、创新发展

从创新到融合，再从融合到发展，企业需要具备相应的能力，让“新”真正落地生根、生长发展并持续开花、枝繁叶茂，这就需要我们共同聚焦创新过程中的协作、生产要素的流动、创新体制的构建，共同发展、共同富裕（见图 5-7）。

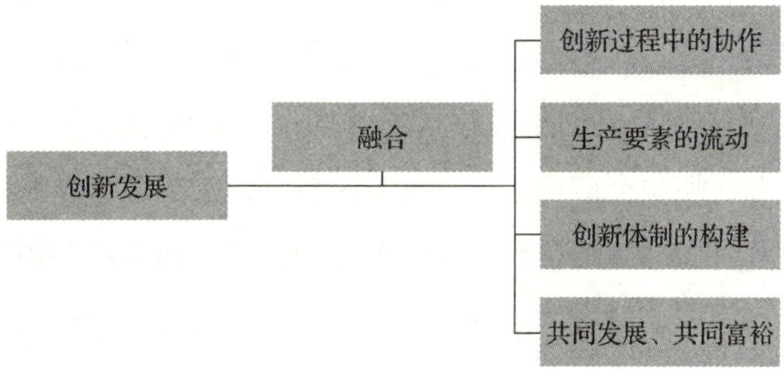

图 5-7　创新发展的三个方面

1. 创新过程中的协作

新，意味着知名度小，受知范围狭小等。如果没有经过市场化的运作、媒体舆论的宣传、消费者感受使用后的反馈，“新”有时候意味着闻所未闻。因此，“新”与“新”之间的合作更是难上加难。这里的难度首先体现在信息共享方面。因为彼此都是新事物，或者有一方是新事物，这都使需要合作的合作方、需要协作的其他分工角色都有一个知晓、学习、接纳、试用、试协调、试合作的过程。所以很多地方政府会前瞻性地建设好产业基地、创业基地、科学技术研究中心等机构，以满足创新者之间的交流、合作与共享。

2. 生产要素的流动

生产要素一般来说指的是劳动力、土地、资本与企业家。企业生产加工制造的过程依靠这四个方面的协调合作，才能获得共同发展。在劳动力方面，企业主要关注人力资源的智力成本和智力输出，这是创新的源泉和保障。在土地方面则应该争取更多、更大的科技研发基础设施的建成和使用，以便形成行业聚集效应。资本与企业家是可遇不可求的机遇之选，尤其是有些创新项目的投入，时间周期长、成效进展缓慢，这些都需要资金的扶持和领导者前瞻性的思维去引导。生产要素协同发力才能让整体维持有效且高效的运转，尤其是在创新领域，所需的新型生产要素如果不能配备齐全或者某一方运转不良，都将导致整体的运转效果下降、发展速度下降。当出现攻坚难题或创新突破点的时候，需要集中所有生产要素的优势，集中资源，加快突破难关的速度与步伐。作为管理新领域的新型管理者更是需要具有国际化的视野，同时兼顾现有的国内现状和周边环境，争取做到在学习国际、链接国际的同时，契合本地的实际情形做出相应的调整和部署；在取得一定的创新成绩之后，及时总结经验、拓展市场、推广应用，共同发展，从而最终实现共同进步。

3. 创新体制的构建

创新是内容的建构过程，但丰富的内容需要制度的框架作为保障，才能将新型的科技成果顺利转化，甚至在内容的创新之后还需要制度的创新，才能为新内容的诞生保驾护航。因为新事物诞生之后总是缺乏相应的制度框架的诞生，市场的完全成熟还有很长一段路需要走。当然，其他经济部门或者市场主体在经历创新发展时期的时候都有诸如以上的问题。好的制度和机制不仅能为新内容提供生长的空间和平台，保证其平稳落地和转化的过程顺利化，还能够为持续性的发展提供良好的氛围。企业要想变得更有活力，更有竞争力、创造力，都需要好的机制去处理新内容投入生产后的效益问题、员工利益与企业利益问题、新蛋糕如何分配等问题。好制度与好机制能将以上问题处理妥当并开创更大的平台与空间，提供创造更大的蛋糕的可能。

4. 共同发展，共同富裕

创新融合、创新发展、创新共享的最终目的就是共同富裕，将创新作为源头和原动力，将共同富裕作为终极目标，以提高人民物质生活和精神生活为己任，这已是企业家的普遍共识。因此每一个参与创新过程的人，均担负有实现共同富裕这一宏伟目标的责任，企业家需要以大格局、大胸怀、大智慧担当具有社会品格与力量的先行者，引领社会的潮流。

三、创新共享

共享经济是在数字化背景下诞生的一种新型模式。共享经济转变了人们的思维方式，为社会生产过程中的资源合理整合、高效运用提供了又一种可能，改变了传统经济思维模式的供需关系，将消费者共同的消费行为与消费理念纳入了交易行为的考量，引发了新一轮的经济热点。共享经济在本质上是群体性经济行为的一种体现，它需要众多消费者在消费行为和消费理念上达成一定的一致性，默认达成某些共识，以共识为契约完成共享经济的交易过程。这让共享经济容易因消费者在消费行为和消费理念上的不一致性而导致共享经济在实际的实施过程中出现诸多问题。创新共享是指共享创新的理念、创新的内容，甚至是共享创新的基础成果。数字时代能够比之前的任何一个时代发展速度都超前，一个重要的原因就在于数字时代的知识共享的范围、深度和广度都远超以往任何一个时代。知识是对旧有科学知识、价值理念、哲学思考的总结，创新是面向未来的应对、尝试和创造。如今全球的人口已达到一个历史高峰，基于如此庞大的人口基数，人类集体智慧的产生速度也远超以往，这是知识共享的结果，创新共享便是在此基础上的转型、升级、继承与传播。

但是目前创新共享依旧存在一些问题，作为新兴的事物，创新共享的经验几乎为零，大家都在摸着石头过河，管理经验没有，运营经验也没有，所以创新共享的经济模式会碰到以前任何一种经济模式都未曾预料到的问题。

1. 群体参与者的群体行为

基于共享经济模式的前提——达成默认的契约，这就需要共享各方都能自觉遵守条约的履行。但在实际的情况中，由于监管漏洞和参与各方自觉程度的高低不同，违约或私下跳过契约直接达成交易的情况时有发生。这种情形在网约车刚刚投入市场的初期尤其明显。当然，这类情况已被及时发现，共享平台方弥补了监管漏洞。但因为可借鉴经验不足而导致的后发制人的情形依旧时有发生。

2. 创新共享平台

创新共享的经验不足，提供创新共享的平台也存在这些方面的不足，即平台建立的初衷是为了迎来更为深度和广泛的共享，但是实际情况往往事与愿违，企业、资源、劳动力、消费者等生产要素之间的联结、共享与合作的模式依旧在探索的过程中，平台的角色定位、资源的分配、利益的分配等问题依旧存在。

创新共享平台创立的初衷是为创新者提供自由交流的场所，共享的内容是创新信息、政策与资源。但其中的悖论在于，因为“新”而导致的信息搜集能力不足的情形在中小企业中大量存在，行业头部和技术带头人想要提供新技术或新内容进行共享的时候却找不到对接口。有的创新项目往往涉及多种行业、多种学科之间交叉融合与合作，这就需要作为中介性质的平台方拥有足够的协调能力，妥善协调各部门之间的分工合作。

总之，从创新到融合，从融合到发展，从发展到共享，最终的目的是共赢与共同富裕。共享的内容则可以包括对资源的共享、信息的共享、劳动力的共享等，以达到以更高效率的方式进行分工合作，从而达到集体共同参与、共同合作与共赢的地步。

新：持续处于竞争优势专栏 5-3

康达新材的市场与创新

众所周知，创新是一个企业的原动力。但大家很少去思考的是：创新的动力优势来自哪呢？刺激创新无非两个途径：外部和内部。外部包含竞争同行、供应商或者合作伙伴；内部则包含研发部门、技术部门或者管理层。当相关研究者走访各个隐形冠军、寻找答案的时候，却发现答案并不统一。市场与技术始终是两个摇摆的部分。而在康达新材料（集团）股份有限公司（以下简称康达）这里，它选择了市场。

一、AB 胶，打破国外企业垄断市场

康达成立于 1988 年。技术是创始人陆企亭自己的发明，所以对于自己所掌握的这项核心技术，陆企亭充满了信心。然而，企业开创初期面临的资金压力巨大。陆企亭研发的 AB 胶一半是运气——乘上了改革开放的东风，市场对工业胶黏剂需求巨大；一半是实力——早在校内就研发成功的 AB 胶技术此时此刻派上了大用场。陆企亭抓住市场的机会，结合自身的研究成果，在此基础上进行改进，使改进后的 AB 胶具备更多更好的优点，例如降低装配时间几十倍，黏连度更高更强等。一经推出，AB 胶广受好评，一举打破外国公司对本土市场的垄断局面。

二、持续创新——聚焦差异化市场

随着时间的推移，康达凭借 AB 胶逐渐成为丙烯酸酯胶行业的第一。

本着一名企业家的危机感和使命感，陆企亭将目光聚焦在新兴市场，寻找下一个新的增长点。21世纪与以往任何一个时代都不同，新技术、新应用层出不穷。康达经过前面十几年的积累，拥有了充足的资金实力、科技实力和创新能力。康达为了应对市场提出的要求和挑战，特地设立了科研所，科研所根据市场所需制定相应的胶种，以胶种为根据进行分类，分成若干个小实验室，每个实验室负责一个或几个胶种。康达的技术积累得到了市场的反馈，目前康达的产品种类已有100多种，年销量跃居同行业第一。

2012年，康达在深交所上市，跃上了一个新台阶，但不变的依旧是其对市场的那份守望：根据大客户的需求开发高端产品，升级产业链。为此，康达将业务分为六大板块，分别对应六大市场：常规市场、风电市场、光伏市场、复合市场、绿能市场和军工市场。

三、创新与市场——综合思维模式

说起创新，很多人想到的可能是技术创新，但实际的过程中，创新覆盖的领域很大。例如，流程的创新——节约工序、节约成本、提高产品质量、为客户提高效能；营销模式的创新——提高市场占有率；定价的创新——收费方式上的改进。诸如此类的创新可以在商业活动中的各个环节中出现，有时候跟大客户的聊天都可能产生创新的点子。

康达早在公司成立之初便建立了自己的研发部门，当然，具体的实施和投入是依据市场的实际情况再结合自身的产能和现状做出的具体部署和调整，而不是一成不变的。康达从2009年开始，每年的研发投入都在千万元以上，占每年公司收入的4%或以上。一是因为市场的反馈良好，康达的科技研发才能有的放矢，有针对性地去创新出新的产品以满足客户端的需要；二是技术与销量呈现出的正相关关系也让康达对研发部门更加重视，每年从销售额中拿出一部分重新投入也是一种经过实践证明后的良性循环和有效投入。

四、总结与发展

真正追求卓越的反而不会注重卓越的成果和实现的那一刻，他们追求的就是追赶和超越的过程。康达已做到了国内同行业的冠军，下一步的创新依旧在持续，公司目前已完成了体制的创新——引入国有资本、进行混合所有制。随之而来的创新点更多：管理的创新、磨合期间的创新、员工激励的创新，等等。无论如何，超越过去的自己才是创新的真正本质和内涵，陆企亭依旧在前进。

（资料来源：笔者根据多方资料整理而成）

①时炳臣．康达新材：守望初心，砥砺前行［J］．经济导刊，2019（8）：48-51.

②赫尔曼·西蒙，杨一安．隐形冠军——未来全球化的先锋［M］．北京：机械工业出版社，2021.

第三节　新产业

任何一种“新”都是从0开始的尝试，都是向一切未知难度发起的挑战。新业态是源头，新模式是思路，新产业则是以上二者孵化后催生落地的成果。新产业的落地面临着许多现实问题：硬件与软件。硬件指的是土地、厂房、设备等基础设施的配备与建设，软件指的则是创新的技术、创新的各类人才、创新的组织和与之配套的创新管理框架。新产业在开启之前便可预见各种难题，但社会各方、包括新产业的创新者或发明制造者依然全力支持新产业，促使其尽早落地、生根发芽、自由生长，与现实的生活联结，发挥其应有的经济效益和社会效益。因此，催生新产业、延伸新产业和衍生新产业，是创造新业态和新模式之后的重要选择。

一、催生新产业

面对新兴技术的发展，中国企业的转型升级迫在眉睫。新科技促使企业改变商业经营模式、衍生新模式或开发新模式以适应新科技的发展环境。在未来的几年时间，科技引领转型升级，以科技创新为代表的“新经济”成为新动力。尤其可喜的是，随着全球经济中心的东扩和东移，国家加快布局战略性新业态、新模式和新产业，对新材料产业、绿色环保产业、数字智能产业、生物技术产业、高技术含量的制造产业等加大鼓励和扶持力度，鼓励企业主自主创新和研发，资金扶持、政策扶持、场地扶持等配套资源扶持政策不断出台，打造各地的创新产业链，使之形成规模化、集聚化、群落化的集聚效应。

1. 就业机会

技术需要创新，产业需要落地，这都需要大量的人才储备，这也同时为新型的劳动力创造了大量的就业机会。但新型人才的特征是必须要具备一定的与新产业相关的知识背景和技术基础，是行业中高精尖人才。在这种情况下，培育或引进与之相适应的产业工人是人才战略的重点。

2. 产业机会

新产业除了需要新型人才，还需要新的场所和新的基建。例如，数字类的基础设施和场所场地的建设需求量很大。网络从 4G 到 5G 的升级、高精尖数字互联网平台的搭建、各类研究中心和高科技园区的建设、人工智能的应用场景等新基建的市场需求巨大，从而带动的与此相关的产业链发展潜力巨大。除了新产业带来的新基建项目产业，新产业本身也存在大量机会。新产业从投入研发到生产加工，再到投放市场，这一整条的产业链都蕴含着巨大的商机，更带动了与新产业相关领域的生产和发展。

3. 新产业、新业态、新模式同步进行

有人说新业态造就了新产业，有人说新产业造就了新模式，但三者其实相辅相成。新，意味着一切皆有可能，所以三者之间没有固定的某种规律或模式可以借鉴和参考，这意味着形式呈现的多样化和未来各种机会存在的可能性。在以往的很多案例中，进入新业态、新产业或新模式的企业主无一例外都有这样的经验，敢于想象、敢于尝试、敢于从已有的认知中跳出，重新开辟新的战场。没有经验可以复制或借鉴，企业主自己组建了团队开始攻坚、开始探索。这样做的难度可想而知，这等于是第一个吃螃蟹的人。但新产业一旦试验成功，攻克了技术难点，投入批量生产与运营，此时的企业往往就会成为行业第一，成为此行业的领头羊；市场份额的大范围占有自然不在话下，企业的经营效益和收益自然水涨船高。

二、延伸新产业

新产业是在原有旧产业的基础上衍生的，是对旧产业的升级、转型与改造。新产业激励了高科技含量、数字化产业的发展，优化了旧产业的结构，进而形成新的业态，让新产业与其他各类产业领域形成有效融合，进而转变旧模式，以新模式运营新业态、新产业，最终形成同步协调、有机合作、共赢共融的良好局面。延伸新产业有两个方向，一个纵向，一个横向。从纵向上看，我们要把新产业做精、做深、做透。从横向上看，延伸新产业需要顺着新产业的发展方向，寻找新产业发展的脉络，打通与新产业相关的各个行业的环节。

1. 横向

横向产业链板块如图 5-8 所示。

图 5-8　横向产业链板块

工业、能源与技术是经济的重心和未来发展的方向。工业的升级转型为何如此重要？因为它是破解粗放型、集约型工业企业的关键。如今的经济形式和业态更加复杂多变，但一个明显的趋势就是科技含量对工业化的“加持”作用日益明显。尤其是“互联网 +”，显著促进了工业制造业的产业升级，并且从我国的东部地区逐渐向南、向北、向全国各地区辐射开来。在这个过程中，信息技术对工业技术的复制、扩散和影响都在加大，它极大地促进了生产各要素之间的协作和流通，提高了工业生产效率，整合了工业产品市场，使工业企业往提高产品质量、扩大产品性能、优化产品设计的方向积极努力创新，进而促使工业行业的整体进行升级。

我国是能源大国，能源的产量和消费量都很可观，但能源产品的整体结构还有待持续优化，能耗强度有待进一步降低，还要增加清洁能源、绿色环保能源的比重，减少和降低煤炭能源的消费比重、化石能源的发电装机比重。如今，能源产业面临着新旧产业交换更替，新能源产业发展迅猛，以互联网、人工智能、数字数据为代表，拉动了整体能源消费的增长。

科技改变生活。历史上的每一次科技革命都对人类的生产方式和生活方式产生了深远的影响，随着数字技术的兴起，以大数据和人工智能为代表的新一轮科技革命悄然而至。新产业中科技含量大幅提升，数字化、虚拟化使各方面成本降低，同时丰富的数据资源有利于对未来做出更为精准的判断。制造产业也因新科技而拥有了“弯道超车”的机会。同时，科技也让产品和产业插上了想象的翅膀，极大地丰富了行业生态和多样化的实践渠道，为进一步延伸科技的创新和创造打下了基础。

2. 纵向

纵向产业线如图 5-9 所示。

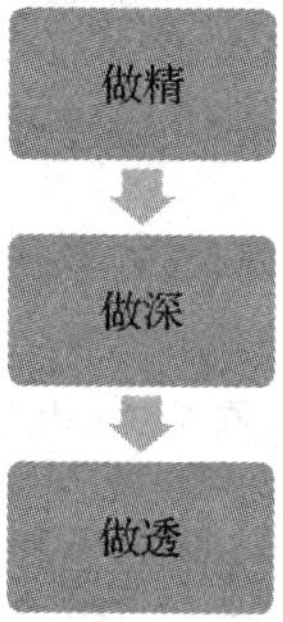

图 5-9　纵向产业线

新的产业带来新的细分领域。想要在新行业和新产业中站稳脚跟，就必须做精、做深、做透，在新产业中深耕和深挖自己的优势，打造自己的核心竞争力，只有这样才能获得绝对性的竞争优势。例如，上海市在进行培养企业科技"小巨人"的过程中，就提出：着力打造细分行业中的隐形冠军，旨在在新产业的领域中深耕和细挖，将一个新兴的行业或产业做到极致。这是政府扶持的重点方向，亦是各企业主努力的方向。

新：持续处于竞争优势专栏 5-4

联影的延伸与衍生

一、公司简介

上海联影医疗科技有限公司（以下简称联影）是一家专门从事高端医

疗影像设备及其相关技术研发、生产、销售的高新技术企业。它筹建于2010年10月，正式成立于2011年3月，是一家产品线覆盖全线高端医疗影像设备，并同时拥有全球领先核心技术、雄厚资本实力及顶尖人才优势的公司。它的主要业务分为两大板块：一是为全球客户提供全线高端医学影像诊断设备和放射治疗设备；二是联结互联网、云计算、大数据、人工智能等新型科技与手段，为患者提供智能化、信息化、数字化的诊疗解决方案。

二、联影的核心

联影的核心是联影的自主研发、创新和生产能力，这主要体现在高端医疗设备上，如DR、PET-CT等。

健康梦一直是“中国梦”中的一个重要组成部分。长期以来，国内的大量医疗设备，尤其是高端医疗设备严重依赖进口。联影团队旨在克服这一难题，向高端医疗设备发起挑战。联影用了三年时间，于2014年8月正式携全线高端医疗设备产品亮相第20届中国国际医用仪器设备展览会暨技术交流会。这是联影首次公开亮相自己的全线产品，推出自己的品牌。它的这次出场，填补了国内高端医疗器械设备的空白，标志着中国人从此拥有了自己自主研发的高端医疗设备，这极大地增强了国内医疗制造产业的信心，改变了世界医疗设备产业的格局，有力推动了国内医疗器械技术的进步。

三、联影的延伸

厚积薄发。联影的首次亮相归功于三年时间的沉淀和积累，成功攻克了CT分辨率和扫描速度的难关。在此基础上，联影再接再厉，继续技术创新与突破。2014年，联影在第73届中国国际医疗器械（春季）博览会上推出了6款新品。2016年，在第75届中国国际医疗器械（春季）博览会上，联影再次携带自己的21款产品闪耀登场。

2017 年，30 款产品。

2018 年，49 款产品。

2019 年，56 款产品。

联影的每一次成功都离不开新产品的增加、新技术的创新。从原有的核心技术延伸至如今拥有 56 款产品、覆盖全线医疗设备的产品线，联影的快速发展令人震惊。

四、联影的衍生

光有硬件也不行，要想占领制高点，那就必须在行业内部做精、做深。硬件设备除了核心技术以外，软件的模块设计、开发与生产也是决定性的因素，模块组件开发软件不仅大大降低了开发成本，也让联影医疗设备的整体竞争力得到了提高，打破了国外进口设备对某些医疗设备市场的长期垄断。与此同时，联影开启“互联网医疗”的战略布局，针对长期以来我国医疗资源分布不均、专业人才匮乏、看病难治病难的问题，打造智能云端医疗生态系统。这套系统是将联影的全线高端医疗设备与联影智慧医疗云、医疗大数据联合，建造一个覆盖各省、市、县、乡的诊疗体系，一方面用于数据和信息的传输和收集，另一方面提供远程的诊断、会诊、培训等项目。这套系统还可以成为数据存储库，为大数据的分析提供数据基础。联影的衍生，让配套软件得以诞生，让联影云端医疗生态系统得以建立，让全国的医疗影像这一重大项目得以实现。在此之后，联影更是联手华大基因科技有限公司推出了“基因 + 医疗影像”等重大项目，联手智慧云创建远程医疗平台，让虚拟“放射科医生”投入临床诊断。联影的衍生之路越走越深，越走越长，在提高诊断水平和效率、降低医疗成本和费用上做出了卓越的贡献。

五、总结与发展

联影的企业愿景是“成为世界级医疗创新引领者”。从联影的核心技术、延伸与衍生程度来看，联影的确一直都在稳步前行中。从硬件到软件开发，从软件再到生态系统的建立，从生态系统再回到开发与之相似的新软件，联影就是一直在这种良性的互动循环中不断深耕和细挖，一个个新的医疗产品就是他们交出的最令人满意的答卷，一个个被攻克的市场和被敲开的国际大门是他们实力的写照。在这当中，向内看是联影重视勤修企业的最基本内功——产品质量，而这得益于联影对人才的重视和对人才创造力的珍惜。由此，联影获得了一系列自身拥有的核心技术、自主知识产权，从而保证了联影打开市场的核心竞争力和未来的不断衍生与升级。向外看，联影高瞻远瞩，创立之初就定位高端医疗设备市场，提出“全线产品、自主创新、七大事业部”的大胆设想。如今的联影不仅拥有核心产品，更是成为国内高端医疗设备的领头羊，不仅如此，联影打造的全线智能医疗生态体系更是为社会提供了巨大价值，为每个人的健康福祉提供了助力。

联影的医疗设备大获成功，但它强大的可持续性的延伸与衍生更是令人注目、为之惊叹。联影提出“要做高端医疗设备行业的华为”，我们拭目以待。

（资料来源：笔者根据多方资料整理而成）

魏志强，武鹏．寻找中国制造隐形冠军：上海卷［M］．北京：人民出版社，2019.

三、衍生新产业

新产业来自旧产业的转型、升级与改造，在经历新的格局、形势、变化和发展后，目前的新产业必然要交出手中的接力棒，传递给下一个新产业。在传播的过程中，一种方式是再创一个全新的业态、全新的产业，我们把这种方式叫作创新。而另一种方式则是在原有的基础上再次孵化或多次孵化，它与原创产业具有千丝万缕的联系，可以理解为是从 1.0 到 2.0 或者 3.0 的升级、改进或改造，我们把这种方式叫作衍生。

随着数字、智能等新兴科技手段应用于新行业、新领域，我国的高新技术企业数量不断增长，近几年的年增速均在 20% 以上。新产业伴随着新技术、新企业、新产品共同成长。在成长的过程中，新型企业的各种能力不断得到锻炼、积聚和提高，在此基础上，研发和衍生能力也得到增强。新产业的衍生往往就诞生于新型企业的做精、做深、做透的过程中，繁盛于企业主对新产业的深耕和细挖中。衍生新产业通常分为三种：技术型衍生、市场型衍生和资本型衍生（见图 5-10）。

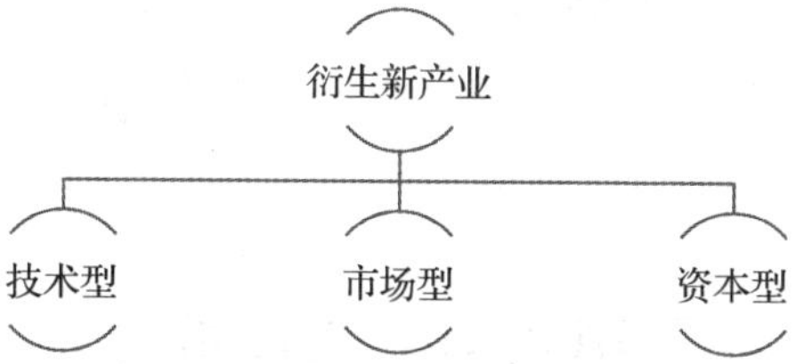

图 5-10　衍生的类型

技术型衍生新产业指的是在原有的研发基础和研发技术上，对新产业中的技术环节进行升级和改造，它的主导主体一般来说是原有新产业的技术骨干人员。这些高级技能工程师有的另起炉灶，有的仍在原有企业或公司中进行技术研发和改进，并将自身的技术成果应用于市场。

市场型衍生新产业指的是新产业所针对的市场资源，其中包含市场占有率、市场运营管理成熟度等与市场资源相关的领域。市场型衍生通常会预判未来市场并对未来市场持有乐观反应，或者与已有相关订单或意向合作，由此产生了衍生新产业的后续商业行为。

资本型衍生新产业指的是以融资、注资等资本的方式进行新产业的升级改造。资本或资本家行为是逐利而动的。他们已经看到或者预先判断新产业的衍生品未来具有一定的市场容量，因此加大在这方面的资金扶持和资金注入，这在本质上是一种投资行为，但凡是未来具有盈利性质或者目前就看到盈利潜质的产生，都是资本热爱和追逐的，从而容易产生新产业的衍生品。

在进行新产业的衍生之前，需要评估一下新产业的衍生能力。衍生是在新产业基础上的衍生，它必然会经历一个吸收新知代替旧知、融合各类知识技能、重新整合和创造的过程。衍生的首要能力不在于“生”而在于它的源头——母体产业的技术能力及组织框架。一个产业能否有长远的未来，持续性、持久性、稳定性都是衍生能力的首要考量因素，但这些都源于母体企业或组织的健康与否。新产业想要获得长足的、健康盈利的衍生品，就必须搞好本职工作，搭好新产业的基础框架，才能为后续的衍生提供发力的原动力。衍生除了需要评估新产业的基础，自身还必须具备很强的学习能力。在原有的行业做精、做深、做透以后，转战攻坚相关领域的技术，问题自然迎刃而解。新产品的衍生也就源自此处。

第四节　新技术

一、第四次工业革命下的人工智能

第四次工业革命是继前三次工业革命之后的新一轮的工业革命。它以数字化、网络化、人工智能化为主要特征，以智能化为核心，以物联网、纳米等新工具、新技术掀起了新一轮的科技革命浪潮。世界著名的咨询公司麦肯锡公司曾发布《12 项决定未来经济的颠覆性技术报告》，该报告提及第四次工业革命中的颠覆性技术是指：互联网、物联网、智能驾驶、云计算、基因组、先进材料、可再生能源，等等。从这些颠覆性的新技术中，我们不难看出第四次工业革命带给世界的全方位的深刻变革，新技术造就了新产业，新产业带来了新业态。

在这当中，人工智能作为第四次工业革命的核心驱动力之一，它背后的数字、物理和生物类知识和技术，不仅为驱动力提供了原动力，还刷新了人类的认知，将人类对世界的认知推向更深层次，改变了人类思考和行动的方式，覆盖面更是遍布全球各个经济体。一方面，研究专家和学者将人工智能的应用领域、结合领域不断扩大，将人工智能与制造业、工业、生物技术等领域高度融合，催生新产业的生产效率与效能。另一方面，人工智能为了更好地为工业等领域服务，正在被开发出更多的语言模型、文本和图像信息的能力、处理复杂任务的协调能力。

目前，人工智能已成为制造业的核心动力之一，将互联网、大数据、人工智能和 5G 等技术深度融合于制造产业，优化生产过程和自动化过程，提升生产效率，让生产过程便于管控和管理。人工智能跟农业的合作领域也在深化。诸如智能化的播种、灌溉、照明、喷洒等系统，能够通过时间的精确设定，让农业的工作流程更加便于遥感和管理，这对降低农业投入成本，提高农业产品产出和质量，提高绿色环保水平，促进其后续的可持续发展都具有重要意义。

人工智能与人类的分工合作尚处于摸索期。虽然人工智能对于工业领域的影响是有目共睹的，但是对人类社会领域的深层次影响，众多专家还是持保守态度。有人认为人工智能将对于人力劳动力的就业产生结构性的深远影响，一大波工人面临失业或不能胜任新产业，人类对于人工智能过度依赖后的情形也不容乐观；但也有人认为人工智能对于某些人类不能胜任的工作具有填补效应，能够很好地避免人类因为无法胜任而导致的生产损失。不管怎么说，将人工与智能机器有机结合是大势所趋，是未来的发展方向，也是第四次工业革命的起始点和原动力。讨论依旧在继续，法律层面、伦理层面的探讨也在深入，人类终究会在一边实践一边总结的过程中梳理清晰人工智能存在的意义和目的，从而最终将人工智能清晰定位，坐标未来，走出困境。

二、区块链

区块链的本质是一种数据库，这里说的“区块”就是指用数据形成的一块区域，然后按时间顺序为其进行排列和组合，形成一种新的链式结构。这种把所有数据块按照时间的顺序进行排列和相连的方式，我们称之为区块链。区块链跟以往的信息处理和数据库存储有很大的区别，区块链的信息不可伪造或随意篡改，它的加密特性保证了信息的可信度极高，它相当于一个公开的、透明的、加密的、不可篡改的数据账本，具有泛中心化、匿名性、可信等特点。

区块链技术的重要性早已在国家的发展规划中得以体现，例如，国家的“十三五”规划、区块链技术与应用白皮书等权威报告，均对区块链技术对我国各行各业的重要影响做出了详细解读和阐述。作为新技术中的关键一环，区块链技术是新一轮创新技术、产业变革的驱动力之一，它为各行各业协调进程、加速发展提供了重要的技术支持和保障。

区块链的基础架构总共有六层，分别为：数据层、网络层、共识层、激励层、合约层和应用层。区块链目前主要应用于八大领域：军工军事、数字、移动、物联网与物流、金融、保险、公共服务、公益事业。但在实际的应用过程中，区块链涉及的行业远超以上八种。例如，在乡村振兴领域，区块链助力农业物流、产业链、供应链，提供溯源技术支持，减少了风险隐患，在区块链信息公开化、透明化的基础上均衡了各方利益，协调了各方配合，让农业产业链得以更加良性和健康地发展。

中国工程院院士陈纯曾指出：区块链与工业互联网可深度融合。区块链具有可信协作、隐私保护等技术优势，可与工业互联网实现深度融合，尤其是在工业互联网数据的确权、确责和交易等领域有着广阔的应用前景，为构建国家工业互联网数据资源管理和服务体系提供了坚实的技术基础。开展“工业互联网＋区块链的深度应用和创新发展”相关研究，对促进我国工业生产数字化、网络化和智能化转型，推动实体经济高质量发展具有非常重要的意义。

区块链的技术特性和未来前景虽然被众多人士看好，但不可否认的是，目前的区块链技术尚未成熟，区块链的搭建难度巨大。区块链的三大不利因素如图 5-11 所示。

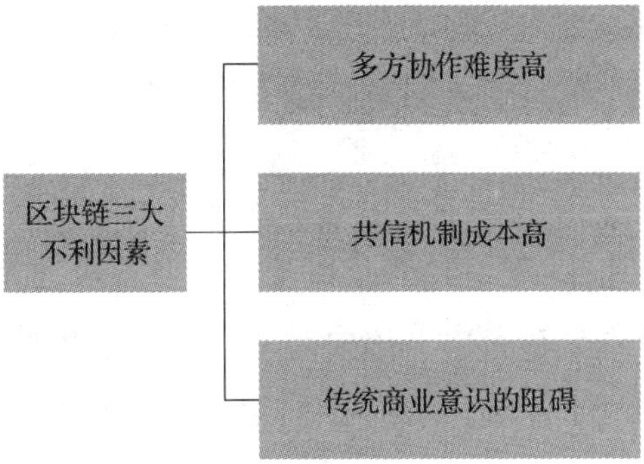

图 5-11　区块链的三大不利因素

首先，多方协作难度高。区块链的产生诞生多方协作。这个多方协作的过程就有赖于沟通和谈判，有赖于多方协调。区块链的去中心化、泛中心化的特点要求各方无论实力强弱都必须共同维护同一可靠区块链。

其次，共信机制成本高。区块链的建立有赖于多方，而多方机制的确立有赖于建立共信机制，共同的信任，共同的信心，才能最终达成共识，促成共同的协议。建立信任和信心的过程需要耗费大量的成本，诸如时间与耐心。但是，一旦确立就能够大幅度地降低成本，令区块链的效率整体提高。

最后，传统商业意识的阻碍。在商业交易的规则中，信息不透明、不对称曾被作为很长时间的商业教条，被众多企业主奉为宗旨。但迈入 21 世纪数字时代的今天，信息透明、流程透明、程序透明却是实现区块链应用的必备环节。在多方参与的情形下，信息的复杂性、环境的多变性、涉及利益的不确定性都使促成信息共享、信息透明的过程充满艰辛。

除了以上三点不利因素外，区块链仍面临着技术、场景、顶层设计的挑战。但是好在国家政府已经意识到区块链的巨大潜能和效用，采取了相应的扶持政策与措施，引导区块链产业的健康、有序发展，区块链的价值逐渐被开发和引燃。政府主要是在三个方面支持区块链产业：资金投入、采取合作模式、大力发展实际应用领域。国内巨头也正在抓紧布局区块链，基于区块链技术的应用领域也在不断开发和全面覆盖，区块链的技术和应用处在日趋成熟的阶段。

三、云计算

云计算的概念包括两部分：云和计算。云，指的是现实世界中的资源、数据或动态被虚拟化之后上传到网络，这些被虚拟后的资源在互联网世界可以被互联网用户共享并从中随时提取、下载和应用于实际生活中。在其中，存放在互联网中、现实世界虚拟后的资源，我们称之为“云”，它具有网络存储、热备份和虚拟资源的功能。计算则主要指的是分布式计算、效用计算和并行计算。云计算就是上述三者功能混合、演进和升级的结果。

从 2011 年开始，云计算逐渐走入人们的视野，这基于云技术的成熟。如今，云计算经过了萌芽期、发展期、低谷期，再攀高峰的云计算开始真正实施大范围的落地计划，世界各大巨头公司纷纷开始云计算的研发、应用之路，并伴随着产业高速发展而共同进步。云计算的市场规模已然成型，越来越多的商家开始运用云计算业务进行企业自身的升级和盈利，云计算产业链、行业生态链开始形成，成为互联网 + 生活不可或缺的技术之一。

一般来说，云计算的消费主力有三种，如图 5-12 所示。

1. 政府用户

政府负有管理地方的职责，它需要把握和控制宏观方向，需要梳理和整理出具体事件之后的逻辑现象和逻辑关系，这些都需要基于事实统计、归纳、整理和总结。云计算毫无疑问可以担负起这样的职责。它能够将信息和数据搜集、整理、归纳和存储，以便与其他关联因素一起进行分析、预测和判断。这不仅极大地提高了政府办公的效率，填补了政府职能的空白，还能够节约办公成本，为无纸化、数字化、智能化的服务型政府做好技术基础和准备工作。政府除了是消费云计算业务的主体，也是扶持和支持云计算产业的重要推手。通过对云计算业务的消费和应用，政府愈加感受到云计算的巨大潜能，从而制定出更多规范指导云计算行业，成为推动云计算发展的主力。例如，各级政府都纷纷创建云计算的产业基地，通过资金投入兴建云计算基建、引导云产业聚集群落的形成，从而支持云产业联盟的发展。政府作为市场的监督者和管理者，尤其关注云计算的数据安全、行业前景、行业标准及行业未来。

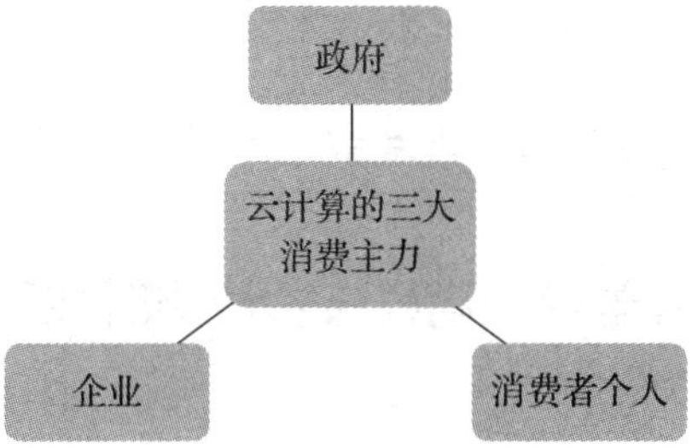

图 5-12　云计算的三大消费主力

2. 企业用户

云计算是一种以互联网为中心的计算，云计算强大的数据存储能力、数据迁移能力、计算能力、移植能力为企业的发展提供了重要的技术支持，使企业在应对市场复杂信息的时候不再盲从或误判。云计算通过创新服务的方式，提供个性和共性的双效满足，既能针对不同用户按需推送、提供精准肖像描绘，又能挖掘一定范围内的资源规模，从而计算预期效益，为企业做出判断提供参考依据。

3. 消费者个人

很多消费者可能都觉得自己距离云计算还很遥远，而事实上我们早已身处其中。早上，当你起床打开手机，开启了你的网易云音乐，伴随着音乐，你顺便看了一下手机，手机提醒您云存储已满；早晨上课的时候，老师从她的百度云里下载了一些图片给同学们观赏。从电子邮件到办公软件，从即时通信到开车的实时路况，人们的衣食住行已经无处不被云端所覆盖。此时此刻，如果商家能够在销售环节的服务中增加一项云端服务功能，就能吸引大批消费者跟随。消费者也会将商家是否有提供云服务作为是否选择该产品的衡量因素之一。云端的便捷性、可操作性、保护隐私的功能性等特征都是衡量云服务的参考指标之一。

总之，云计算就在我们的身边如影随形，作为个人无障碍的轻便携带包，以云计算为核心的云服务已经让成千上万人从中受惠。

新：持续处于竞争优势专栏 5-5

一片羊毛的高科技：沙涓时装科技

一、公司简介

上海沙涓时装科技有限公司（以下简称沙涓），一个听上去名不见经传的时装公司，再加上“科技”这样的字眼，昭示了它的与众不同。这一切原因皆来自公司的主打产品——羊绒产品，源于羊绒行业内纺织技术的先进。沙涓凭借这一优势，明显甩开同行，拉开差距，曾为奢侈品牌爱马仕等一流国际名牌代工羊绒制品。沙涓不满足于“替他人打工”的境地，它更想做自己的羊绒产品。

二、慢工出细活

羊绒产品与其他市场上的主流商品有一个极大的区别：周期长。从饲养珍贵山羊品种到收集上等的羔羊羊绒，这样的流程需要花费一整年时间。时间成本的巨大要求投资方不仅要有耐心与耐性，还必须具备雄厚的资金实力。沙涓创新营销思维，不只是走固有的自创品牌的路线，而是“曲线救国”，与其他品牌进行跨界合作，与其他领域进行交叉。例如，与知名品牌进行合作设计，与家居装饰进行合作推出地毯、抱枕等家居生活羊绒制品，与酒店合作，等等。营销方向的多维让沙涓在高端羊绒品牌市场占有了一席之地，也让沙涓拥有了良性的资金来源，使沙涓即便是在品牌服饰销量不佳的情况下也能保持较好的增长业绩。但是摸索到这条路径，沙涓却用了四五年的时间。沙涓的创始人郭秀玲在创业之初也在不断试错，曾经一度迷茫，要不要去做快消品？要不要去打价格战？这样的问题总是在创业初期出现。但最终，她确定了沙涓的方向——高端羊绒产品，这才逐渐走出困境。沙涓积极参加国际高端展会，针对高端顾客群发力。同时，她与已经知名的品牌合作，拓宽自己的产品线，丰富自己的产品组合架构。沙涓的这些举措形成了自己的软性实力，提升了品牌竞争壁垒，更是打开了销量的大门。

三、数字化营销为主，实体营销为辅

新产品、新科技都离不开新营销。一切的新事物都必须经过市场的检验，都有一个被市场接受和认可的过程。沙涓的新营销体现在它对数字化营销的关注上。沙涓采用互联网优先的原则，无论是产品的生产、销售，还是对客户的服务、对接与沟通，沙涓尽可能地进行数字化的接触。这让沙涓在新冠肺炎疫情期间所受的影响不大，沙涓平日的数字化管理和营销此时此刻发挥了优势，沙涓的线上业务已经占了全公司业务总额的40%之多。

四、总结与发展

技术派的服装品牌能走多远？在沙涓初创的时候郭秀玲并不知道如何回答这样的问题。新4C理论似乎也并不能回答她的问题：Connection——与客户建立联系，Community——形成自己的私域流量，Content——充实自己的内容，Context——场景化营销。沙涓走的路却是：掌握技术回国创业，大牌代工积累经验，自创品牌跨界合作，数字营销打开市场。这个全新的流程是沙涓自己的创新。企业管理流程的创新，创业之路的创新，羊

绒品牌沙涓终将以它的“新”取得新的市场、新的跨越、新的成就。

（资料来源：笔者根据多方资料整理而成）

赫尔曼·西蒙，杨一安．隐形冠军——未来全球化的先锋［M］．机械工业出版社，2021．

四、大数据

数据有个最核心的特征——抽象性，这一特征使数据即便无处不在人们也无法直接感知到它的存在。小到出行的健康码、行程码，大到各个行业数据的统计，我们看不到大数据经济所带来的影响，即便我们知道其中使用了大数据的技术进行测量、计算、估值和预判。另外也由于测量口径的不一致，导致大数据的经济规模测算结果各有不同。但是，这一切都不妨碍人们对大数据的认知——中国的大数据产业增幅领跑全球。2020 年我国大数据产业规模达到 718 亿元，同比增长 16%。

大数据迎来的飞速发展，皆是因为大数据分析的独特优势。

大数据，顾名思义就是海量的数据。海量的数据需要统计分析和处理，那就需要相应的算法支撑，否则数据越多、算法滞后就会导致工作效率极其低下。算法是否先进、使用是否得当直接关系到数据计算背后的产出结果。目前常用的算法首先是数据挖掘算法，它包括 HashMap 算法、BitMap 算法、前缀树（Trie 单词查找树，又叫字典树）算法、朴素贝叶斯算法等，各有各的优势和应用领域，在对一组大数据进行计算的时候，通常是几种算法组合运用。数据挖掘算法的优势在于计算的结果能够很好地展现数据特点和数据内容，有利于对数据进行更进一步的分析和处理。其次是数据预测算法。数据可以借助数据模型来对行业的未来发展做出模拟和预测。例如，对房地产市场的分析预测可借助大数据统计的结果和模型来完成计算，从而达到预测未来走势的目的。最后是分析结果的可视化。通过将分析结果进行动态可视化处理，可以让数据的产生、演变、发展历程得以更加直观和清晰地展示。

如今是数字经济的时代。大数据技术作为数字经济的首要环节，作为网络化、信息化、智能化、云计算的前提和基础发挥着重要的作用。进行大数据运算的本质在于以技术提高效率。美国得克萨斯大学曾对数据的利用率做统计研究，结果表明，数据利用率每提高10%，百强企业中的人均产值就会提高14%。在随后热门新兴的人工智能身上，我们也找到了数据的身影。也许大数据比不上人工智能吸睛，但作为一门基础学科，作为数字经济的首要环节，大数据的影响力比人工智能的影响力更加持久，影响的深度更深、范围更广。

总的来说，大数据的影响面是深远的，时间跨度是长久的，表现形式、运用形式更是多种多样的。时代在前进，如果没有互联网的现代化，大数据的发展也不可能如此迅猛；如果没有云计算、5G等新技术的诞生，大数据的计算速度、计算效率与计算结果也必将深受影响。总之，技术引领生活潮流。大数据必然对国人的日常生活产生巨大的影响。

章末案例

协力同心，其利断金：金则利的不锈钢神话

一、公司简介

金则利，是一家专门从事生产加工特种合金、不锈钢产品的企业。这个听上去似乎完全不会勾起大众印象的企业却已然悄无声息地在行业领域获得了一系列的成就和掌声。它的产品广泛应用于空调、冰箱等我们生活中的常用电器。现在，金则利生产的不锈钢在国内市场上占有率高达50%，其中的电磁不锈钢产品早在2002年就被评为国家级新产品。金则利的拳头产品——智能空调静铁芯封堵材料——已在国内形成了独家垄断局

面；金则利生产的高温合金产品拿到了美国著名汽车零部件材料供应商的认可与认证。这些荣誉是如何获得的呢？取得这些成果经历了哪些过程？它又是如何打下市场这片江山的？带着这些问题，我们回到金则利的起点去看一看（见图 5-13）。

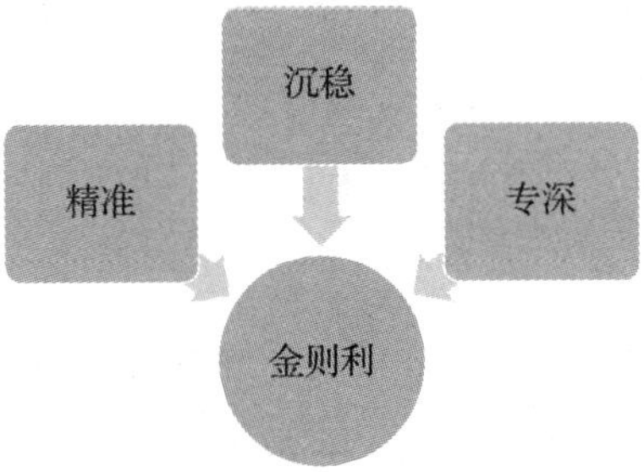

图 5-13　金则利的核心品质

二、精准

1. 精准定位

金则利的差异化定位如图 5-14 所示。

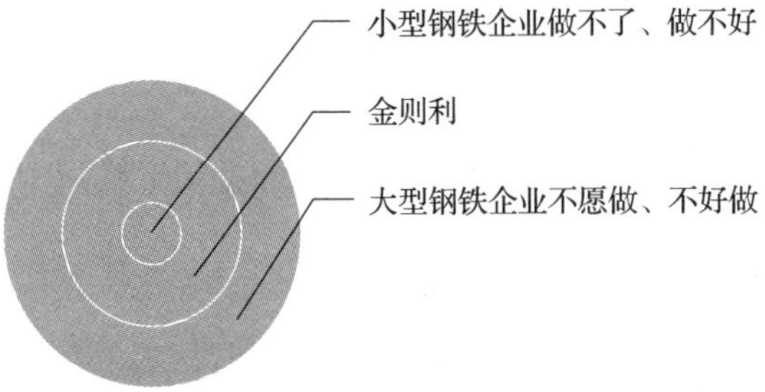

图 5-14　金则利的差异化定位

几乎跟所有创新技术的企业一样，金则利的创始人钟长林本身就是钢厂技术骨干出身，在创业之前又做过管理层，有技术、有管理经验，一来二去，命运将钟长林推向了自创公司、自创钢铁厂。

在开创金则利之前，本着原有的钢厂管理经验和技术经验，钟长林将金则利的体量量身定位为小钢厂和大钢厂之间，既不像小钢厂那样，产品粗劣、技术含量低；也不像大钢厂那样，一下子就有实力雄厚的资本可以开发技术、投入大规模量产。金则利从自身的优势着手，将自身定位为既能够生产加工高品质、高技术含量的产品，又不用投入大量资金，以便试探前期市场反应，好做调整。这样精准的定位，从金则利创建的初期就开始执行，一直到现在。“船小好掉头”，钟长林一直秉持着这样的理念；即便是如今拳头产品已经占据国内市场半壁江山，他依然如此。

2. 精准定价

金则利的静铁芯封头材料不到进口价格的一半，在将近十年的时间里，在国内已经形成了独家垄断；一个7g的产品，售价两毛，企业的毛利率40%。金则利董事长钟长林心里很清楚，即便将这款产品涨价，依旧是供不应求。但他本着长久、长远及利他的精神，将自身的目标设定在国际市场，所以两毛的定价从初始阶段到现在从未改变。这是金则利的初心，也是它的广阔视野。

三、沉稳

1. 沉

金则利成立了，不过却迎来了三年都亏损的局面。原来的合作伙伴渐渐失去耐心和信心，打了退堂鼓。转让股份、卖掉公司还是继续干下去？钟长林面临着艰难的抉择。一方面，钟长林对自己的技术抱有信心，他坚定地认为是市场还没有熟悉他的产品，是买方还未成熟，所以尚未打开产品局面。另一方面，钟长林决定用管理的手段激励员工的士气，尤其是开拓市场、提升销售额的士气。技术加上管理，这就是钟长林给三年亏损的金则利开出的灵丹妙药。事实证明，的确非常有效。

钟长林赏罚分明。赏，是超级大红包的奖赏。金则利名字当中的“利”字就代表着“利他”精神。协力同心，其利断金。钟长林对待奖赏的态度一向是财分天下人。他对他的核心骨干提出了“承包制”的建议，建议骨干成员带头提升营业额，如果营业额到达约定的数额，就给予其中的20%作为奖励。反之，做不到怎么办呢？如果完成不了目标，则扣除每个人年薪的一半作为惩罚。这样的奖惩制度，既带有“对赌”的游戏玩味，又有死盯营业额、破釜沉舟的勇气与激情。一时之间，核心成员纷纷抛开胆怯，放手一干。第四年，金则利成功扭亏为盈。第五年，乘胜追击，营业额目标提升，设置的提成比例也相应提高，参与的承包也设置了门槛与条件。一句话，你敢你就来，你有实力你就来。员工的士气再次被激发，沉淀四年后的金则利总算开始散发光芒。

金钱虽有一定的刺激效用，但决定企业能否长远的一定是企业的核心技术。技术不过关，任凭多出色的销售员也没办法起死回生。因此，金则利每年拿出销售收入的5%投入技术的开发、科研与实验，以确保自己的产品在同行业同类产品中出类拔萃。金则利的投入不仅获得了市场的认可，更在更广阔的天地中获得了专业人士和专业行业的注目和肯定。金则利成立之初，就有与北京钢铁研究院开展产学研合作的意向，随着金则利十几年在技术领域的深耕，它们在2015年共同成立了以金则利命名的“金则利先进功能材料技术中心”。伴随着科研实力的不断增强，金则利已完全具备了科创板的上市条件。2020年，金则利成功上市，这标志着金则利在研发投入、技术成果、产业链开拓、创新实力等方面均已走在科研企业的前列。

2. 稳

卖方稳健，有的买方也同样稳健，这也促使着金则利这样的卖方以卓越的实力取得稳健型买方的信任与订单。德国买方就是其中的代表。德国费斯托是一家以自动化技术而闻名全球的知名企业。一开始，中方不会德语，只好一边比画一边帮助翻译解释专业术语，即便开头不顺畅，也从未阻碍金则利继续接触买方的决心。于是，长达两年的相互了解之路开启了。在这两年当中，双方都看到了对方的实力、诚意与努力，终于因为彼此的耐心而惺惺相惜，开始合作。而这一合作就是十多年之久。稳健的人，达成的订单也是稳健风格，一旦信任便是全心全意，不轻易改变当时的初衷。这样稳健的买家无疑也为金则利上了一堂课，让金则利更加坚定夯实技术基础，努力打造0失误率的产品，为企业的长久发展、长远愿景迈出一个个稳健的脚印。

四、专深

有了清晰的差异化定位，金则利的开局方向是对的、是好的，但是要在大钢厂和小钢厂的夹缝中求生存，自然还必须用自己的产品说话，并且是用有辨识度、有门槛的产品去说话。金则利盯上了国内市场谁都没攻克、长期依赖国外进口的电磁阀静铁芯的封头材料。

做专，金则利做到了敢于发出这样的质量承诺：如果配件出了质量问题，金则利愿意按原价的1.5万倍赔付对方。夸张的口吻基于一个牢不可破的事实——金则利的静铁芯封头材料就是这么专业和丝毫不差，经得住任何考验。这是因为钟长林深深懂得，作为静铁芯的封头，只有做到一丝不漏，才能完全杜绝安全隐患，杜绝因封头的不合格造成的任何泄漏事故。金则利为此专门为静铁芯制定了严格的合格标准和检验流程。它不是仅采用一种检验方法，而是采用了多种检验方法并行的检验流程，例如，荧光粉检验、超声波检验、涡流检验，等等。全方位、无死角的检验手段，为的就是确保静铁芯封头材料的万无一失。金则利是这么做的，事实也的确如此。万分之三的漏检率可谓是行业内的天花板，它的各项性能指标均合格，更别提它还填补了国内市场的空白，部分产品质量甚至超过国外同类产品。从此，国内相关企业不必依赖国外进口，在家门口就可以购买到高质量的、合格的静铁芯封头材料。金则利打破了国外企业长达十年的垄断局面，可谓是国人之光、行业之光。

做深，金则利并不满足已取得的技术成就、市场成绩和行业神话，它继续在主业上深度开垦、深度运营。一直以来，钟长林坚持企业的差异化定位不变，继续寻找弥补行业空缺、市场空白的领地，进行深度挖掘。例如，他开发汽车阀门钢，皆因手头早已积累了一定的客户需求，通过一定时间的筹划，金则利顺利投产汽车阀门钢。这是在事先已经储备了一定数量客户的基础上做出的决定。金则利发展了一段时间，手头上积累了一批优质客户。有时候，客户会直接提出加工要求，这是对金则利的极大信任，同时也让金则利根据订单调整方向，衡量成本与技术实力，决定是否制造客户所需求的产品。这是金则利这个不大不小的公司的核心竞争力。既有技术实力，又由于企业体量轻，容易再添加新生产线、做出新决定、投资新的生产线，为大客户提供定制化的产品。当然，钟长林不止步于此，他还设置了扩大产能、提高产量、做精做深市场的长远规划方案。方案环环相扣。在前期项目丰富、产品丰富、主线清晰的基础上，钟长林跨出了第三步——延伸产业链，开发不锈钢异形材。这一步旨在将不锈钢代替铜进行生产，旨在夯实金则利在特种合金领域内的行业地位。为此，金则利在开发不锈钢异型材之后又开发了一条生产线专门用于生产模具钢和铸造高温合金。从此，金则利的不锈钢产品品类开始丰富且多元。本着"不要将鸡蛋放到同一个篮子里"的投资思路，钟长林认为产品线不宜过长，不能过长消耗资金、消耗成本，影响企业现金流；但也不能过短，如果将企业资金全部压在某一两款产品上，万一遇到特殊市场行情的到来，销量惨淡，那么公司也将受损严重甚至整体覆灭。所以最好的方法是产品与产品之间既有共性——都在不锈钢领域，又有差异性——弥补彼此在各自领域内的差异。这样既能全面覆盖细分市场，将分割出的一块蛋糕吃尽，又能彼此互为补充，万一某一个产品受市场影响而销量惨淡的时候，其他产品还能撑起公司的整体大盘。这样既有效利用了现有资金，又避免了产品线过于冗长而带来的行政成本、管理成本过高的窘况，这是深谋远虑、长远布局的结果。

五、企业文化

金则利已存在20年了，金则利的产品生产了20年，客户积累了20年。如此漫长的岁月，金则利的营销风格、管理氛围、公司文化也均已形成，简单地说就是：以客户为中心，以奋斗为本色。

可能是因为搞技术出身的关系，钟长林的骨子里有一种求真、求实、务实的干劲，而这种干劲随着长时间地与员工相处、与管理层磨合、与消费者接触，都传递出了金则利所独有的负责任的公司文化和作风。而金则利一开始的“利他”理念更是贯彻到了客户的身上。能够为客户提供所需，不仅节约客户成本，还能间接为客户提高效能、赚到更多的钱，这是金则利的美好心愿。所以，钟长林制订了层层分包的承包方案，它既包含了以员工骨干为核心的团队承包，又包括以总经理为核心的二级承包。不同的承包方案，为各自的带头人指明了目标和方向，划分了职责。这一切也都基于钟长林的务实风格，让管理层与员工层形成了利益高度相关与挂钩的局面，一荣俱荣，一损俱损。钟长林的企业文化理念最终造就了金则利团队团结一心、其利断金的企业文化特征。

六、发展与总结

现代社会是新能源、新材料、新技术占主导的工业现代化社会。金则利的成功有其偶然，更有其必然。偶然在金则利成长于此时此刻的工业智能化时代，时代的东风将智能化送进千家万户，智能市场离不开电磁不锈钢，离不开像金则利这样的行业高精尖科技企业。金则利二十年如一日的行业技术攻坚与研发“无心插柳”地在不锈钢领域的深耕与深挖，这些都在无形中契合了时代的东风。伴随着日后智能化产品产量的加大、销量的上升及工业应用和生活场景应用的普及，电磁不锈钢行业也将顺风顺水，迎来广阔的市场空间和美好的市场前景。这种天赐良机可谓是百年难求，金则利的必然性也源于此。钟长林从 20 多年前就开始经营生产不锈钢，看好的就是工业化、产业化必然惠及全球产业；而不管市场如何反馈，只要技术领先、创新研发领先，他坚信市场终究会有一个适应产品的过程，只因它的技术领先本就难以超越、不可或缺。钟长林的眼光是长远的，这也就是为什么在初期连续亏损三年的情况下，他依旧能够坚守初心，走出困境的原因。是他的核心技术给了他走出暗淡的勇气，他始终坚信自己的技术与自己的产品会有被市场接纳和需要的一天。金则利的长年攻坚必然迎来它的成功，迎来市场的积极反馈，迎来客户的信任与认可。

未来，金则利放眼全球，面向全人类。对于国际市场，钟长林也早已思考过此类问题。首先，进军国际是一个高难度的挑战，初期打开市场必然是艰难的，但钟长林坚信飞轮效应，刚开始的艰难不怕，怕的是不去转动它。他坚信只要飞轮依旧在转动，无论转多转少，都将迎来飞轮快速旋转的时刻。其次，基于自动化和智能化的未来产业链格局，金则利需要提升的空间还很大。但盲目扩张式地打市场也是不可取的。钟长林还是认为做好自己的分内事，做好行业链、产业链上的一块坚定的砖头即可。最后，金则利最缺的还是能在国际舞台上一较高下的拳头产品。没有自己的核心产品就意味着没有企业核心竞争力，而研发高精尖端产品又不能一蹴而就，需要时间的沉淀、技术的积累及一点点的运气成分才能在技术瓶颈上有所突破。不过金则利目前的形态、架构、管理与国内市场运营都被专家和业内人士看好并赏识。在这样的平台和基础上，假以时日，金则利必然能冲出重围，走向国际，展翅高飞。

（资料来源：笔者根据多方资料整理而成）

杨光，辛国奇．“中国造隐形冠军”的9个传奇［M］．北京：企业管理出版社，2021.

本章小结

本章对于隐形冠军企业专精特新中的“新”展开了研究，主要从新业态、新模式、新产业和新技术四个方面分别阐述。一个企业想要在某个行业上持续处于优势的状态，除了在业态上不断分化融合，还需要内部创新新模式，在原有产业基础上催生和延伸新产业，实现新技术的理论与实践结合落地，企业长期发展有支撑，持久发力有跳板，方能实现二次飞跃。

参考文献

［1］ 白德. 推动员工关系管理，实现企业现代化经营［J］. 人力资源，2021（14）：48-49.

［2］ 本刊评论员. 打造差异化竞争优势［J］. 施工企业管理，2020（7）：15.

［3］ 卞川泽. 科技＋智造，两翼齐飞助力青岛啤酒高质量发展再上新台阶［N］. 华夏酒报，2021-11-16（C14）.

［4］ 蔡翠红，戴丽婷. 第四次工业革命与外交变革探究［J］. 国际政治科学，2021（2），122-151.

［5］ 蔡雨彤. 紫光集团：从心开始，从芯到云［J］. 华东科技，2021（8）：44-46.

［6］ 曹中. 基于企业流程管理的内部控制体系研究［J］. 会计之友，2012（9）：47-48.

［7］ 曹顺妮. 人为本：中国制造下半场全球突围的密钥［M］. 北京：机械工业出版社，2022.

［8］ 陈光锋. 互联网思维的商业实战［M］. 台北：天下杂志股份有限公司，2014.

［9］ 陈镜如. 共享经济的发展与管理创新研究［J］. 中国集体经济，2021（34）：42-43.

［10］ 陈凌馨，金华. 青岛啤酒：舌尖上流淌的"品质密码"［N］. 中国经济时报，2021-12-03（004）.

［11］ 陈秀娟. 比亚迪：携核心技术开启新征程［J］. 汽车观察，2019（1）：76-77.

［12］ 陈一明. 数字经济与乡村产业融合发展的机制创新［J］. 农业经济问题，2021

（12）：81-91.
［13］程絜森. 世界科技格局之新动向［J］. 人民论坛，2022（2）：42-45.
［14］代文佳. 海康威视成长性的案例研究［M］. 沈阳：沈阳工业大学，2021.
［15］党永莲. 基于企业文化在企业管理中的战略定位［J］. 老字号品牌营销，2022（1）：130-132.
［16］董志勇. 推动"专精特新"中小企业发展［J］. 中国品牌，2022（3）：82-83.
［17］范文博，葛婷婷，兰雪. 新科技革命背景下中国参与国际分工的机遇和挑战［J］. 学术论坛，2021（4）：47-55.
［18］范文博，葛婷婷，兰雪. 区域协同创新体系建设布局对成渝地区创新融合发展的启示和建议［J］. 决策咨询，2021（5），30-33.
［19］付浜获. 售后服务在市场营销中的重要性研究［J］. 中小企业管理与科技（下旬刊），2021（8）：160-161.
［20］郭秀山，刘建平. 凭借客户关系管理实现双赢［N］. 中国冶金报，2005-06-25（003）.
［21］郭子彦. 全面服务实体经济助力居民财富增长——国泰君安全面提升综合金融服务能级［J］. 上海国资，2021（10）：80-81.
［22］何彬，张兆英，陈传宣. 均胜电子成功因素分析及启示［J］. 合作经济与科技，2021（4）：136-138.
［23］何己派. 声网的场景进化［J］. 21世纪商业评论，2021（10）：45-47.
［24］赫尔曼·西蒙，杨一安. 隐形冠军：未来全球化的先锋［M］. 张帆，吴君，刘惠宇，等译. 北京：机械工业出版社，2019.
［25］胡海卿. 好的品牌塑造就是要展现最鲜明的特点［J］. 中国品牌，2020（1）：38.
［26］江梦婷. 福耀玻璃国际化经营分析［J］. 现代商业，2021（13）：38-40.
［27］克里斯·布拉德利，贺睦廷，斯文·斯密特. 突破现实的困境：趋势、禀赋与企业家的大战略［M］. 上海：上海交通大学出版社，2018.
［28］李敏，周洁，曾昊，等. 后发企业如何获取竞争优势——金蝶董事长徐少春的生态思维探索［J］. 管理学报，2021，18（10）：1423-1434.

[29] 李国杰. 发展数字经济值得深思的几个问题 [J]. 科学中国人，2018 (21)：44-47.

[30] 李静. 字节跳动杀入云市场追求极致性价比 [N]. 中国经营报，2021-12-13 (C04).

[31] 李想. 新常态下“掀起全民创业热潮”的思考与建议 [J]. 大庆社会科学，2015 (3)：110-115.

[32] 李兴然. 利亚德：LED 产业逐步回暖　渠道下沉再渗透 [J]. 股市动态分析，2021 (13)：42-43.

[33] 李意璇. 完美日记的品牌战略分析 [J]. 商讯，2021 (17)：10-12.

[34] 梁力东. 浅析海尔 OEC 管理模式 [J]. 科教文汇，2008 (6)：159.

[35] 林蔓. 杰普特：依赖大客户苹果产品毛利率下滑 [J]. 股市动态分析，2019 (35)：38-39.

[36] 刘德胜，李光红. 共享平台能否成为中小企业创新资源的来源——基于信息技术的中介效应检验 [J]. 山东社会科学，2021 (10)，106-115.

[37] 刘金凤. 紫光集团半导体产品市场营销策略研究 [D]. 兰州：兰州理工大学，2019.

[38] 刘蕾. 基于企业核心业务能力的知识管理策略研究 [D]. 昆明：昆明理工大学，2003.

[39] 刘蕾，秦德智. 知识管理与企业核心业务能力 [J]. 经济师，2005 (5)：165-167.

[40] 刘苏鑫. 回力：老字号的时尚演义 [J]. 销售与市场 (评论版)，2011 (5)：71-73.

[41] 刘子依. 蜜雪冰城　洗脑神曲难解规模困局 [J]. 中国品牌，2021 (8)：54-55.

[42] 卢智慧. 网络社群经济发展背景下的企业营销策略研究 [J]. 市场论坛，2021 (8)：35-39.

[43] 马瑛，成乔明. 完美日记品牌价值提升的设计管理策略研究 [J]. 设计，2021，34 (18)：140-142.

[44] 孟庆红. 学会与客户沟通 [J]. 中国城市金融，2019 (12)：74.

[45] 綦鲁明，谈俊. 华为员工持股制度的经验与启示 [J]. 全球化，2018 (12)：107-115+134.

［46］ 秋叶，邻三月，秦阳．社群营销实战手册［M］．北京：人民邮电出版社，2018.
［47］ 单良．盒马鲜生“新零售”商业模式创新及对策建议——基于 Osterwalder 模型［J］．商业经济研究，2019（13）：104-106.
［48］ 尚杰，陈玺名．全面推进乡村振兴背景下区块链与农业产业链融合［J］．2022（1）：159-164.
［49］ 申桂英．传化股份拟 1.1 亿欧元收购荷兰专用化学品公司［J］．精细与专用化学品，2016（24）：38.
［50］ 施爱芬．大数据对企业物流成本的影响研究——基于农夫山泉的案例［J］．中国商论，2018（25）：15-16.
［51］ 石海娥．新政策：“专精特新”企业再获支持［J］．光彩，2022（2）：24-25.
［52］ 世经．与客户这样沟通更有效［J］．共产党员，2018（7）：47.
［53］ 舒文琼．声网 Agora：实时音视频通信成大势所趋［J］．通信世界，2015（31）：41.
［54］ 宋艳，原长弘，张树满．装备制造业领军企业如何突破关键核心技术？［J］．科学学研究，2022，40（3）：420-432.
［55］ 苏丽丽，陈雯．回力转型后的品牌新问题分析［J］．广西质量监督导报，2021（3）：254-255.
［56］ 孙文仪．浅谈企业如何实施客户关系管理［J］．上海商业，2021（12）：104-105.
［57］ 孙燕明．产品差异化对接消费需求［N］．中国消费者报，2021-10-28（003）.
［58］ 谭勇．优质产品与服务是品牌美誉度的关键［J］．中国市场，2007（48）：26-27.
［59］ 唐斌．十年磨一剑——杭州之江有机硅“金鼠”密封胶荣获“中国名牌”侧记［J］．中国建筑金属结构，2006（12）：20-22.
［60］ 王斌，冯敏雪．“蜜雪冰城”广告的隐藏逻辑——边缘路径所撬动的非理性消费及思考［J］．国际品牌观察，2021（31）：58-60.
［61］ 王柄根．东方国信：重点业务领域稳步增长［J］．股市动态分析，2017（40）：32.
［62］ 王凤玲，易李麒．新零售模式下企业员工招聘问题及对策研究——以盒马鲜生

企业为例［J］. 中小企业管理与科技（中旬刊），2021（11）：116-118.

［63］王锦，朱小龙. 员工增加价值分配水平对企业增加价值的影响研究［J］. 吉林省教育学院学报，2016，32（11）：181-183.

［64］王昆. 东方国信工业互联网“双跨”平台的创新实践［J］. 数字经济，2021（Z1）：96-99.

［65］王珊珊. 电商时代企业客户关系管理重要性研究［J］. 上海商业，2021（12）：100-101.

［66］王仕斌，张冰馨. 未来已来，将至已至——专访神州数码集团董事长兼总裁郭为［J］. 企业家，2021（4）：32-37.

［67］王艺明. 从华为经验看社会主义公有制和按劳分配的新实现形式［J］. 财经智库，2019，4（4）：27-41+141.

［68］韦荷琳，赵蓓，贾雷. 消费者购买售后服务产品主要影响因素分析［J］. 现代管理科学，2013（4）：21-23+72.

［69］卫萌，淦凌云. 科大讯飞的人工智能之路［J］. 互联网经济，2016（Z2）：56-61.

［70］卫雨婷. 企业文化管理的价值体现及构建路径探析［J］. 企业改革与管理，2021（23）：206-207.

［71］魏志强，武鹏. 寻找中国制造隐形冠军：上海卷［M］. 北京：人民出版社，2019.

［72］魏志强，王玲玲. 寻找中国制造隐形冠军：嘉兴卷［M］. 北京：人民出版社，2017.

［73］解汝伟. 关于如何减少企业价值分配主要矛盾的探讨［J］. 今日财富（中国知识产权），2021（3）：220-221.

［74］谢泽锋. 立讯精密中小板第一股的价值［J］. 英才，2020（Z4）：52-53.

［75］徐井宏. 以生态思维引领企业的未来［J］. 经理人，2015（4）：6-7.

［76］许宪春，王洋. 大数据在企业生产经营中的应用［J］. 改革. 2021（1）：18-35.

［77］杨波. 之江有机硅中国的隐形冠军企业［J］. 中国建筑装饰装修，2013（11）：38-43.

[78] 杨俐．客户沟通在客户关系管理中的应用［ J ］．合作经济与科技，2009（ 8 ）：54-55.

[79] 姚丹．探讨差异化竞争战略在现代企业经营与管理中的应用［ J ］．中国管理信息化，2021，24（ 24 ）：136-137.

[80] 姚清晨，郁俊莉．互联网与实体经济深度融合的实践逻辑及政策启示［ J ］．学术论坛，2021（ 4 ）：47-55.

[81] 依琰．宅经济顺风而起 还有哪些新风口［ N ］．中国商报，2020-07-29.

[82] 佚名．聚焦行业改革与企业发展［ J ］．施工企业管理，2014（ 8 ）：51.

[83] 佚名．与用户合作重达 150t 的异型环锻件研制成功［ J ］．世界制造技术与装备市场，2021（ 1 ）：14.

[84] 佚名．新远新材料有限公司获毅达资本 1 亿元人民币投资［ J ］．热固性材料，2020（ 35 ）：17.

[85] 佚名．中国工程院院士陈纯：区块链与工业互联网可深度融合［ J ］．当代县域经济，2019（ 12 ）：8.

[86] 佚名．积极助力国家重点战略着力服务客户避险需求——专访国泰君安证券副总裁罗东原［ J ］．中国货币市场，2021（ 12 ）：6-10.

[87] 佚名．神州数码发力“云＋信创”彰显新优势［ J ］．中国信息化，2021（ 4 ）：41.

[88] 于大川．企业员工关系管理的价值及措施［ J ］．人才资源开发，2021（ 7 ）：91-92.

[89] 张欢．科大讯飞 AI 共生　探路 AI 产业数字新生态［ N ］．中国信息周报，2021-11-08.

[90] 张佳丽．深耕融合促进工业互联网高质量发展［ N ］．人民邮电报，2020-01-08.

[91] 张锦平，陈月华，杨绍亮．践行网络强国思想发展网络安全产业［ J ］．中国信息安全，2020（ 3 ）：61-63.

[92] 张丽，刘明．我国出租车政策变迁的动力机制——基于倡导联盟框架的分析［ J ］．长白学刊，2018，（ 5 ）：84-91.

[93] 张梦妮．浅析管理移植过程——以海尔集团“ OEC”管理模式为例［ J ］．现代营销，2019（ 11 ）：67-68.

［94］张蕊，赵莲莲．计算机大数据分析与云计算网络技术研究［J］．2021（20）：118-119.

［95］张诗妮．南洋股份跨界并购天融信的绩效研究［D］．广州：广州华南理工大学，2020.

［96］张舒帆．大数据产业和传统产业的关系及数字经济发展探讨［J］．产业创新研究，2021（7）：10-12.

［97］张萧．“新零售”背景下水果行业的商业模式创新及对策建议——基于 Osterwalder 模型对百香果的分析［J］．环渤海经济瞭望，2020（8）：54-56.

［98］张玉宁，周丽．新零售下的消费者体验研究［J］．北方经贸，2021（4）：61-63.

［99］张越．格力掌握核心科技［J］．中国信息化，2016（2）：63-65.

［100］章敬泰，甄文媛．比亚迪 DM-i：超级网红的“流量密码”［J］．汽车纵横，2022（1）：93-96.

［101］赵青青．新零售时代下的商业模式——以小米之家为例［J］．市场周刊，2018（8）：79-80.

［102］赵奕．用大数据卖矿泉水［J］．中国企业家，2013（7）：94-95.

［103］郑梦婕，李俊伟．南洋股份 30 多年扎根本地发展壮大，延伸新能源产业顺应潮流助力汕头新兴产业发展［J］．潮商，2016（5）：22-23.

［104］郑清元．社群粉丝经济玩转法则［M］．北京：人民邮电出版社，2017.

［105］中商产业研究院．2021 年中国激光器市场规模及发展前景预测分析［J］．高科技与产业化，2021，27（3）：58-59.

［106］周琪．小米集团境内外新零售战略商业模式实践［J］．现代企业，2021（11）：43-44.

［107］朱泽钢，程佳佳．数字经济时代独角兽企业的商业模式研究——以字节跳动为例［J］．商展经济，2021（24）：102-104.

［108］邹丹丹．人工智能及其现代性困境的哲学思考［J］．重庆大学学报（社会科学版），2020（4）：225-236.